W9-BHZ-537

Manual práctico sobre

Vida sana
y natural

STAFF

DIRECCIÓN Y SUPERVISIÓN GENERAL
Luis Roberto Barone

DIRECCIÓN EDITORIAL
Carlos Eduardo Rodríguez

DIRECCIÓN DE OBRA
Marta Lucía Ghiglioni

DIRECCIÓN TÉCNICA, GRÁFICA DIGITAL Y ARTÍSTICA
Claudio Daniel González

DIRECCIÓN DE PRODUCCIÓN
Susana Silvia Luna

Investigación y redacción
Marta Lucía Ghiglioni - Alejandro Itzik - Adrián Pícolo
Equipo editorial

Asesoramiento en alimentación y nutrición
Lic. Valeria Cynthia Aguirre - Lic. María de los Angeles Guariño

Ilustraciones especiales
Estudio Lápiz Mágico de Oscar Arcuri - Paulo Soverón

Producción fotográfica
Martín Linietsky

Dirección y supervisión de la presente edición
Carlos Federico Docampo

Asistencia de obra de la presente edición
Silvina Peri - Juliana Torres

Supervisión y coordinación de diseño gráfico
Gabriela Andrea Fazzito

Asistencia de diseño gráfico
Julieta Mariel Dos Santos

Diagramación digital de la obra
Adriana Miriam García Lovera - Andrea Lucía Lescinskas

DEPARTAMENTO DE PUBLICIDAD Y MARKETING

Dirección creativa
Carlos Cuevas

Dirección de marketing y comunicación
Ana María Pereira

Asistencia de arte y producción gráfica digital
Alejandro Kechichian
Patricia Mónica Ristori

Asistencia literaria de arte y producción
María Cecilia Luna Blanco

Queda prohibida la reproducción total o parcial de este libro, así como su tratamiento informático, grabación magnética o cualquier almacenamiento de información o sistema de recuperación o por otros medios, ya sean electrónicos, mecánicos, por fotocopia, registro, etc., sin el permiso previo y por escrito de los titulares del copyright.

EQUIPO EDITORIAL

Directores y supervisores editoriales
María Carolina Berduque - Carlos Federico Docampo
Daniela Analía Peralta - Marta Natalia Stradella

Asistentes de obra y edición
Claudia Antonelli - Bárbara Bruchez - Dolores Contreras
Delfina Moroni - Silvina Peri - Andrea Pires - Juliana Torres

Supervisores y coordinadores de diseño gráfico
Úrsula Aurelia Buono - Mariana Duarte
Gabriela Fazzito - Analía Piedrabuena

Asistentes de diseño gráfico
Carolina Catz - Julieta Dos Santos
Jaqueline Espinola - Carla Andrea Spinelli

Coordinadora técnica, gráfica digital y artística
Natalia Vázquez Sarrailhé

Diagramadores digitales
Verónica Bibiloni - Adriana García Lovera - Florencia Keil
Andrea Lescinskas - Florencia Santoro
Pablo Vega Avendaño - Vanesa Villalba

Coordinadores de tráfico y producción
Sergio Martín Caruso - Liliana Ester Cuevas - Emilsa del Valle Sosa

Comercialización internacional
Luis Mariano Barone

Dirección comercial
Marta Elizabeth Dellisanti

Ejecutivos de comercialización
Raúl Oscar Calcaterra - Diego Javier Delgado
Claudio Alberto Guerreiro

Dirección administrativa
María Luján Barone - Juana Antonia Rivas

Coordinación administrativa
Inés Mercedes Fanesi - Irma Beatriz Pedraza
Julieta Soledad Rodríguez

Tráfico editorial
Coordinación: Luis Alberto Rubio
Gonzalo Cervirizzo - José Oscar Garay
Leonardo Gastón Herrera - Rosa Moreno
Ulises Darío Parente - Adrián Antonio Pilla - Eduardo Trinidad

Este libro debe interpretarse como un volumen de referencia, por lo tanto su contenido de ninguna manera reemplaza el tratamiento médico. La información que contiene es de carácter orientativo y no debe considerarse al mismo nivel que las indicaciones de un profesional de la salud. Los autores y editores, por lo tanto, no se responsabilizan por ningún tipo de daño o perjuicio derivado, directa o indirectamente, del uso y la aplicación de los contenidos de la presente obra.

Realizado y editado en Argentina
Impreso En U.S.A.

Todos los derechos reservados
© **CULTURAL LIBRERA AMERICANA S. A.** - MMIII
GRUPO CLASA - Buenos Aires - Rep. Argentina

Manual práctico sobre
Vida sana y natural

A MODO DE PRESENTACIÓN

Desde tiempos ancestrales, el ser humano ha manifestado un cuidado hacia su cuerpo, para mantenerlo saludable, en forma y pleno de energía.

Esa disposición hacia el cuidado sigue acompañándonos actualmente, sólo que las formas y características de la vida moderna le imprimen otras modalidades a nuestra cotidianidad. Pero incluso hoy, frente a las complejidades de nuestra rutina diaria (y a los hábitos alimentarios que a veces favorece) seguimos reconociendo la importancia de aquel "mente sana en cuerpo sano".

Esta obra es una guía fundamental para establecer esos cuidados; por ello, presenta los caminos más adecuados para llevar adelante una correcta nutrición, que provea de la energía suficiente para afrontar las tareas diarias con dinamismo y fuerza. Además, promueve actividades y alternativas benéficas que redunden en la salud general de nuestro organismo.

A su vez, introduce en el conocimiento de los diferentes nutrientes que componen los alimentos (proteínas, hidratos de carbono, fibras, grasas, vitaminas, minerales) y las recetas que permiten aprovechar de la mejor manera todas sus cualidades. También aconseja sobre los mejores planes alimentarios (cómo alimentarse correctamente, las mejores combinaciones entre alimentos), a la vez nos advierte sobre dietas que pueden producir perjuicios para la salud. Además alienta a aprovechar las ventajas del ejercicio físico (sumado a la práctica de yoga, gimnasia facial y consejos para bajar el estrés) adaptado para cada necesidad. Y por último, ilustra sobre los mejores usos de múltiples plantas beneficiosas para el organismo: una ayuda que nos da la naturaleza para mejorar nuestra calidad de vida.

Toda esta información se brinda mediante diferentes recursos: variados recuadros y plaquetas que destacan datos extras; infografías que sintetizan los conceptos desarrollados anteriormente; equivalencias sobre los términos con los que puede denominarse cada alimento; un índice que permite localizar rápidamente los temas de interés; un apartado para esclarecer los vocablos específicos; un cuadro sobre las equivalencias de medidas y cantidades; diversas ilustraciones y fotos (que, en el caso de la gimnasia, muestran los ejercicios paso a paso).

Confiamos en que esta obra será de gran utilidad; de todas formas, es necesario recalcar que, en el caso de seguir algún tipo de plan dietario, éste debe complementarse con la supervisión de un profesional de la salud. Mejorar nuestra calidad de vida y la de nuestros seres queridos es una tarea posible, que depende fundamentalmente de nosotros mismos.

Los editores

CÓMO UTILIZAR ESTA OBRA

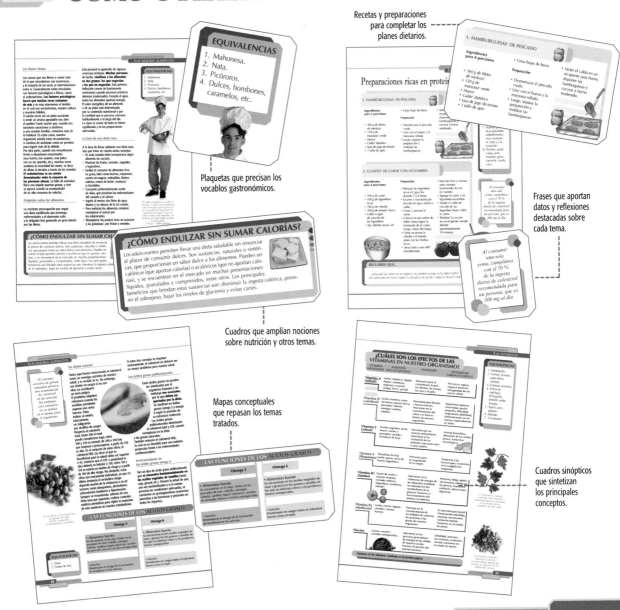

Recetas y preparaciones para completar los planes dietarios.

Plaquetas que precisan los vocablos gastronómicos.

Frases que aportan datos y reflexiones destacadas sobre cada tema.

Cuadros que amplían nociones sobre nutrición y otros temas.

Mapas conceptuales que repasan los temas tratados.

Cuadros sinópticos que sintetizan los principales conceptos.

ÍNDICE DE CONTENIDOS

LA VIDA Y LA SALUD

El cuerpo y la mente son nuestros más preciados bienes. A menos que entendamos esta pequeña y simple verdad, nunca vamos a poder brindarles el espacio y el cuidado que se merecen. Por supuesto que no es todo tan fácil. Hoy en día, el sistema en el que vivimos no nos permite dedicarles mucho tiempo y, en cambio, nos ofrece un montón de adminículos que dañan y perjudican nuestra salud. Este pequeño compendio pretende brindar algunas sugerencias y herramientas para que podamos aprender a cuidarnos y respetarnos. Veamos...

NUTRICIÓN Y ENERGÍA

Siempre que nos alimentamos incorporamos energía a nuestro cuerpo; sin embargo esto no significa que necesariamente le estemos brindando la correcta o la necesaria. Quizás, esa sea una posible explicación a la famosa frase "comer no es siempre igual a nutrirse". En este sentido entonces, decimos que la nutrición se relaciona principalmente con el estudio de los requisitos que cada organismo necesita para realizar todas sus actividades básicas.

Las primeras investigaciones sobre nutrición (desarrolladas principalmente a mediados del siglo XVIII) demostraron que la alimentación estaba directamente relacionada con un problema energético. Es decir, sin alimentos un organismo es igual que un electrodoméstico sin electricidad.

Sin embargo, además de proporcionar la fuerza necesaria, **los alimentos deben aportar ciertas sustancias químicas que se llaman nutrientes.**

Hoy en día se sabe que existen múltiples enfermedades relacionadas o provocadas por la carencia de los nutrientes adecuados (ya sea por exceso o defecto de ellos). Por eso, es importante que aprendamos a conocer algunos de los planes y estrategias que los especialistas (los nutricionistas) emplean para combatir estas deficiencias. No obstante, **cada caso requiere un estudio y un plan particular para que sea realmente efectivo.**

Manejar la energía

La energía es un concepto muy utilizado en nutrición. Se aplica generalmente para medir la cantidad de calorías que el ser humano requiere para vivir.

Cada cuerpo es una especie de transformador y requiere para todas sus actividades transformaciones de algún tipo de energía en otro.

Se llama alimentación al acto de proporcionar alimentos al organismo y digerirlos.

La energía que utilizamos tiene tres funciones básicas:
- Mantener la temperatura, respirar, circulación de la sangre, digerir, alimentarnos, pensar, hablar, etc.
- Desarrollar una actividad física (ya sea deporte o trabajo).
- Combatir las enfermedades, operaciones o períodos de recuperación de alguna operación o enfermedad.

La eficiencia con que una persona convierte su energía de reserva en otra depende siempre de cada organismo. Estas corresponden a la masa corporal, edad, sexo, estados biológicos (embarazo), efecto térmico del ejercicio, y el cambio inducido por la propia ingestión de los alimentos.

MACRONUTRIENTES Y MICRONUTRIENTES

Son los dos grandes grupos que encontramos en los alimentos. Los hidratos de carbono, proteínas y grasas (macronutrientes) suministran los principales materiales de construcción para el crecimiento celular y son además la única fuente de calorías para el cuerpo. Por su parte, los micronutrientes (vitaminas y minerales) no proporcionan energía y se consumen en pequeñas cantidades. Sin embargo no dejan de ser importantes ya que ayudan a los macronutrientes a construir y mantener el organismo. A diario, necesitamos unos 50 componentes de estas sustancias. Ellos son los encargados de suministrar los materiales necesarios para la construcción, mantenimiento, renovación y reparación del cuerpo humano.

Beber dos litros de agua ayuda a eliminar toxinas del cuerpo.

Acumulación de fuerzas

Las **reserva**s (baterías) de **energía del organismo** son en mayor parte las **grasas** y en menor parte los **carbohidratos**, que representan en una persona en óptimo estado físico un 15 % y un 0,5 % del peso total de la persona, respectivamente. Por eso, cuando una persona está excedida en peso, la energía acumulada o de sobra es un exceso de tejido graso.

La digestión

También este proceso es fundamental en la transformación de los alimentos y para entender cómo adquirimos energía. **La digestión comienza** con la masticación. En la boca, los alimentos sólidos son cortados y triturados por los dientes (digestión mecánica). Las glándulas salivales colaboran mediante la segregación de saliva, que actúa como lubricante y destruye las bacterias ingeridas. Luego sigue la deglución que permite el paso de los alimentos a través de la faringe y el esófago hacia el estómago. Allí hay músculos que "baten" el bolo alimenticio (digestión mecánica) y glándulas que segregan jugo gástrico (digestión química); de esta manera el alimento ingerido continúa ablandándose. **El bolo alimenticio se convierte en una masa cremosa**, casi líquida, **denominada quimo**,

que es enviada por el estómago al duodeno (primera porción del intestino delgado) en pequeñas cantidades. En el intestino delgado, el quimo pasa entre tres y cuatro horas, avanzando lentamente mientras se mezcla con otro jugo: el jugo intestinal. En este período de la digestión química, los glúcidos se transforman en monosacáridos; las grasas se "rompen" en ácidos grasos y glicerina, y las proteínas quedan convertidas en aminoácidos. **La nueva mezcla** que se ha formado **se llama quilo** y **contiene**, **además**, **agua y otras sustancias no digeridas**. Cuando concluye el proceso, los nutrientes traspasan la pared intestinal para incorporarse (vía sangre) a todas las células del cuerpo. Este proceso recibe el nombre de absorción. Las sustancias que no han sido absorbidas pasan al intestino grueso. Las glándulas que tapizan este órgano segregan "**mucus**", que colabora en la absorción del agua y minerales, que pasan al torrente sanguíneo y mantienen la hidratación corporal. Nuevamente, los movimientos peristálticos hacen que el resto de las sustancias (lo que no se utiliza) sea llevado hacia la última porción del intestino grueso: el recto. Desde allí será expulsado al exterior a través de un orificio: el ano. Este último proceso se llama egestión o defecación.

Los alimentos aportan la fuente de energía que necesita el cuerpo para funcionar y desarrollarse.

Muchos productos dietéticos no están diseñados para adelgazar sino más bien para equilibrar el organismo.

No sólo tomamos energía de los alimentos, sino también de nuestro entorno.

La clave para mantener el peso ideal consiste en seleccionar los nutrientes más saludables para el organismo.

Las calorías

Hasta aquí hemos mencionado varias veces la palabra "caloría", sin explicar realmente qué es lo que significa. Por eso, y a pesar de que la mayoría de las personas se suele hacer una idea de lo que representa, es necesario precisar qué es y qué ideas se esconden detrás de este popular vocablo en lo referente a la nutrición.

Una vieja historia

Durante todo el siglo XIX la ciencia física se preocupó por tratar de definir y contabilizar de la mejor manera posible el mundo que tenía a su alrededor. Fue así como concentró su atención sobre los fenómenos atmosféricos y climáticos, pero también sobre los que se daban lugar en el interior del cuerpo humano. Dentro de ellos, el que más llamó la atención fue el calor, la temperatura y la producción de energía de los organismos. Se desarrollaron y precisaron varias escalas, entre ellas la de los grados centígrados, la escala Fahrenheit y la Celsius. La **caloría**, como unidad de medida nació, entonces, dentro de este contexto, como una más de las unidades para "medir el calor". Se la definió como **"la cantidad de calor necesaria para aumentar la temperatura de un gramo de agua a un grado centígrado"**. Ya en el siglo XX, con el avance de la ciencia médica y de las investigaciones sobre la composición de los alimentos, comenzó a utilizarse esta definición para medir la energía que ingresaba en el cuerpo a través de los alimentos.

El **cuerpo humano**, como todos los organismos vivientes, necesita alimentarse (ingerir combustible) para efectuar un trabajo durante un período determinado de tiempo (trabajar durante un día, por ejemplo). La **energía que necesita diariamente se mide entonces en kilocalorías**, ya que las tareas que realiza en su interior se asemejan demasiado al proceso que realiza un calentador de gas o bencina.

La energía y las etapas de la vida

El **metabolismo** es una tarea importantísima que realiza nuestro cuerpo desde que nacemos hasta que morimos. Su función, aunque es muy diferente a lo largo de todas las etapas de la vida, es la de **mantener en óptimas condiciones todas las funciones que realiza el organismo** (ver cuadro en la pág. 13). Es como una "llave de paso" que regula correctamente el paso de energía.

Aunque exquisito y necesario, el chocolate es una fuente excesiva de calorías.

A pesar de que todo el mundo prefiere evitar el uso permanente del sufijo "kilo", lo que comúnmente llamamos "caloría" en realidad son mil calorías.

Un niño, debido a que se encuentra en la etapa de crecimiento, posee un metabolismo en extremo rápido.

Como dijimos antes, este proceso no funciona igual en los distintos períodos de la vida. Por ejemplo, el metabolismo de un niño en etapa de crecimiento (digamos de unos seis años) actúa a un ritmo muchísimo mayor que el de un adulto de cuarenta años. La imagen podría ser esta: imaginemos una hornalla de gas de una cocina común funcionando al máximo y calentando una sopa; luego imaginemos al mismo líquido calentándose pero con el fuego a la mitad ¿Cuál de estos dos alimentos se consumirá primero? Por lógica deducción el líquido de la hornalla a fuego máximo se consumirá primero y deberá agregársele constantemente agua si no deseamos que se evapore rápidamente.

En cambio, la hornalla que está a la mitad de su fuerza tardará mucho más en evaporar el líquido. Con nuestros cuerpos pasa exactamente lo mismo: **cuando somos niños nuestro metabolismo funciona como una hornalla al máximo** y todo lo que incorporamos se consume y se asimila con gran velocidad.
No obstante, a medida que vamos creciendo, **esta potencia va decreciendo para estabilizarse en un nivel** (que por supuesto en cada persona será distinto). Entender este simple comportamiento funcional, común a todos los seres vivos, es la clave para poder mantenerse joven y regular todos los excesos de energía en cada momento de nuestra existencia.

Una vez que conocemos cómo funciona nuestro organismo, podemos regular con sabiduría los alimentos que ingerimos a diario.

¿CÓMO FUNCIONA NUESTRO METABOLISMO?

Es un conjunto de reacciones químicas y físicas que se dan en el organismo de todos los seres vivos.

La palabra proviene del griego y significa, entre otras cosas, "cambio".

Se divide en dos subprocesos, a su vez relacionados.

CATABOLISMO

Es el subproceso en donde se libera la energía de:

- Los alimentos (en los animales).
- La luz solar (en los vegetales y los animales).

El proceso catabólico en los seres humanos es la DIGESTIÓN.

ANABOLISMO

Es el proceso en donde se captura y utiliza la energía liberada por el catabolismo.

Estos materiales a su vez se sintetizan en varios compuestos esenciales: proteínas, lípidos, etc.

En la etapa adulta, la velocidad de los procesos metabólicos se nivela entre ciertos parámetros establecidos.

LOS MEJORES ALIMENTOS

Las nuevas dietas son planes cuidadosamente diseñados para lograr el bienestar del organismo a partir del consumo de nutrientes bajos en grasas y azúcares. Para conocerlas es necesario interpretar los puntos básicos que representan la clave de todo el proceso de alimentación.

La alimentación es una necesidad básica para mantener la salud y evitar enfermedades.

Cuando hablamos de salud no se trata de ausencia de enfermedad, sino de equilibrio físico, psíquico y social.

Desde esta perspectiva las dietas modernas han ido incorporando **recetas sabrosas y ricas en nutrientes que apuntan a alcanzar un cuerpo sano y bello**. Este tipo de planes bajos en grasas se ha convertido en una opción ideal no sólo para los que sufren algún tipo de enfermedad o quieren bajar de peso, sino también para los que desean mejorar su calidad de vida.

No sólo el sedentarismo es la razón del aumento de peso. También existen causas que se relacionan con problemas hormonales o genéticos.

Deficiencias en la alimentación

Lo que sucede es que si comemos poco nos desnutrimos, debido a que la cantidad de nutrientes incorporados a nuestro organismo no alcanza para mantenerlo saludable.

De esta manera, nos bajan las defensas y nos exponemos a sufrir resfríos, diarreas, cansancio y falta de concentración en las tareas que realizamos diariamente. En cambio, si comemos mucho, es decir, superando ampliamente los requerimientos nutritivos necesarios, podemos caer en el sobrepeso o la obesidad.

Las personas que logran mantener su peso comen una determinada cantidad de alimentos (energía) que les alcanza para llevar a cabo sus tareas diarias, consiguiendo un equilibrio.

Es decir que, en estos individuos, existe **un balance de energía entre lo que ingieren y lo que gastan diariamente**, lo cual les permite mantenerse en forma. Si por alguna razón este equilibrio se rompe, porque se come más de lo que se gasta o se ingresan más calorías de las que se pierden, entonces empezamos a acumular progresivamente grasas en nuestro cuerpo.

La energía utilizada para las actividades cotidianas proviene de los alimentos consumidos, y por eso es importante elegir una alimentación equilibrada.

Sepamos que en dietética moderna "régimen" significa una nueva forma de comer para vivir y ganar calidad de vida.

Las dietas vitales

Las causas que nos llevan a comer más de lo que necesitamos son numerosas, y la mayoría de las veces se interrelacionan entre sí. Generalmente están vinculadas con factores psicológicos o físicos, como el sedentarismo. **Los factores psicológicos hacen que muchas veces comamos de más** y en esto intervienen el ámbito en el cual nos encontramos, nuestra cultura y nuestros hábitos. ¿Cuántas veces ver un plato suculento o sentir un aroma agradable nos abre el apetito? Suele ocurrir que, cuando nos tomamos vacaciones o asistimos a una reunión familiar, comemos más de lo habitual. En estos casos, nuestro organismo asimila estas circunstancias o cambios de ambiente como un permiso para ingerir más de lo debido. Por otra parte, cuando nos encontramos frente a situaciones emocionales muy fuertes (un examen, una pelea con un ser querido, etc.), muchas veces sentimos la necesidad de comer, es decir, de aliviar la tensión a través de las comidas. **El sedentarismo es un común denominador entre la mayoría de las personas obesas.** La falta de actividad física nos impide quemar grasas, y esto se agrava cuando va acompañado de un alto consumo de calorías.

Prejuicios sobre los alimentos

La creciente preocupación por seguir una dieta equilibrada que prevenga enfermedades y el alarmante culto a la delgadez han generado un gran interés por las dietas.

Esto provocó la aparición de algunas creencias erróneas. **Muchas personas**, de hecho, **clasifican a los alimentos en dos grupos**: los que engordan y **los que no engordan**. Esta primera definición carece de fundamento nutricional y puede provocar prácticas dietarias inadecuadas. Excepto el agua, todos los alimentos aportan energía. El valor energético de un alimento o de un plato está determinado por su contenido nutricional y por la cantidad que la persona consume habitualmente a lo largo del día. La clave es comer de todo en forma equilibrada y en las proporciones adecuadas.

La base de una dieta sana

A la hora de llevar adelante una dieta sana hay que tener en cuenta varios consejos:

- En toda comida debe incorporarse algún alimento sin cocción.
- Priorizar las frutas, cereales, vegetales y legumbres.
- Limitar el consumo de alimentos ricos en grasa, tales como huevos, mayonesa[1], carnes no magras, embutidos, lácteos enteros, crema de leche[2], mariscos[3] y chocolates.
- Consumir preferentemente aceite de oliva, que previene las enfermedades del corazón y el cáncer.
- Ingerir al menos dos litros de agua diarios y no abusar de la sal común.
- Para endulzar los alimentos conviene reemplazar el azúcar por los edulcorantes.
- Reemplazar los postres ricos en azúcares y las golosinas[4], por frutas y cereales.

EQUIVALENCIAS

1. Mahonesa.
2. Nata.
3. Picóroros.
4. Dulces, bombones, caramelos, etc.

El valor energético se mide en calorías; y esta es la cantidad de calor necesario para aumentar en un grado la temperatura de un gramo de agua. Como su valor resulta muy pequeño, en dietética se toma como medida la kilocaloría (1 Kcal = 1000 calorías).

¿CÓMO ENDULZAR SIN SUMAR CALORÍAS?

Los edulcorantes permiten llevar una dieta saludable sin renunciar al placer de consumir dulces. Son sustancias, naturales o sintéticas, que proporcionan un sabor dulce a los alimentos. Pueden ser calóricos (que aportan calorías) o acalóricos (que no aportan calorías), y se encuentran en el mercado en muchas presentaciones: líquidos, granulados y comprimidos, entre otros. Los principales beneficios que brindan estas sustancias son: disminuir la ingesta calórica, prevenir el sobrepeso, bajar los niveles de glucemia y evitar caries.

La clave para mantener el peso ideal consiste en seleccionar los nutrientes más saludables para el organismo.

LOS NUTRIENTES ESENCIALES PARA ESTAR SANOS Y EN FORMA

No todos los nutrientes aportan calorías. Algunos, por ejemplo las vitaminas, son necesarios para completar otras funciones que son esenciales para el organismo.

Son aquellas **sustancias que se encuentran en los alimentos** y que resultan **indispensables para el buen funcionamiento del organismo**. Algunos aportan energía, otras proporcionan materiales de estructura y elementos que colaboran con la formación celular, imprescindibles para la vida humana. Los nutrientes que aportan calorías representan el combustible necesario que nuestro organismo utiliza para todas sus actividades. Cuando ingerimos alimentos, nuestro cuerpo los distribuye en forma racional y pareja mediante el torrente sanguíneo.

De todas las calorías que ingresan, parte de ellas se transforman en calor durante la digestión. El resto –las vitaminas y los minerales por ejemplo– participa en todos los procesos que nuestro organismo realiza.

La combinación de diferentes alimentos potencia los efectos nutricionales de cada uno de ellos.

La cantidad de nutrientes ingerida debe estar en relación con nuestro estilo de vida.

NUTRIENTES ESENCIALES

- Proteínas
- Hidratos de carbono
- Grasas

Aportan calorías

- Vitaminas
- Minerales
- Agua

No aportan calorías

ALIMENTOS BAJAS CALORÍAS Y ALIMENTOS DIETÉTICOS

Los productos "bajas calorías" se introdujeron en el mercado como un auténtico descubrimiento que permitió gozar de los alimentos "prohibidos" en dietas estrictas. Sin embargo, estos productos no son adelgazantes; en el mejor de los casos, poseen un bajo nivel calórico. El concepto "light" significa bajas calorías. Las bebidas, los postres y los dulces que lo exhiben en su etiqueta contienen un 30 % menos de calorías en carbohidratos y grasas que los normales. En el caso de los refrescos y bebidas gaseosas, la denominación light sí suele hacer referencia a un aporte casi nulo de kilocalorías y, por lo tanto, se puede hablar de un producto dietético en el sentido estricto.

Además de elegir nuestros alimentos, también debemos ser "regulares" en su consumo.

Pirámide alimenticia

Se trata de un **esquema que permite establecer proporciones** acerca de la cantidad **de alimentos de cada clase** que deben ser consumidos para lograr una dieta sana, variada y equilibrada. A medida que la pirámide se estrecha, las cantidades de alimentos representadas en sus escalones disminuyen.

En la base se ubican los alimentos que se deben consumir en mayor proporción: aquellos que contienen hidratos de carbono: harinas, pasta, arroz, pan, legumbres.

El siguiente escalón simboliza la cantidad de **frutas** y **verduras** aconsejada para incorporar al organismo las vitaminas y minerales que necesita para funcionar correctamente. **En el próximo nivel** se ubican **las proteínas** (carnes, lácteos, huevos, pescado) y **finalmente, las grasas, y aceites** (manteca, frutos secos, nata, aceitunas) y **azúcares**. Su posición en el extremo más angosto de la pirámide indica que estos productos deben ser consumidos con moderación.

Recientemente en los Estados Unidos de América, el Ministerio de Agricultura ha modificado este modelo, generando una nueva pirámide. El nuevo esquema por primera vez establece una relación directa entre la actividad física que desarrolla una persona y la cantidad de alimentos que cada grupo debería ingerir para equilibrar su dieta. La nueva pirámide aconseja tomar una variedad de alimentos, haciendo hincapié en las frutas y verduras, y reduciendo considerablemente la ingesta de sodio y azúcar en las comidas. Asimismo recomienda practicar ejercicio en forma diaria durante treinta minutos (los niños, adolescentes, y aquellas personas que deseen bajar de peso deberán ejercitar su cuerpo durante al menos sesenta minutos).

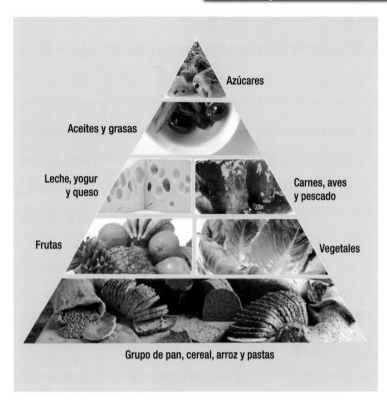

Pirámide alimenticia tradicional.

Pirámide alimenticia creada por el Ministerio de Agricultura de Estados Unidos de América. (Fuente www.mypyramid.org).

Dentro del conjunto de propiedades que poseen los alimentos existen tres muy importantes: proveer energía, regular nuestra temperatura y generar o reparar los tejidos corporales.

Algunas funciones de los alimentos

Desde la perspectiva nutricional, la alimentación se encuentra destinada a cumplir alguna de las siguientes funciones:

- **Función energética**: es la que cumplen los **alimentos capaces de proporcionar la energía necesaria para mantener las funciones vitales**, mantener el calor corporal y realizar actividades físicas. La energía (calorías) se obtiene fundamentalmente de las grasas e hidratos de carbono, y en menor medida, de las proteínas. Algunos de los alimentos ricos en hidratos de carbono son: pan, cereales, arroz, pasta y patatas. Los cereales integrales además proporcionan una rica fuente de fibra dietética. El consumo de grasas deberá ser moderado en lo que respecta a las de origen animal (manteca, grasa de carnes rojas). Las grasas de origen vegetal (especialmente el aceite de oliva virgen de primera prensada en frío) poseen importantes valores nutricionales y propiedades antioxidantes provenientes de la vitamina E.
- **Función plástica**: se encuentra relacionada con **aquellos alimentos que contribuyen a la formación y renovación de los tejidos** y estructuras del organismo (músculos, huesos, piel, sangre, y cicatrización de las heridas). Los nutrientes encargados de esta tarea son las proteínas y los minerales. El agua también constituye un elemento importante dentro de esta función.

La ingestión de verduras sirve, entre otras cosas, para prevenir afecciones.

Las verduras contribuyen a reforzar el sistema inmunológico, gracias a su alto contenido de vitaminas y minerales.

- **Las carnes, pescados y huevos** (todos ellos de origen animal) **son algunos de los comestibles con mayor contenido proteico**. La leche y sus derivados también proporcionan proteínas a la dieta y además constituyen una importante fuente de calcio. Otros alimentos de origen vegetal como **las legumbres suministran proteínas al tiempo** que **aportan fibra y oligoelementos**. Se considera que el 60 % de las proteínas requeridas por una dieta equilibrada deben proceder de alimentos de origen vegetal, mientras el 40 % restante debe ser de procedencia animal.
- **Función reguladora**: consiste en la modulación de las **reacciones bioquímicas que se desencadenan con los procesos metabólicos**. También se encuentra asociada con la forma en que el cuerpo emplea los distintos nutrientes para que puedan desempeñar la función a la que están destinados. Los alimentos vinculados con esta función son aquellos que contienen vitaminas y minerales (frutas y verduras). Esta clase de nutrientes se encarga de proteger al organismo de las enfermedades. Para ser realmente balanceada, la dieta diaria deberá contener alimentos pertenecientes a estos tres grupos funcionales.

Las proteínas provenientes de la carne aportan la energía que el cuerpo necesita para mantener sus funciones vitales y realizar actividad física.

LAS PROTEÍNAS: SOCIAS DEL CRECIMIENTO

La función primordial de las proteínas está vinculada con el proceso de crecimiento, **renovación de células, cicatrización y producción de energía**. La falta de algún aminoácido esencial durante una determinada cantidad de tiempo nos puede provocar pérdida de masa muscular y de tejido, así como también una disminución de la efectividad de nuestras defensas contra las enfermedades. Por eso resulta imprescindible ingerir todos los aminoácidos esenciales con los alimentos, teniendo especialmente en cuenta no sólo la cantidad sino también la calidad de las proteínas que incorporamos diariamente. En cuanto a la cantidad recomendable de consumo, es conveniente que del total de calorías esenciales aportadas a diario, el 15 % esté conformado por proteínas.

Funciones esenciales

Las proteínas cumplen algunas funciones esenciales dentro del organismo. Si se las consume en su justa cantidad y medida:

- Ayudan en el crecimiento de los tejidos externos e internos.
- Contienen un elemento llamado nitrógeno que no se presenta en los hidratos de carbono ni en las grasas, pero es vital en muchos procesos químicos que se dan en el organismo.
- **Previenen** las posibles **deficiencias** o **enfermedades**.
- Ayudan a conformar los llamados anticuerpos.
- Protegen los tejidos.
- **Participan en casi todos los procesos de defensa** que tiene nuestro cuerpo, ayudando a reponer los fluidos.
- **Reparan los desgastes** que sufrimos a diario.
- Son importantísimas para nuestros órganos internos: corazón, hígado, riñones, cerebro (y el sistema nervioso) y pulmones.
- Aportan una excelente cantidad de energía: aproximadamente cuatro calorías por cada gramo.

¿QUÉ ACCIONES REALIZAN LAS PROTEÍNAS?

APORTAN ENERGÍA
- 1 gramo = 4 calorías

AYUDAN EN EL CRECIMIENTO
Contienen un elemento llamado nitrógeno que no se presenta en los hidratos de carbono ni en las grasas.

PROTEGEN LOS TEJIDOS
Nos ayudan a mantenerlos y repararlos de los desgastes que sufren diariamente.

PREVIENEN LAS ENFERMEDADES
Forman parte de los llamados anticuerpos. Actúan en defensa del organismo.

SON VITALES PARA LOS ÓRGANOS INTERNOS:
Corazón, hígado, riñones, cerebro y pulmones.

Las proteínas, que luego serán transformadas en aminoácidos, son las principales gestoras de nuestro crecimiento corporal. No obstante, su ingesta en exceso no nos hará crecer más rápido.

Los alimentos poseen sustancias que aseguran el buen desarrollo del organismo.

Tipos de proteínas

Existen dos: las **completas**, que encontramos en los alimentos de origen animal y poseen un alto valor biológico; y las **incompletas**, que están presentes en los alimentos de origen vegetal. Estas últimas no pueden, por sí solas, cumplir las funciones esperadas en el organismo. Para mejorar su calidad, se las debe combinar entre sí o con otros alimentos que contengan proteínas de origen animal, por ejemplo: lentejas con arroz, pastas con carnes, arroz con leche o revuelto de arvejas con huevo. A su vez, podemos encontrar las proteínas animales (es decir, las completas) en:

- Carnes de todo tipo.
- Leche y derivados.
- Huevos.

Las **proteínas vegetales son incompletas** y están presentes generalmente en:

- Legumbres.
- Cereales y derivados.
- Frutas secas y semillas.

Sugerencias para el consumo de proteínas vegetales

Una de las posibles formas consiste en combinar una legumbre con cereales, semillas o nueces. Otra alternativa es unir una legumbre o cereal con proteínas de origen animal. Una importante opción es consumir soja ya que, actualmente, es muy fácil encontrar

Las proteínas son veinte en total; doce de ellas son elaboradas por el organismo, las ocho restantes, llamadas esenciales, se obtienen de los alimentos.

La mujer tiene un menor requerimiento de proteínas que el hombre. Sin embargo, al desarrollar actividad física, puede permitirse un aporte extra.

este alimento en tiendas de productos naturales e incluso en supermercados. Los productos derivados ofrecen importantes alternativas para su combinación. Hamburguesas[9], croquetas, salchichas[10], quesos, salsas[11], patés y empanadas son algunos de los productos que se elaboran con la soja.

EQUIVALENCIAS

1. Ave, frango.
2. Leche cuajada.
3. Casulla, palay.
4. Mazorca, jojoto, elote, chilote.
5. Guisantes, ervlhas, chícharos, caraota, porotos, alubias.
6. Habichuelas, ejotes, judías, frijoles.
7. Lantejas.
8. Legumbre, gabriel, chícharo, leguminosa.
9. Bistec de carne o pescado, picado y preparado con huevo, ajo, perejil, etc.
10. Cecina, embutido, chorizos, intestinos rellenos.
11. Aderezo, aliño, marinada, molho, adherezo.

¿QUÉ ALIMENTOS CONTIENEN MAYOR CANTIDAD DE PROTEÍNAS?

CARNES ROJAS Y BLANCAS	LÁCTEOS Y DERIVADOS	CEREALES Y LEGUMBRES
Vacuna, de cerdo, pollo[1], pescado, cordero, etc. Huevos.	Leche, yogur[2] y quesos de todo tipo.	Soja, pasta, arroz[3], trigo, pan, choclo[4], frutos secos, arvejas[5], porotos[6], lentejas[7] y garbanzos[8].

Las proteínas necesarias

Todos requerimos ingerir
una determinada proporción de proteínas
para mantener nuestros tejidos.
Esta cantidad depende de la edad, el sexo
y el momento biológico de quien
la consuma. El cuadro de la página 43
muestra la cantidad de proteínas necesarias
para cada caso.
**En los primeros años de vida,
la cifra de proteínas es mayor debido
al crecimiento y al mantenimiento
corporal**, mientras que en la edad adulta
disminuye. En el hombre la exigencia de
proteínas es más elevada debido a que tiene
mayor cantidad de masa muscular.
Por el contrario, la mujer tiene mayor
cantidad de grasa y menor requerimiento
proteico. Durante el embarazo y la lactancia,
aumentan las necesidades de proteínas
porque son fundamentales para formar
nuevos tejidos.

Los riesgos de consumir demasiadas proteínas

En este caso, **una parte va a ser utilizada**
por nuestro organismo **como energía**,
en especial si hemos consumido pocos
hidratos de carbono. **El resto será
transformado en grasas**, lo que resulta
peligroso para la salud porque produce
un aumento de peso. Por otro lado,
hacemos trabajar más a los riñones, que
son los encargados de eliminar el nitrógeno
contenido en las proteínas. Esto, a largo
plazo, puede afectar el funcionamiento
de estos órganos.
Resulta primordial **no comer más proteínas
que las estrictamente necesarias** para
cubrir nuestras necesidades. Aunque
el cuerpo humano dispone de eficientes
sistemas de eliminación, **todo exceso
de proteínas supone cierto grado de
intoxicación**. Esta reacción se debe
a que las proteínas consumidas en exceso
(aquellas que el cuerpo no necesita para
el crecimiento o para renovar los tejidos
que se desgastan con la edad) se queman
en las células cuando producen energía,
dejando residuos tóxicos como el amoníaco,
que acelera la destrucción de los tejidos.
Es conveniente entonces, moderar y restringir
(en algunos casos) su consumo diario.

En una alimentación equilibrada el 10- 15 %
de las calorías diarias consumidas corresponde
al aporte de proteínas.

Las proteínas completas se
encuentran básicamente en
carnes, huevos y lácteos.

Sugerencias para que las proteínas vegetales sean completas

Una de las posibles formas sería
combinando una legumbre con cereales,
semillas o nueces. Otra posible forma sería
combinando una legumbre o cereal con
proteínas de origen animal.

- En el primer caso:

CEREALES:
pasta, arroz, trigo, pan,
choclo, frutas secas.

LEGUMBRES:
arvejas, porotos, lentejas,
garbanzos.

Los cereales aportan proteínas.
Sin embargo, deben
combinarse con otros alimentos
para que estas sustancias
sean provechosas.

- En el otro caso:

**CEREALES
Y LEGUMBRES:**
pasta, arroz, trigo, pan,
choclo, frutas secas, arvejas,
porotos, lentejas, garbanzos.

**LÁCTEOS, HUEVOS
Y CARNES:**
leche, yogur, queso,
huevos, pollo, pescado
y carne vacuna.

GLUTEN Y SOJA: FUENTES DE PROTEÍNAS SIN COLESTEROL

Se recomienda consumir la soja procesada ya que en su estado natural es difícil de digerir.

L a gran recepción actual de este alimento (tanto en Oriente como Occidente) no es casual ni gratuita. En parte se debe a que es altamente nutritiva y aporta el doble de proteínas y grasas (más que, por ejemplo, las legumbres). Este alimento ostenta numerosísimas **más ventajas que las proteínas animales**. Veamos algunas:

- Sus grasas están libres de colesterol y no son saturadas.
- Además, aporta otros nutrientes: carbohidratos, vitaminas y fibras.
- Suministra diez veces más cantidad de proteínas que otros alimentos de su misma categoría.

En los últimos años la soja amarilla se ha ganado un lugar entre los alimentos más populares del mundo.

Su siembra en Oriente arroja una antigüedad de más de 3000 años y allí ha sido uno de los principales recursos proteínicos durante siglos. Sin embargo, existen restricciones. Por ejemplo, no es recomendable consumirla simplemente cocinada (a menos que se la sepa preparar bien), debido a la purina que contiene. No obstante, existen distintos derivados y variantes para saborear este natural manjar vegetal. **Las delicias más populares** en Occidente **son el tofu** y **el tempeh**.

La soja es un cultivo de gran versatilidad. Su rápido crecimiento permite una comercialización efectiva y rentable.

El tofu

De delicado sabor y textura cremosa, este alimento se obtiene al cortar la leche de soja. Este cuajo es ideal ya que posee una gran digestibilidad (frente, por ejemplo, a la que tiene la soja sin procesar), **es rico en minerales y vitaminas y contiene muy pocas grasas**. Pese a tener un contenido de agua similar al de la leche de vaca, contiene 8 % de proteínas frente al 3,5 % de la leche animal.

A pesar de tener fama de insípida y de poco sabrosa, la soja puede ser un alimento con gran sabor y textura. El tofu, una especie de "queso" preparado con leche de soja, es uno de los ingredientes preferidos por la mayoría de los "chefs vegetarianos".

El tempeh

Es un alimento originario de Indonesia, también elaborado a partir de la soja amarilla parcialmente cocinada y fermentada. **En los últimos años se ha popularizado mucho su consumo** y algunos productores apuestan a que se instalará en todas las mesas del mundo como una nueva opción a considerar. Algunas de sus excelentes propiedades son:

• Al igual que el tofu no posee colesterol.
• Es muy digestible, gracias a las enzimas producidas durante su fermentación.
• Posee propiedades estimulantes para el crecimiento (mucha concentración de proteínas).

Tempeh acompañado de pan de banana, uvas verdes y kiwi.

El gluten

Es una especie de proteína que **se halla en la semilla de muchos cereales** combinada con almidón (representa aproximadamente el 80 % de las proteínas que se encuentran en el trigo). Es uno de los responsables, por ejemplo, de la famosa elasticidad que posee la masa de harina. Además, es el que le brinda su fermentación, su consistencia elástica y esponjosa en panes y masas horneadas. **Se obtiene generalmente a partir de la harina de trigo** cuando se le retira el almidón.

Este nutritivo material es una sana opción para hacer una distribución más pareja del consumo de proteínas, entre alimentos vegetales y animales. Quizás por esta cualidad **es muy apreciado como sustituto de la carne** en la mayoría de las dietas vegetarianas.

El seitán

Es un alimento altamente reconstituyente y **de buena calidad alimenticia**. Está compuesto por gluten de trigo (que es en donde se hallan la mayoría de sus proteínas y nutrientes). Por su parte, el alto contenido en proteínas (24,7 %) le ha merecido el mote de "carne vegetal" (pero además este apodo proviene también de su textura, sabor y consistencia). Es de fácil preparación y **puede combinarse en infinidad de recetas** (pastas, sopas, estofados, croquetas, guisos, panachés, etc.).

EL ALIMENTO DE LOS DIOSES

El nombre "proteína" proviene del vocablo griego "prota", que significa "lo primero" (aunque algunos se lo atribuyen el dios proteo, por la cantidad de formas que pueden tomar. Este nombre está bastante bien elegido ya que las proteínas representan uno de los compuestos químicos esenciales para la vida.

El gluten es un compuesto que se encuentra básicamente en los cereales.

CUIDADOS CON EL CONSUMO DE GLUTEN

A pesar de los innumerables aportes alimenticios que provienen del gluten, algunas personas deben restringir su consumo, ya sea que desarrollan una **alergia** al gluten, o bien tienen intolerancia. A las **personas que padecen intolerancia**, el gluten les **daña el intestino delgado**, impidiendo una digestión normal. Sin embargo, tras eliminarlo de la dieta, el intestino vuelve a funcionar con normalidad. Generalmente, estas personas tienen una predisposición genética a la intolerancia al gluten, pero no necesariamente desarrollan la enfermedad. Se recomienda no suministrárselo a los bebés antes de los seis meses, ya que su administración temprana podría desencadenar la intolerancia.

El seitán es ideal para incluirlo en recetas en donde no hay carne.

LAS LEGUMBRES

Las legumbres representan una de las mejores fuentes vegetales de nutrientes, sobre todo de proteínas. Es por esta sencilla razón que recomendamos incluirlas dentro de la dieta semanal.

Tanto los porotos (alubias) como las arvejas, los frijoles, las lentejas, los garbanzos, las habas, la soja y los maníes (cacahuates) son las principales legumbres consumidas en la actualidad por el hombre. Estos particulares alimentos constituyen un capítulo aparte si hablamos sinceramente sobre nutrición.

En los últimos años los avances en materia de bioquímica y de tecnología de la nutrición han podido dilucidar con exactitud la composición química de este grupo de alimentos. Estos estudios han demostrado que las legumbres poseen los siguientes nutrientes:

- **20 % de proteínas**. En este sentido, **son una de las únicas fuentes vegetales que contienen este tipo de sus sustancias** que el cuerpo humano no puede sintetizar en su totalidad. Por esta razón, las legumbres son muy populares dentro de los hábitos alimenticios de los vegetarianos.
- **60 % de hidratos de carbono**. Asociados con estos nutrientes existe una gran cantidad de fibra dietética (entre el 11 y el 25 % de la cual los cereales son la principal fuente).

- Algunas **vitaminas esenciales** para el cuerpo y **algunos lípidos**. Además tienen cantidades importantes de hierro, cobre y vitamina B1 (aunque de una más baja asimilación que el grupo de las carnes y los lácteos). No presentan cantidades apreciables de vitamina C, excepto cuando germinan o están verdes.
- Tienen **bajo contenido en grasas**. Se ha demostrado que **una dieta variada y rica en legumbres ayuda a bajar el nivel de colesterol** en la sangre. Se cree además que este particular efecto se debe a la presencia de determinados compuestos que obstaculizan la absorción de colesterol.

No todo es carne

Como dijimos antes, las variedades de legumbres que el ser humano ingiere comprenden un importante cúmulo de proteínas y aminoácidos esenciales. De hecho, aunque no proporcionan toda la cantidad necesaria, las legumbres son un grupo especial dentro de los alimentos de origen vegetal, comparables y complementarios a los cereales. La más alta concentración de estas sustancias se encuentra en los cacahuetes y en la soja (donde alcanza hasta un 38 %). Debido a este alto porcentaje de proteínas o sustancias nitrogenadas, las semillas de leguminosas han constituido el complemento más utilizado para aumentar el contenido en proteínas en las comidas. Si se las sirve con carne (otra gran fuente de proteínas completas), se incorporará al organismo una buena ración de estos nutrientes. En los últimos años la soja ha suplantado prácticamente a otras legumbres dentro del mercado alimenticio. Su abundante versatilidad para prepararse de diferentes formas (salsas, en pasta, en fideos, hamburguesas, etc.) ha generado un nuevo mercado para su consumo.

Se cree que la soja procede del sureste asiático. Actualmente, debido a su gran aporte alimenticio se cultiva en muchos países.

EL HUEVO: LAS PROTEÍNAS CONCENTRADAS

Este alimento brinda infinitas posibilidades de adaptación a todo tipo de comidas. Es además un **excelente proveedor de proteínas y vitaminas** de gran calidad alimenticia. Remarcamos este último punto, porque existe una creencia popular (infundada) que condena su consumo. Si bien un huevo **posee una alta densidad de colesterol, el mismo no afecta en gran medida los valores de esta sustancia en la sangre** en personas sanas. Esto es así porque el huevo posee la ventaja de tener un mayor porcentaje de ácidos grasos poli y monoinsaturados, por ende más cantidad de grasas insaturadas que saturadas (que en realidad son las principales responsables del aumento del colesterol).
Algunas personas confunden el contenido en colesterol con el contenido en grasa, estableciendo que "la yema tiene mucha grasa y no hay que consumirla". La últimas investigaciones sobre la composición de los alimentos han arrojado que la yema contiene entre 4 a 4,5 g por unidad, y la mayoría son insaturadas. Por eso cuando se elimina la yema también se descartan una gran cantidad de vitaminas y minerales.
Los estudios continúan mostrando que la grasa saturada es muchísimo más importante en la determinación de los niveles de colesterol sanguíneo que la ingesta de colesterol dietario.

Aunque exquisitos, los huevos fritos no representan la mejor opción para consumir este alimento.

El huevo es un alimento que permite una gran cantidad de combinaciones.

Nutrición en varias escalas

Para entender todas las propiedades nutritivas que posee el huevo es necesario que vayamos por partes:
Cáscara: posee un gran porcentaje de carbonato de calcio (94 %) como componente estructural, con pequeñas cantidades de carbonato de magnesio, fosfato de calcio y demás materiales orgánicos incluyendo proteínas.
Clara: está formada principalmente por agua y proteínas. Las proteínas son las ocho esenciales (imprescindibles) que el organismo humano necesita incorporar. También contiene vitaminas y minerales (por ejemplo: magnesio y potasio, entre otros), y a la vez, una serie de enzimas que actúan como barreras contra algunos microorganismos.
Yema: formada principalmente por lípidos y proteínas. Es la mayor fuente de vitaminas del huevo. Se encuentra protegida por una membrana que la separa y protege de la clara.

La yema de huevo de gallina aporta aproximadamente 59 calorías, casi lo mismo que una manzana.

¡ATENCIÓN!

Actualmente en las grandes urbes comemos el huevo que se produce de manera industrial (es decir, en grandes establos y con un control sanitario estricto). En el campo aún se consume el llamado "huevo de granja", el cual es muy sano y delicioso. No obstante, deben tenerse algunas precauciones para evitar las enfermedades que vienen aparejadas con él. Veamos:
• En la cáscara pueden quedar a veces restos de la gallina y al abrirlos puede contaminarse el interior.
•Tampoco comerlos envasados en papel periódico ya que su cáscara es porosa y los gérmenes pueden contaminarlo.

Alimentos versátiles: cereales y semillas

Las nueces son una excelente opción para acumular energía.

Dentro de los alimentos indispensables para una dieta proteica adecuada, es primordial incluir una buena cantidad de cereales. De esta manera, evitamos sobrecargar a los alimentos de origen animal el peso de proveernos de estos nutrientes. **En las denominadas dietas mixtas, las proteínas provienen tanto de los alimentos de origen vegetal como de origen animal.**
El arroz, la avena, el centeno, el trigo, la cebada, el maíz, el mijo, (los exponentes más populares y consumidos en todo el mundo) presentan en su composición una gran cantidad de proteínas. Además, su gran versatilidad para combinarse en cualquier preparación los convierte en casi "objetos de culto" en el arte de estar bien alimentados.

El pan, hecho con harina de trigo, es uno de los alimentos más populares.

Las avellanas, nueces y almendras constituyen una excelente fuente de proteínas vegetales. Su consumo debe ser moderado en épocas de altas temperaturas, ya que estos alimentos aportan muchas calorías.

Los cereales ocupan el primer lugar dentro de los cultivos industriales más sembrados en el mundo.

Por su parte, una buena fuente de proteínas de origen vegetal proviene de las semillas (nueces, avellanas, almendra, etc.), que presentan grandes contenidos de estos nutrientes. Por ejemplo, el contenido de proteínas de las almendras coincide con el de la carne. Pero aún tratándose de proteínas de buena calidad, son inferiores a las que ofrecen alimentos como los huevos, la carne o el pescado.
En general, el campo de la nutrición suele incluir a este grupo dentro de los **principales proveedores de hidratos de carbono**. Y es cierto, cualquier cereal es una fuente exquisita de estos nutrientes. Sin embargo, sucede entonces que si se los sabe combinar, pueden aportar una gran porción de proteínas.
En la actualidad la recomendación del consumo de proteínas para una persona adulta se fija en 0,8 g por kilo de peso ideal por día. De esta manera, para una persona que pese 70 kg, la cantidad que debería consumir sería de 56 g (que es la cifra que resulta de multiplicar 0,8 por 70).

IMPORTANTE: DÉFICIT DE PROTEÍNAS

Generalmente, cuando existe carencia de proteínas en la alimentación de una persona se producen ciertos síntomas que evidencian claramente esta falta. Los mismos pueden detectarse inmediatamente: musculatura escasa, cabello fino y frágil, lesiones cutáneas, hinchazón generalizada y desequilibrios hormonales. La deficiencia de proteínas rara vez aparece aislada; en general suele asociarse a déficit de energía y de otros nutrientes. También puede aparecer deficiencia en presencia de enfermedades, porque las necesidades aumentan.

Preparaciones ricas en proteínas

1. HAMBURGUESAS[1] DE PESCADO

**Ingredientes
para 4 porciónes**

- 360 g de filetes
  de merluza[2]
- 150 g de
  manzana[3] verde
- Huevo
- Caldo[4] dietético
- taza de jugo de tomate
- 1 tallo de apio

- Unas hojas de berro

Preparación

- Desmenuzar el pescado
  crudo.
- Unir con el huevo y la
  manzana rallada.
- Luego, separar la
  preparación y
  moldear las
  hamburguesas.

- Verter el caldo en un
  recipiente para horno,
  disponer las
  hamburguesas y
  cocinar a horno
  moderado.

EQUIVALENCIAS

1. Bistec de carne o
   pescado picado y
   preparado con
   huevo, ajo, perejil,
   etc.
2. Pescada.
3. Poma.
4. Caldillo, lahua,
   cahua.
5. Guisado, estofado.
6. Jitomate.
7. Material plástico
   de propiedades
   antiadherentes,
   muy resistente
   al calor y a la
   corrosión.
8. Puchero, perol,
   vasija, pote,
   marmita, guiso,
   cacerola, cocido,
   cazo.

2. GUISITO[5] DE CARNE CON LEGUMBRES

**Ingredientes
para 4 porciones**

- 100 g de carne
- 100 g de legumbres
  secas
- 100 g de cebolla
- 200 g de tomate[6] fresco
- Caldo o agua
  de cocción de
  las legumbres
- Ajo, hierbas secas, sal

Preparación

- Remojar las legumbres
  secas en agua fría
  durante 7 u 8 horas.
- Escurrir y cocinarlas por
  hervido en agua salada o
  caldo.
- Cortar y sazonar la
  carne.
- Colocar en una sartén de
  teflón[7] hasta lograr la
  formación de la costra.
  Luego, retirar del fuego.
- Cortar en trozos la
  cebolla y el tomate,
  junto con las hierbas
  secas.
- Llevar todo a una olla[8]
  antiadherente.

- Mezclar bien y cocinar
  unos minutos
  removiendo de vez
  en cuando.
- Agregar la carne y las
  legumbres escurridas.
- Añadir el caldo de
  cocción de las
  legumbres hasta cubrir
  la carne.
- Terminar la cocción
  en un recipiente cerrado
  durante
  aproximadamente
  10 minutos.

*Al consumir
una sola
yema, cumplimos
con el 70 %
de la ingesta
diaria de colesterol
recomendada para
una persona, que es
300 mg al día.*

RECUERDE QUE...

... para que las carnes no se sequen y no pierdan su jugo se las debe "sellar", calentando a fuego fuerte una sartén lubricada con rocío vegetal o una pizca de aceite. Luego se dora el corte de carne por todos sus lados.

EQUIVALENCIAS

1. Bolita de carne o pescado picado, mezclado con pan rallado o harina, huevos batidos y especias.
2. Aderezo, aliño, marinada, molho, adherezo.
3. Molla, migaja.
4. Jitomate.
5. Macís, macis, coscada, nuez coscada.
6. Lauro.
7. Lonja, rebanada, loncha de carne, bistec, befa steak.
8. Cecina, embutido, chorizos, intestinos rellenos.
9. Judías verdes, porotos verdes, vainas.
10. Azanoria, cenoura.
11. Jenabe.

3. ALBÓNDIGAS[1] CON SALSA[2] DE TOMATE

Ingredientes
para 4 porciones

- 360 g de carne
- 1 huevo
- 40 g (2 rebanadas tipo lactal) de miga[3] de pan remojada y exprimida
- 400 g de tomate[4]
- Pimienta, nuez moscada[5], ajo, laurel[6] y sal

Preparación

- Mezclar todos los ingredientes en un recipiente, excepto el tomate y el ajo.
- Remover con una espátula de madera. Dividir la preparación en cuatro porciones, dándole, a cada una, forma esférica.
- Por otro lado, triturar el tomate, colocarlo en una sartén antiadherente, sazonar, agregarle un diente de ajo aplastado y dejar cocinar.
- Unir la salsa de tomate con las albóndigas y terminar la cocción.

4. BIFE [7] RELLENO A LA JARDINERA

Ingredientes
para 4 porciones

- 360 g de bife de nalga
- 150 g de salchichas[8] de bajas calorías
- 450 g de chaucha[9]
- 300 g de zanahoria[10]
- 300 g de tomate
- 200 cc de caldo dietético
- 20 g de mostaza[11]
- Sal, pimienta

Preparación

- Condimentar la carne con sal y pimienta.
- Untar con mostaza.
- Envolver la salchicha con la carne y sujetar con palillos.
- Lavar las verduras, cortar en cubos, hervirlas en abundante agua salada.
- Colocar todo en una fuente para horno e incorporar el caldo. Sazonar.
- Cocinar en horno a temperatura moderada durante 20 minutos.

5. ARROZ[12] CON CALAMARES Y CHAUCHAS

EQUIVALENCIAS

12. Casulla, palay.
13. Chile verde, ají verde.

Ingredientes
para 4 porciones

- *300 g de calamares*
- *200 g de tomate*
- *150 g de pimiento verde[13]*
- *150 g de cebolla*
- *Dientes de ajo*
- *Hoja de laurel*
- *250 g de chauchas*
- *120 g de arroz*
- *250 cc de vino blanco*
- *Agua*
- *Sal*

Preparación

- Mezclar todos los ingredientes en un recipiente, excepto el tomate y el ajo.
- Remover con una espátula de madera. Dividir la preparación en cuatro porciones, dándole, a cada una, forma esférica.
- Por otro lado, triturar el tomate, colocarlo en una sartén antiadherente, sazonar, agregarle un diente de ajo aplastado y dejar cocinar.
- Unir la salsa de tomate con las albóndigas y terminar la cocción.

RECUERDE QUE...

... de la cabeza del calamar debe extraer el pico situado en el centro de los tentáculos, apretando la corona con los dedos. Esta pequeña bola –parecida a un ojo- puede dar un sabor amargo al plato. Si no utiliza todos los calamares puede congelarlos en un recipiente adecuado y cerrado. **Al descongelarlos, hágalo a temperatura ambiente y si es posible de un día para otro**. Además es importante cocinarlos brevemente porque la carne se endurece con un exceso de cocción. Los calamares ofrecen muchas posibilidades más a la hora de prepararlos; como por ejemplo cortado en anillos (las conocidas rabas) y fritos o formando parte de risottos. Son un alimento muy popular que se consume en diferentes partes del mundo, como Japón, Italia o Grecia.

Los calamares se utilizan mucho en elaboraciones de sushi y sashimi.

EQUIVALENCIAS

1. Asado pejerrey, posta, redondo, carne vacuna para picadillos, asado.
2. Bonito, pollo de mar.
3. Lámina delgada o tajada fina.
4. Nombre que recibe el boquerón cuando está conservado en salmuera o en aceite.
5. Brécol. Parecido a la coliflor.
6. Caldillo, lahua, cahua.
7. Mahonesa.
8. Cuáquer.
9. Guisado, estofado.
10. Ahumaya, calabaza, abóbora, ayote, pipiane.
11. Zapallito. Ahumaya chica, calabacita, calabacín.
12. Mazorca, jojoto, elote, chilote.
13. Ajo porro, porro.
14. Cenoura, azanoria.
15. Jenabe.

El puchero representa una de las más sanas opciones para consumir verduras y hortalizas.

6. VITEL TONÉ CON BRÓCOLI

Ingredientes para 4 porciones

- *600 g de peceto[1]*
- *1 lata de atún[2] al natural*
- *Filetes[3] de anchoa[4]*
- *300 g de brócoli[5]*
- *300 cc de caldo[6] dietético*
- *Mayonesa[7] dietética*

Preparación

- Hervir el peceto.
- Licuar el caldo con el atún y las anchoas.
- Agregar una cda. sopera de mayonesa dietética.
- Con esta preparación salsear la carne.

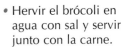

- Hervir el brócoli en agua con sal y servir junto con la carne.

7. PASTEL DE CARNE CON ESPINACA

Ingredientes para 4 porciones

- *500 g de carne picada magra*
- *450 g de espinaca*
- *150 g de cebolla*
- *80 g de avena[8]*
- *1 huevo*
- *Agua fría*
- *Sal, pimienta*

Preparación

- En un recipiente, mezclar la avena con el agua y dejar hidratar.
- Rehogar la cebolla y el ajo en una sartén de teflón.
- Hervir la espinaca en agua salada. Retirar y picar.
- En un recipiente grande, mezclar la avena, la cebolla rehogada, la espinaca, la carne, el huevo y los condimentos.
- Colocar en un molde para horno, untado con rocío vegetal.
- Hornear durante 40 minutos aproximadamente.

8. PUCHERO[9] DIETÉTICO

Ingredientes para 4 porciones

- *500 g de costillas de ternera*
- *400 g de zapallo[10]*
- *200 g de zapallito[11]*
- *100 g de choclo[12]*
- *20 g de puerro[13]*
- *200 g de zanahoria[14]*
- *20 g de mostaza[15]*
- *Sal*

Preparación

- Colocar las verduras en agua con sal y, cuando comience a hervir, incorporar la carne.
- Dejar hervir durante 30 minutos.
- Servir la carne con una pincelada de mostaza y las verduras mojadas en caldo.

9. POLLO[16] CON MANZANAS[17]

Ingredientes
para 4 porciones

- *600 g de pechuga[18] de pollo deshuesada, cortada en pedazos*
- *250 g de manzana*
- *200 cc de jugo[19] de manzana*
- *Rocío vegetal*

Preparación

- Disponer, en una sartén antiadherente untada con rocío vegetal, las manzanas cortadas en gajos[20] y dejar dorar.
- Agregar la pechuga de pollo cortada en trozos, y mezclar.
- Verter el jugo de manzana y dejar cocinar hasta que el pollo esté bien cocido y las manzanas, blandas.

La carne de pollo puede combinarse de diversas maneras. Sin embargo, con verduras realza sus valores nutritivos.

EQUIVALENCIAS

16. Ave, frango.
17. Poma.
18. Pecho del ave.
19. Zumo.
20. Pedazo, división.
21. Ahuyama, calabaza, abóbora, ayote, pipiane.

10. POLLO AL ROMERO CON CALABAZAS[21] ASADAS

Ingredientes
para 4 porciones

- *500 g de pollo deshuesado*
- *500 g de calabaza*
- *40 g de mostaza*
- *250 cc de caldo dietético*
- *Romero*
- *Sal, pimienta*

Preparación

- Retirar la piel del pollo, salpimentarlo y untarlo con mostaza.
- Adherir hojitas de romero en toda la superficie.
- Cortar la calabaza en rodajas y colocarla, junto con el pollo, en una asadera con caldo.
- Dejar cocinar a fuego moderado durante 30 minutos.

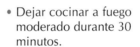

RECUERDE QUE...

... se pueden diferenciar dos tipos de **pollo**: el industrial y el **de campo**.
Este último es el que se alimenta con grano y sin estimulación de hormonas. Tarda mucho más tiempo en desarrollar el peso óptimo para el sacrificio y es el doble de caro, pero **su carne es más sabrosa**, menos grasa y más firme que la del pollo industrial.

Dentro de las aves consumidas por el hombre, el pollo es la preferida. Su alto valor alimenticio y su exquisito sabor son dos de sus cualidades más destacadas.

11. POLLO[1] PÁPRIKA[2]

EQUIVALENCIAS

1. Ave, frango.
2. Especie de pimentón característico de la cocina eslava.
3. Pecho del ave.
4. Chile verde, ají verde.
5. Jitomate.
6. Caldillo, lahua, cahua.
7. Jenabe.
8. Poma.
9. Puchero, cazuela, pote, cazo, olla.

Ingredientes
para 4 porciones

- *500 g de pechuga[3] de pollo*
- *80 g de cebolla*
- *50 g de pimiento verde[4]*
- *80 g de tomate[5] triturado*
- *50 g de harina*
- *150 cc de caldo[6] dietético de pollo*
- *Rocío vegetal*
- *1 pizca de páprika*

Preparación

- Dorar el pollo de ambos lados, en una sartén antiadherente untada con rocío vegetal.
- En otra sartén, rehogar en rocío vegetal, la cebolla y el pimiento cortados bien finos, hasta que estén blandos.
- Añadir la harina y la páprika, y revolver hasta que se haga una pasta.
- Añadir el tomate y el caldo.
- Revolver con una cuchara de madera hasta que espese.
- Poner el pollo en la salsa y colocar en el horno por unos 20 minutos, o bien dejarlo a fuego bajo para que el pollo tome sabor.

12. POLLO A LA MOSTAZA[7]

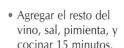

Ingredientes
para 4 porciones

- *500 g de pechuga de pollo*
- *250 cc de vino blanco seco*
- *400 g de manzanas[8] verdes*
- *40 g de mostaza*
- *Rocío vegetal*
- *Sal, pimienta*

Preparación

- Cortar las pechugas en trozos, quitarles la piel y deshuesarlas.
- Salpimentar, untar con la mostaza y dorar ligeramente en una cacerola[9] con el rocío vegetal.
- Añadir la mitad del vino blanco, y las manzanas peladas y cortadas en gajos.
- Agregar el resto del vino, sal, pimienta, y cocinar 15 minutos.
- Servir inmediatamente después de quitar del fuego.

La mostaza, mezclada con limón y ajo, es un aderezo ideal para condimentar los platos con pollo.

13. POLLO CON VERDURAS

Ingredientes para 4 porciones

- *500 g de pechuga de pollo*
- *200 g de pepinos[10] pelados, sin las semillas*
- *200 g de ají morrón[11] o pimiento rojo*
- *300 g de lechuga[12]*
- *20 cc de jugo de limón[13]*
- *15 cc de aceite de oliva*
- *1 diente de ajo*
- *Jengibre*
- *Sal, pimienta*

Preparación

- Calentar la sartén con rocío vegetal a fuego medio.
- Añadir el pollo y cocinar 5 minutos de cada lado hasta que esté listo.
- Remover el pollo de la sartén y dejar que se enfríe.
- Cortar el pollo en trocitos o tiritas, y mezclarlo con el morrón y el pepino en una fuente grande.
- Colocar, en la licuadora o procesadora, jengibre, jugo de limón, sal, pimienta y ajo, y licuar hasta convertirlos en una mezcla suave.
- Acompañar con lechuga cortada en tiritas finas, condimentada con aceite de oliva.

EQUIVALENCIAS

10. Cohombro.
11. Ají picante, charimbo.
12. Alsface.
13. Acitrón.
14. Guajalote, pirú.
15. Chile verde, pimiento verde.
16. Mejorana.

14. PECHUGA DE PAVO[14] EN SALSA VERDE

Ingredientes para 4 porciones.

- *600 g de pechuga de pavo*
- *30 g de harina*
- *30 g de ají verde[15]*
- *150 cc de caldo dietético de pollo*
- *20 cc de jugo de limón*
- *Dientes de ajo picados*
- *50 g de perejil fresco picado*
- *Tomillo, orégano[16], sal*

Preparación

- Enharinar bien el pavo y sacudir el exceso de harina.
- Cocinar las pechugas de ambos lados en una sartén antiadherente untada con rocío vegetal.
- Retirar del fuego y colocar en una fuente.
- Aprovechando el fondo de cocción, agregar el ajo a la sartén y dorar.
- Añadir el jugo de limón y el ají, y cocinar.
- Incorporar el caldo, el perejil, el tomillo, el orégano y, luego, volver a introducir el pavo.
- Cocinar unos minutos hasta que el pavo esté bien caliente y la salsa ligeramente espesa.

Las verduras y los hongos, a pesar de tener distinta composición química, pueden mezclarse muy bien.

Los vegetales picantes, como por ejemplo los ajíes verdes, son excelentes estabilizadores de la presión sanguínea. Sin embargo, no conviene abusar de ellos.

El vino blanco es ideal para la cocción de ciertos tipos de carnes blancas.

15. FILETE[1] DE PESCADO AL VINO BLANCO

Ingredientes para 4 porciones

- 400 g de filetes de pescado
- 200 g de papas[2]
- 6 cc de jugo de limón[3]
- 50 cc de vino blanco
- 100 cc de caldo[4] de pescado
- Sal, pimienta

Preparación

- Cortar las papas en cubitos.
- Cocinarlas en el horno sobre una asadera con rocío vegetal.
- En una fuente, ubicar el filete de pescado cocido, las papas y agregar el resto del vino.
- Dejar en horno mediano durante unos minutos.

EQUIVALENCIAS

1. Lámina delgada o tajada fina.
2. Patatas.
3. Acitrón.
4. Caldillo, lahua, cahua.
5. Entrecorte, solomo, solomillo, filete.
6. Vasija pequeña.
7. Jitomate.
8. Planta aromática.
9. Mejorana.

16. LOMO[5] CON AROS DE CEBOLLA

Ingredientes para 4 porción

- 4 pocillos[6] de puré de tomate[7]
- 3 cdas. de aceite de oliva
- 2 cdas. de albahaca[8]
- 1 cdita. de orégano[9]
- 2 dientes de ajo picado
- 2 cebollas en aros
- 4 medallones de lomo
- sal, pimienta

Preparación

- Preparar el aderezo mezclando el puré de tomate, el aceite de oliva, la albahaca, el orégano, el ajo y sazonar con pimienta. Revolver y dejar reposar.
- Cocinar el medallón de lomo a la plancha al punto deseado y salar a gusto.
- Colocar sobre un papel de aluminio un colchón de aros de cebolla y verter sobre ellas parte del aderezo.
- Cerrar el paquete herméticamente y llevar a horno moderado durante 15 minutos (hasta tiernizar la cebolla).
- Colocar 3 cucharadas del aderezo en un plato. Encima, ubicar el medallón de lomo, cubrir con el resto de la guarnición y los aros de cebolla y servir.

El lomo es uno de los cortes vacunos con menor cantidad de grasa.

RECUERDE QUE...

... un buen sistema para **conservar el pescado** en el hogar consiste en secarlo fresco con un trapo húmedo, **envolverlo en papel parafinado y guardarlo en un recipiente** en la parte más fría del refrigerador.

17. PESCADO A LA VASCA

EQUIVALENCIAS

**Ingredientes
para 4 porciones**

- *400 g de pescado*
- *60 g de ají morrón[10] o pimiento rojo*
- *200 g de papas*
- *25 cc de vinagre*
- *Dientes de ajo*
- *Hoja de laurel[11]*

Preparación

- Cocinar el pescado a la parrilla[12].
- Disponerlo en una fuente.
- Cubrir con los morrones cortados en trozos.
- Rociar el pescado y los morrones con vinagre.
- En una sartén antiadherente rehogar el ajo picado con laurel y agregarlo al pescado.

- Hervir las papas, previamente cortadas en daditos.
- Escurrir.
- Servir el pescado, acompañado con las papas al natural como guarnición.

10. Ají picante, charimbo.
11. Lauro.
12. Grill, barbacoa, rejilla, horno, asador, armazón, enrejado.
13. Guisado.
14. Guisantes, ervlhas, chícharos, caraota, porotos, alubias.
15. Condimento de color anaranjado. En España se usa para la paella y en Italia, para el risotto.

18. CAZUELA[13] DE PESCADO A LA ESPAÑOLA

**Ingredientes
para 4 porciones**

- *400 g de pescado*
- *70 g de cebolla*
- *200 g de tomate*
- *100 g de arvejas[14]*
- *70 g de ají morrón o pimiento rojo*
- *150 g de papas*
- *500 cc de caldo dietético*
- *Diente de ajo*
- *Hoja de laurel*
- *Cápsula de azafrán[15]*
- *Sal, pimienta*

Preparación

- Cortar la cebolla en cubos.
- Rehogar en agua en un recipiente antiadherente.
- Agregar el ajo picado, el laurel, y los tomates pelados y picados.
- Sazonar.
- Hervir entre 6 y 7 minutos.
- Incorporar el azafrán y el caldo dietético.
- Disponer, en un recipiente aparte, el pescado cortado en rodajas.

- Distribuir por encima las papas cortadas en medallones, cocidas por hervido, las arvejas cocidas y escurridas, y los morrones cortados en trozos.
- Unir ambas preparaciones.
- Terminar la cocción con el recipiente tapado, sobre fuego directo o en el horno.

El pescado es una carne que asimila muy bien una gran cantidad de especias sin perder su sabor.

Las cazuelas son platos típicos de la cocina mediterránea.

19. BUDÍN[1] DE POLLO[2] CALIFORNIA

Ingredientes para 4 porciones

- 500 g de pollo
- 200 g de tomate[3]
- 100 g de yogur[4] descremado natural
- 50 g de queso untable descremado

Preparación

- Hervir el pollo, sin la piel, en agua salada.
- Pelar el tomate, sacarle las semillas y picarlo.
- Desmenuzar el pollo y combinarlo con el resto de los ingredientes.
- Licuar hasta lograr la consistencia apropiada.
- Colocar la preparación en un recipiente para horno untado con rocío vegetal.
- Tapar con papel manteca para evitar la formación de una costra en la superficie.
- Calentar a baño María y servir.

EQUIVALENCIAS

1. Pudín.
2. Ave, frango.
3. Jitomate.
4. Leche cuajada.
5. Brécol. Parecido a la coliflor.
6. Queso madurado que se obtiene por coagulación de la leche por medio del cuajo u otras enzimas coagulantes apropiadas, complementado o no por la acción de bacterias lácticas específicas.

20. POLLO CREMOSO CON BRÓCOLI[5]

Ingredientes para 4 porciones

- 500 g de pollo cocido
- 300 g de brócoli
- 15 g de harina
- 300 cc de leche parcialmente descremada
- 60 g de queso portsalut[6] descremado
- Rocío vegetal

Preparación

- Hervir el pollo, sin la piel, en agua salada.
- Untar con rocío vegetal una sartén antiadherente.
- Añadir la harina y cocinar por un minuto.
- Agregar la leche.
- Cocinar todo hasta el hervor y remover hasta que la salsa esté espesa.
- Retirar del fuego y agregar el queso.
- Remover hasta que se derrita.
- En una sartén antiadherente con un poco de agua, cocinar el brócoli hasta que esté blando.
- Mezclar el pollo y la salsa.
- Presentar de esta manera o licuado hasta que tome la forma de crema.

El pollo puede dividirse en varias partes, cada una con su característico sabor.

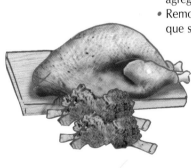

21. FILETE[7] DE LENGUADO[8] CON CEBOLLAS

Ingredientes para 4 porciones

- *600 g de filete de lenguado*
- *120 g de cebolla*
- *1000 cc de agua*
- *Jugo de limón[9]*
- *Condimentos*
- *Rocío vegetal*

Preparación

- Macerar con jugo de limón los filetes de lenguado.
- Colocarlos en una fuente para horno untada con rocío vegetal.
- Cubrir los filetes con las cebollas cortadas en aros. Condimentar.
- Verter el agua hasta cubrir el preparado.
- Cocinar en horno moderado durante 30 minutos.

Los pueblos que consumen pescados en abundancia ostentan cifras de afecciones cardiovasculares muy bajas.

22. SALMÓN A LA PLANCHA CON VERDURAS

Ingredientes para 4 porciones

- *500 g de salmón*
- *300 g de zanahorias[10]*
- *100 g de patata*
- *120 g de lentejas[11]*
- *Agua*
- *Perejil picado*
- *Sal, pimienta*

Preparación

- Condimentar con sal y pimienta el salmón, cortado en rodajas o filetes.
- En una sartén antiadherente, muy caliente y sin aceite, dorarlo de ambos lados.
- Cocinar las lentejas, las zanahorias y las patatas troceadas en agua hirviendo con sal.
- Hacer puré con los ingredientes anteriores y colocarlo en una fuente.
- Incorporar el salmón hecho a la plancha.

El salmón es uno de los alimentos más completos a nivel nutricional.

RECUERDE QUE...

... **al cocinar pescados y mariscos es muy importante comprobar su frescura**. Se considera que el pescado permanece fresco cuando se puede observar que su carne es firme. En el caso de los mariscos, se recomienda conseguirlos sin congelar o enlatados para estar completamente convencidos de su frescura.

EQUIVALENCIAS

7. Lámina delgada o tajada fina.
8. Suela.
9. Acitrón.
10. Azanoria, cenoura.
11. Lentejas.

La paella es una receta de origen español que incluye una asombrosa variedad de pescados y mariscos. Ideal para sorprender y alimentar a nuestros seres queridos.

EQUIVALENCIAS

1. Casulla, palay.
2. Jitomate.
3. Chile verde, ají verde.
4. Judías verdes, porotos verdes, vainas.

RECUERDE QUE...

... para cocinar los calamares y que queden esponjosos es recomendable remojarlos en leche durante un par de horas (una o dos por lo menos). Si desea dorarlos en una sartén, debe colocarlos bien secos a fin de que no salpiquen al contacto con el rocío vegetal (tenga en cuenta que mientras menos aceite o rocío coloque su sabor se mantendrá mucho más natural) Otra interesante técnica consiste en cocinarlos al vapor en el horno dentro de un pedazo de papel aluminio con ingredientes que les aporten sabor (limón, sal o tomillo por ejemplo). Esta variante mantiene mucho mejor las propiedades nutritivas de los calamares, ya que permite que su jugo natural se mezcle (o macere) con el de las especias, realzando el verdadero color y sabor de estos deliciosos alimentos.

23. CALAMARES CON ARROZ[1] INTEGRAL Y HABAS FRESCAS

Ingredientes para 4 porciones

- 300 g de calamares
- 200 g de tomate[2]
- 150 g de pimiento verde[3]
- 150 g de cebolla
- 250 g de habas frescas o chauchas[4]
- 120 g de arroz integral
- 150 cc de vino blanco
- 1 hoja de laurel
- Sal

Preparación

- Picar finamente la cebolla, el pimiento verde y el ajo.
- Dorar en una sartén untada con rocío vegetal.
- Añadir el tomate pelado, cortado en cubos, las habas frescas y el calamar limpio y troceado.
- Cocinar por rehogado y agregar el vino.
- Una vez evaporado el líquido, añadir el arroz y la hoja de laurel.
- Volver a rehogar cubriendo el arroz con el doble de agua.
- Sazonar y cocinar unos 20 minutos más, hasta que el arroz esté tierno.
- Antes de servir, dejar reposar unos minutos.

El arroz (blanco, con cáscara o integral) es un gran acompañante de platillos con pescados.

> *La pechuga de pollo es la parte del animal más carnosa. Su sabor es ideal para combinarlo en platos fríos o con verduras cocidas al vapor.*

El sabor tropical del Caribe se trasluce en sus alimentos típicos. Las frutas carnosas (como el mango o la banana, por ejemplo) y los mariscos son dos de sus exponentes característicos.

24. PECHUGAS[5] DE POLLO[6] EN SALSA VERDE

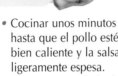

Ingredientes para 4 porciones

- 600 g de pechuga de pollo
- 3 dientes de ajo picados
- 20 cc de jugo de limón[7]
- 30 g de ají o morrón verde
- 150 cc de caldo[8] de pollo dietético
- 50 g de perejil fresco picado
- 30 g de harina
- Tomillo, orégano[9], sal

Preparación

- Enharinar bien el pollo y sacudir el exceso de harina.
- Cocinar las pechugas de ambos lados en una sartén untada con rocío vegetal.
- Retirar y colocar en una fuente.
- En la misma sartén, agregar el ajo y dorar.
- Añadir el jugo de limón y el morrón verde picado, y cocinar.
- Incorporar el caldo, el perejil, el tomillo, el orégano, y luego agregar el pollo.
- Cocinar unos minutos hasta que el pollo esté bien caliente y la salsa ligeramente espesa.
- Servir con ensalada de lechuga[10] y tomate.

Las preparaciones deben tener una buena presentación visual, ya que estimula el apetito.

EQUIVALENCIAS

5. Pecho del ave.
6. Ave, frango.
7. Acitrón.
8. Caldillo, lahua, cahua.
9. Mejorana.
10. Alsface.

RECUERDE QUE...

... **el pollo estará en óptimas condiciones** para ser consumido **cuando las patas tengan color ama-rillo**; la piel no esté pegajosa y con manchas; los muslos sean gruesos y redondeados y la pechu-ga ancha y rolliza. En general, la presencia de reflejos violetas o verdosos y el oscurecimiento del extremo de las alas se consideran claros indicios de que la carne no es muy fresca.

EQUIVALENCIAS

1. Brochette.
2. Setas, hongos comestibles.
3. Zapallo, ahumaya, abóbora, ayote pipiane.
4. Pimiento, morrón.
5. Palillo.
6. Bolitas de carne o pescado picado, mezclado con pan rallado o harina, huevo batidos y especies.
7. Azanoria, cenoura.

25. BROCHETA[1] DE TOFU

Ingredientes para 4 porciones

- 500 g de tofu semiduro
- 250 g de champiñones[2]
- 400 g de calabaza[3]
- 300 g de cebolla
- 2 ajíes rojos[4]
- Harina semi-integral
- Cúrcuma[5]
- Agua gasificada
- Aceite para freír
- Sal

Preparación

- Verter el agua gasificada sobre la harina y revolver hasta formar una pasta consistente. Agregar una pizca de cúrcuma y sal a gusto, y colocar en el refrigerador durante 20 minutos.
- Cortar la verdura y el tofu en dados medianos y luego colocarlos alternadamente en las brochetas de madera.
- Colocar la pasta sobre las brochetas y freír en aceite hasta que las verduras adquieran un color dorado.

ARROZ
Integral
Crudo

240

Tradicionalmente, las albóndigas se realizan con carne. Sin embargo, en los últimos años, se ha adaptado su receta a otros ingredientes.

26. ALBÓNDIGAS[6] DE TOFU

Ingredientes para 4 porciones

- 250 g de tofu fresco
- 200 g de zanahorias[7]
- 2 cdas. de semillas de girasol
- 1 diente de ajo
- Perejil picado
- Pan rallado
- Harina
- Aceite para freír

Preparación

- Desmenuzar el tofu y mezclarlo con las zanahorias ralladas.
- Dorar en aceite el ajo y agregar las semillas de girasol, perejil y un poco de pan rallado.
- Mezclar todos los ingredientes, separar en porciones pequeñas y darles forma esférica.
- Rebozar con harina y luego freírlas hasta que queden doradas y crujientes.
- Con un papel absorbente eliminar el aceite sobrante y colocarlas en una fuente para servir.

Las albóndigas de tofu pueden servirse con guisantes verdes o sabrosas salsas, livianas y bajas en calorías.

27. TARTA DE TOFU Y ESPÁRRAGOS[8]

Ingredientes
para 4 porciones

- 250 g de tofu semiduro
- 250 g de tofu fresco
- 300 g de puerro[9]
- 1 coliflor[10] mediana
- 1 cebolla
- Albahaca
- Sal
- Aceite de oliva
- Salsa de soja[11]

Preparación

- Cortar la cebolla en daditos y dorar durante unos minutos en aceite, agregando un poco de salsa de soja.
- Cortar la coliflor y los puerros en trozos medianos y mezclar con la cebolla. Cocinar durante 7 minutos.
- Triturar el tofu con una batidora hasta obtener una pasta con la consistencia de un paté.
- Colocar las verduras en una fuente para horno untada con un poco de aceite. Escurrirlas previamente para eliminar el aceite sobrante.
- Cubrir las verduras con la pasta de tofu y hornear durante 40 minutos a 180 °C.
- Retirar del horno y servir tibio.

Los espárragos son verduras de estación. Si se los consume bien frescos aportan muchos de los nutrientes esenciales para el organismo.

28. SEITÁN CON SALSA CURRY

Ingredientes
para 4 porciones

- 450 g de seitán
- 250 g de cebolla
- 150 g de zanahoria
- 1 cda. de pasas de uva
- 1 cdita. de mugi miso
- 1 cdita. de curry
- 1 cda. de harina de maíz
- Perejil picado
- Aceite de oliva
- Sal

Preparación

- Cortar las cebollas en cubos pequeños y saltear durante 10 minutos en una cazuela de acero inoxidable con suficiente aceite.
- Agregar el seitán, las zanahorias cortadas en rodajas finas, las pasas de uva y una taza de agua.
- Cocinar a fuego moderado durante diez minutos con la cacerola tapada.
- Eliminar el agua sobrante y colocar en una fuente.
- Preparar la salsa, mezclando el curry y el mugi miso con el jugo sobrante del seitán cocido. Diluir en agua fría un poco de harina de maíz y añadir a la salsa para espesar la preparación.
- Verter la salsa sobre la fuente y agregar un poco de perejil picado.

EQUIVALENCIAS

8. Turión, brote.
9. Ajo porro, porro.
10. Variedad de col.
11. Soya.

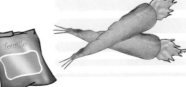

29. CAZUELA DE SEITÁN

Ingredientes para 4 porciones

- *350 g de seitán*
- *200 g de puerro[1]*
- *150 g de zanahoria[2]*
- *1 ají verde[3]*
- *150 g de brotes de soja[4]*
- *2 cdas. de semillas de sésamo*
- *Salsa de soja*
- *Jugo de jengibre*
- *Sal y pimienta*
- *Aceite de oliva*

Preparación

- Saltear los puerros en una cazuela, agregando sal y pimienta a gusto.
- Añadir las zanahorias cortadas en tiras finas y cocinar durante 5 minutos.
- Agregar el ají previamente hervido, el seitán cortado en tiras finas, los brotes de soja, y saltear durante otros cinco minutos, agregando salsa de soja y jugo de jengibre a gusto.
- Agregar, por último, las semillas de sésamo y servir tibio.

Seitán con brócoli y semillas de lino.

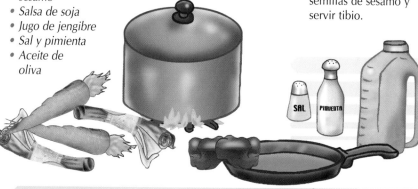

> *El seitán es un alimento tan versátil que cada vez más se lo emplea en nuevas recetas.*

30. RAVIOLES[5] DE SEITÁN

Ingredientes para 4 porciones

Masa

- *200 g de harina*
- *1 huevo*
- *10 cc de aceite*
- *Sal*

Relleno

- *350 g de seitán*
- *200 g de zanahorias*
- *100 g de champiñones[6]*
- *1 cebolla*
- *Ajo y perejil picado*
- *Aceite de oliva*

Preparación del relleno

- Freír ligeramente la cebolla y el ajo condimentándolos con sal, y cocinar durante 6 minutos a fuego medio.
- Añadir el seitán desmenuzado, los champiñones salteados, las zanahorias ralladas y cocinar hasta obtener una pasta homogénea.
- Por último, agregar perejil picado.

Preparación de la masa

- Tamizar la harina y formar una corona sobre una mesa. Verter el aceite de oliva en el centro junto con el huevo y agregar sal a gusto.
- Añadir una cantidad moderada de agua fría y amasar hasta obtener una pasta lisa y consistente.
- Extender un capa fina sobre una mesa previamente enharinada y cubrir con relleno. Con el resto de la masa, cubrir la parte superior y cortar con un rodillo.
- Hervir los ravioles en agua salada.
- Retirar del fuego, escurrir y servir.

EQUIVALENCIAS

1. Ajo porro, porro.
2. Azanoria, cenoura.
3. Pimiento, morrón.
4. Soya.
5. Raviolis, cuadradito de pasta relleno de queso, carne, jamón, etc.
6. Setas, hongos comestibles.

¿QUÉ CANTIDAD DE PROTEÍNAS NECESITAMOS SEGÚN LA EDAD Y NUESTRO SEXO?*

CATEGORÍA	EDAD EN AÑOS O CONDICIÓN	PESO PROMEDIO (KG)	RECOMENDACIÓN KG/DÍA (1)	RECOMENDACIÓN G/DÍAS (2)
Ambos sexos:	0 a 6 meses	6	2,2	13
	6 meses a 1 año	9	1,6	14
	1 a 3 años	14	1,2	16
	4 a 6 años	20	1,1	24
	7 a 10 años	28	1,0	28
Varones:	11 a 14 años	45	1,0	45
	15 a 18 años	66	0,9	59
	19 a 24 años	72	0,8	58
	25 a 50 años	79	0,8	63
	más de 51 años	77	0,8	63
Mujeres:	11 a 14 años	46	1,0	46
	15 a 18 años	55	0,9	44
	19 a 24 años	58	0,8	46
	25 a 50 años	63	0,8	50
	más de 51 años	65	0,8	50
Embarazo:	1.° trimestre	60	–	+ 10
	2.° trimestre	60	–	+ 10
	3.° trimestre	60	–	+ 10
Lactancia:	1.° semestre	65	–	+ 15
	2.° semestre	62	–	+ 12

1. Esta columna corresponde al peso total de la ingesta.

2. Esta columna manifiesta la cantidad de proteínas recomendada para el total de la ingesta diaria.

Tabla tomada del National Research Council, "Recommended Dietary Allowances", 10.° ed., Washington, National Academy Press.
En la última columna, los valores se han redondeado hacia arriba hasta 0,1 g/kg. Debe tenerse en cuenta que la tabla corresponde a la población norteamericana y tiene como referente la contextura física promedio de esa comunidad.

*Las ingestas sugeridas de nutrientes, en especial proteínas, han sido elaboradas por expertos internacionales en función de las cantidades que se consideran adecuadas para cubrir las necesidades nutricionales de la mayoría de los individuos sanos, en cada grupo biológico (niños, embarazo, lactancia, etc.). Tengamos en cuenta estos valores aproximados: 1 litro de leche descremada o de yogur contiene 33 g de proteínas, 1 bife de hígado o una porción de riñón contiene 20 g de proteínas, 1/2 taza de porotos de soja contiene 50 g de proteínas.

LOS HIDRATOS DE CARBONO: UNA FUENTE DE ENERGÍA NATURAL

Los hidratos de carbono son llamados también "carbohidratos". Esta denominación puede intercambiarse con la anterior sin ningún tipo de problemas terminológicos.

EQUIVALENCIAS

1. Dulce, jalea, confitura.
2. Conserva, dulce.

La mayoría de las delicias dulces pertenece al grupo de los hidratos.

Si bien representan la base de un plan dietario sano, no conviene abusar de los hidratos de carbono.

Constituyen una rápida fuente de energía para el cuerpo; pero sólo tomando conciencia de sus propiedades y funciones es posible saber cómo y en qué proporción consumirlos.

Funciones y clasificación de los hidratos de carbono

Los carbohidratos **son alimentos orgánicos compuestos básicamente por carbono, hidrógeno y oxígeno**. Si los analizamos químicamente bajo un microscopio, veremos que en ellos se encuentra la misma proporción que se halla en el en el agua: 2 a 1. **A veces reciben el nombre de sacáridos o glúcidos** porque algunos tienen sabor dulce. Sin embargo, no son todos iguales; algunos son de carácter dulce y otros de sabor salado. Esta principal característica hace que sean uno de los alimentos preferidos por la mayoría de las personas. Principalmente se clasifican en:

• **Hidratos de carbono simples:** dulces compactos, mermeladas[1], jaleas[2], azúcar, miel.

• **Hidratos de carbono complejos:** cereales y derivados, frutas, hortalizas y legumbres.

Las pastas son uno de los principales alimentos dentro del grupo de los carbohidratos. Su alta digestibilidad las coloca entre los grupos más elegidos a la hora de cocinar.

¿QUÉ FUNCIONES CUMPLEN LOS HIDRATOS?

Su tarea principal es la de aportar energía. Sin embargo, tienen otras funciones:

• **Protección de los tejidos**
Ciertos tejidos, como los del sistema nervioso, utilizan sólo glucosa como combustible celular, que se almacena en el hígado y los músculos.

• **Ahorro de proteínas**
Si el aporte de hidratos es adecuado, las proteínas no se desperdician en forma de calor y cumplen funciones más importantes en los tejidos.

• **Regulación de las grasas**
Si se disminuye el aporte de hidratos, las grasas pueden transformarse en compuestos perjudiciales para nuestra salud.

• **Estructural**
Contribuyen en menor medida a la regulación de nuestro metabolismo, produciendo compuestos vitales que nos ayudan a estar saludables.

La mezcla de hidratos de carbono simples y complejos conforma una buena dieta.

Alimentos con gran cantidad de hidratos

Los hidratos de carbono simples se absorben rápidamente y se convierten en glucosa, aportando energía inmediata. Están presentes en alimentos como azúcar, miel, jaleas, mermeladas, golosinas[3] y confituras[4].
No sólo **aportan** energía sino **también vitaminas**, **minerales** y **fibras**. Aun así, deben consumirse con moderación.
Los hidratos de carbono complejos se absorben más lentamente y **se convierten en glucosa en forma pausada**.
Nos **aportan energía más estable**. Los encontramos en cereales y derivados (pastas, galletitas y panes), en las frutas, hortalizas y legumbres. Estos últimos alimentos, además, poseen calorías, vitaminas, minerales y fibra. **Del total de las calorías ingeridas** diariamente, **es conveniente que el 50-60 % esté conformado por hidratos de carbono**, de los cuales sólo un 10 % deben ser simples, como azúcar, postres, dulces y golosinas. El porcentaje restante será cubierto solamente por los hidratos de carbono complejos. Dentro de estos últimos encontramos la fibra, que no puede ser digerida por los jugos del estómago. Generalmente, los cálculos que miden las calorías que aportan cada uno de los nutrientes estiman que **estos alimentos aportan por cada gramo asimilado 4 calorías**.

Las pastas

Dentro de los **hidratos de carbono complejos** se encuentra uno de los grupos más interesantes a la hora de pensar o diagramar una dieta seria: **las pastas**. Estos alimentos son uno de los constituyentes esenciales para estar bien alimentados, ya que son muy fáciles de preparar, consumir y de muy fácil digestión. A pesar de lo que la mayoría de las personas cree, estos alimentos no engordan (aunque, por supuesto, si se los come en exceso seguro que sí), sino por el contrario: **ayudan a generar energía** en cantidad moderada **que se elimina del cuerpo de manera** mucho **más fácil** que otro tipo de hidratos.

El arroz

Es una fuente de energía muy valiosa debido a que su valor energético es vital (proporciona 350 calorías por cada 100 g): **aporta la fuerza necesaria para suplir el desgaste que el organismo tiene por su propio metabolismo** y por los esfuerzos que realiza. Este tipo de energía se genera con rapidez y se mantiene durante horas, de manera que el organismo puede encontrarse saciado. A su vez, suministra glucosa a la sangre de una manera controlada, razón por la cual mantiene los niveles de azúcar estables. **La fuente principal de su energía es el almidón** o fécula (la parte blanca que queda del grano después del descascarillado).

Las hortalizas y verduras aportan, además de vitaminas y fibra, una gran porción de carbohidratos.

EQUIVALENCIAS

3. Dulces, bombones, caramelos, etc.
4. Mermelada.

Los frutos secos

En el ámbito general de la nutrición se denomina con esta categoría a todo un conjunto de frutos con muy bajo contenido de agua. Estos alimentos representan una excelente fuente de nutrientes, entre los que se destacan los hidratos de carbono. En general la principal fuente de hidratos de carbohidratos (a excepción de la lactosa que se encuentra en la leche fresca y fermentada) procede únicamente de alimentos de origen vegetal. Por este motivo, cuando disminuye el consumo de origen vegetal en beneficio de los alimentos de origen animal, también disminuye sensiblemente el consumo de hidratos de carbono. En nuestra dieta habitual la fuente principal son los cereales, sobre todo el pan, el arroz, las pastas, las papas y las legumbres; alimentos que en la actualidad se considera que deben constituir la base de nuestra alimentación. **Las hortalizas los contienen en cantidades modestas**; se encuentran en mayor porcentaje, en forma de azúcares, en la fruta.

Los frutos secos son una de las clases de nutrientes más completas que existen. Su alta concentración en vitaminas e hidratos de carbono los convierte en una exquisita opción para mejorar nuestra alimentación.

Si necesitamos incrementar las colaciones de hidratos, los frutos secos son una práctica opción.

Existe, en los mercados, una impresionante variedad de frutos para saborear en cada comida.

Otra fuente muy importante es **el azúcar** (la sacarosa) pero en este caso (al contrario de lo que ocurre con los alimentos citados anteriormente) no se trata de un alimento básico, y **su excesivo consumo debe interpretarse como problema y no como un aspecto positivo**. Cuando hablamos del aporte de hidratos de carbono de los frutos secos y desecados, sin duda, el protagonismo se decanta generalmente en los segundos. Y es que en los frutos desecados el contenido de azúcar natural y propio de la fruta seca se concentra como consecuencia de la pérdida de agua que experimenta durante el proceso de secado. De esta forma, por ejemplo, de 16 g por cada 100 g que posee la uva fresca, se pasa a los 66 g en la misma cantidad de uva en pasas, es decir su contenido de azúcar se ve multiplicado por cuatro.

EL COLESTEROL Y LOS FRUTOS SECOS

A veces se confunde el contenido en grasas de un alimento con el contenido en colesterol. Pero estas son cosas bien distintas. El colesterol y las grasas son sustancias liposolubles (una de las características que permite incluirlos a ambos en la categoría de los lípidos), pero tanto sus estructuras, como sus funciones, sus necesidades y sus fuentes alimentarias son muy distintas. Así, mientras las grasas se encuentran tanto en alimentos de origen animal como vegetal, el colesterol, por el contrario, es un lípido que sólo se encuentra en los alimentos de origen animal. Por consiguiente, la fruta seca no tiene colesterol.

El aporte energético

Tanto las **frutas secas** como las desecadas **poseen un importante contenido calórico**, aunque es preciso hacer matizaciones. Una diferencia fundamental entre ambas es que las frutas secas son un tipo de nutriente que aporta más calorías por gramo y que su contenido en agua es muy escaso.

De hecho, su contenido energético (situado entre las 500 y 600 calorías por cada 100 g) es superado tan sólo por los alimentos que contienen aún más grasas y menos agua, como la manteca y los aceites vegetales. Por otra parte, las frutas desecadas presentan entre sí diferencias dignas de tener en cuenta. Por ejemplo, entre una cantidad de 50 g de dátiles y 50 g de ciruelas pasas hay 60 calorías de diferencia; aproximadamente el mismo contraste que hay entre un vaso de leche entera y vaso de leche descremada.

Sin embargo, **la inclusión de estos alimentos** en nuestra dieta habitual, genera un marco de aporte energético adaptado a nuestras necesidades, **no tiene por qué ocasionar** necesariamente **aumento de peso**.

Nuevos elementos en la dieta

Por **alimentos básicos** solemos entender **aquellos cuyo aporte regular se considera muy importante**, o **incluso decisivo para mantener un adecuado estado nutricional**.

En las listas de alimentos básicos que se elaboran habitualmente no suelen estar presentes ni la fruta desecada ni la fruta seca. En general, lo más frecuente es considerarlos como un tipo de elemento complementario, alimentos a los que se puede recurrir, pero que no resultan imprescindibles.

Sin embargo, **en nutrición es muy importante tener una amplia visión de todo el conjunto**.

Y así es como podemos darnos cuenta de que, lo que es prescindible o imprescindible, puede cambiar en función de las circunstancias y en función de los recursos alimentarios que estén al alcance del consumidor.

Por ejemplo, este tipo de alimentos puede tener una importancia cabal en los planes dietarios diarios, potenciando y completando una nutrición coherente y eficiente al máximo.

Generalmente las costumbres alimenticias de Occidente no incluyen a los frutos secos como un elemento central de sus dietas. Sin embargo, su inclusión puede llegar a ser muy enriquecedora.

Los maníes o cacahuates son una importante fuente de proteínas vegetales.

En muchos frutos secos encontramos una gran concentración de vitamina E, C, ácido fólico y diversos minerales como magnesio, hierro, cinc y calcio.

Todos los frutos secos aportan un alto contenido calórico. Por eso son ideales para ser consumidos en épocas de baja temperatura.

LAS FIBRAS: REGULADORAS DEL ORGANISMO

Consumir diariamente alimentos ricos en fibra ayuda al buen funcionamiento del aparato digestivo y a la prevención de enfermedades.
Disminuye también **los niveles de colesterol** y contribuye a regular el azúcar en la sangre.
Al comienzo, la cantidad de fibra debe ser moderada y luego aumentada gradualmente, para evitar posibles reacciones en personas con niveles de tolerancia bajos y con posibilidades de tener reacciones alérgicas.
Los expertos en nutrición aconsejan **consumir porciones moderadas** de alimentos abundantes en fibras, que se obtienen de varias fuentes.

Las verduras y las frutas frescas son una importante fuente de fibras. Favorecen el tránsito de los alimentos y mantienen limpio el intestino.

Las fibras solubles se encuentran en algunas frutas como la naranja.

Su acción mantiene limpio el intestino, facilita el tránsito de los alimentos ingeridos, y evita posibles constipaciones.
Básicamente encontramos dos tipos:

- **Soluble**: la encontramos en frutas (manzanas[1], frutillas[2], cítricos), salvado de avena, y legumbres. **Contribuye a disminuir la grasa presente en la sangre**, sobre todo el colesterol, ya que impide su absorción y favorece su eliminación por materia fecal.

- **Insoluble**: se encuentra presente en cereales integrales, granos enteros, vegetales maduros y con raíz (cebolla, zanahoria[3]), frutas con semillas comestibles (frutilla), y en frutas que tienen cáscara comestible.

Una persona adulta debe consumir entre 25 y 30 gramos de fibra por día.

¿SABÍA QUE...

... durante mucho tiempo se pensó que la fibra no era necesaria para el ser humano porque no podía ser digerida?
Se creía que para mejorar los alimentos debía eliminarse por medio de procedimientos industriales. Sin embargo, distintas investigaciones han demostrado que forma parte esencial de la nutrición y actualmente se recomienda su consumo diario.

¿QUÉ ALIMENTOS CONTIENEN LA MAYOR CANTIDAD DE FIBRA?*

ALIMENTO	CONTENIDO DE FIBRA

Cereales:

Alimento	Contenido de fibra
Pan francés	2,7
Pan casero	2,6
Pan de hamburguesa[4]	2,5
Cereal integral	3,1
Copos de cereal (maíz)	4,3
Galletitas de avena	1,9
Bizcochuelo[5]	1,4
Galletitas integrales[6]	2,7
Harina de trigo	2,9
Tallarines[7] al huevo	1,7
Masa para tartas[8]	2,3
Mezcla para panqueques[9]	4,5
Copos de cereal integral	8,2
Salvado de avena	17
Harina de trigo integral	11,3
Germen de trigo	14
Arroz[10] integral	4

Frutas:

Alimento	Contenido de fibra
Manzana con cáscara	2
Manzana sin cáscara	1,5
Uvas rosadas con hollejo	1,4
Mandarina	1,2
Naranja[11]	1,7
Pera[12] fresca	2,8
Ciruelas[13]	1,2
Frutillas	1,8
Sandía[14]	0,4
Banana[15]	1,7
Ananá[16]	0,7
Melón[17]	0,7
Cereza[18]	0,9

Legumbres:

Alimento	Contenido de fibra
Porotos colorados	5,2
Porotos blancos	4,4
Arvejas[19] enlatadas	4,3

Frutas secas:

Alimento	Contenido de fibra
Almendras[20]	8,8
Cacahuates	6,8
Nueces	3,8

Hortalizas:

Alimento	Contenido de fibra
Espárragos[21] frescos	1,9
Palmitos[22]	1,5
Chauchas o alubias[23]	1,9
Remolacha[24]	1,7
Brócoli[25]	3,3
Repollitos de Bruselas	4,1
Zanahoria	2,5
Coliflor[26]	2,3
Apio[27]	1,8
Choclo[28]	2,1
Hongos enlatados	2,5
Cebolla	2,2
Ají[29]	1,7
Papa[30]	1,3
Tomate[31]	1,4
Batata[32]	1,7

EQUIVALENCIAS

19. Habichuelas, ejotes, judías, frijoles, ejote.
20. Alloza, arzolla, almendruco.
21. Turión, brote.
22. Cogollo blanco de la palmera.
23. Judías verdes, porotos verdes, vainas.
24. Betarraga, beterrave, vetarraga, rábano silvestre.
25. Brécol. Parecido a la coliflor.
26. Variedad de col.
27. Arracacha, panal, esmirnio.
28. Mazorca, jojoto, elote, chilote.
29. Ají picante, charimbo.
30. Patata.
31. Jitomate.
32. Camote, boniato, papa dulce, moñato.

La fibra es un elemento ideal para limpiar correctamente el sistema digestivo.

Fuente: Marlett J. A, Content and composition of dietary fiber.
* El contenido de cada alimento está tomado en base a una medición estándar (% 100 gramos)

Verduras y frutas

En las páginas anteriores nos referimos a las propiedades de la fibra, a su constitución y, por supuesto, a los alimentos que la contienen. Sin embargo, conviene ahora que revisemos un poco más sobre las formas de elegir, consumir y preparar interesantes fuentes de fibra. En general **tanto la fruta como la verdura ostentan grandes cantidades** de este compuesto. Es por eso que en los países que se encuentran sobre la línea del Ecuador, en donde suele existir una gran cantidad de frutas, verduras y hortalizas, no poseen un nivel alto de afecciones al sistema cardiovascular o el sistema digestivo. Ya sea en ensaladas, licuados, postres, etc. la ingesta de estos materiales es la mejor opción para mejorar la calidad y funcionamiento de una serie de órganos del cuerpo.

Formas de incluir fibra en la alimentación

La fibra no suele ser un elemento fácil de incorporar sino se consumen los alimentos que la poseen. Es decir, **no existen pastillas o inyecciones que aporten fibra de forma sintética**. Por esta razón, es necesario que aprendamos a cocinar y preparar platos que contenga fibra.

El aumento del consumo de verduras y hortalizas en todo el mundo ha provocado un descenso en los niveles de riesgos cardiovasculares.

Las frutas no sólo pueden ser el postre de una comida, por el contrario pueden ser el elemento principal si se les da el lugar correspondiente.

En este sentido, es importante mencionar que existen innumerables maneras de confeccionar llamativas recetas (con gran cantidad colores, sabores y texturas), para que, progresivamente, las costumbres dietarias vayan mutando hacia una forma más equilibrada que abarque alimentos como verduras, hortalizas y frutas (con gran contenido de fibra).
Como primera medida, no debemos olvidarnos nunca de considerar el valor energético que se halla en cada platillo (cantidad de calorías, proteínas, hidratos, etc. y los métodos de cocción). Este ese un eje fundamental para aprovechar de forma eficiente las distintas combinaciones que brindan las verduras y las frutas. Como segundo caso, consideremos los diferentes estilos de cocción. De esta manera los efectos nutritivos se adecuarán mejor a nuestras necesidades. En tercer término, las recetas que elijamos deberán tener un sabor dulce y natural que proporcionará un efecto relajante. Aunque parezca una falacia, es verdad: todo esto nos lo puede proporcionar las frutas y verduras.

Ampliar nuestro rango alimenticio con frutas, verduras y hortalizas es una excelente opción para tener en cuenta.

os principales grupos

Existen **tres grupos** principales **de verduras y frutas** que contienen este nutriente. Asimismo, encontramos otras que tan sólo están presentes en el mercado en una época o período muy corto del año. Veamos:

Raíces: se trata de raíces como las zanahorias, la cebolla, el nabo, los rabanitos, la remolacha.

Redondas: la calabaza, la col blanca, la col roja, la coliflor, los repollitos de Bruselas, el calabacín, el hinojo y las arvejas.

De hoja verde: se trata de los puerros, el apio, los brotes de soja, el brócoli, el berro y todas las clases de lechuga.

Variedades: se trata de verduras de temporada como el alcaucil, el pepino, los champiñones, las setas, los espárragos, el tomate, el pimiento, la berenjena, la espinaca y la acelga.

Frutas: en general todas las frutas poseen fibra. Esto se debe, en gran medida, a que es la parte de la planta que posee las semillas. Los animales, al comerlas, no digieren la fibra (y con ella las semillas), permitiendo diseminarlas a donde vayan.

Además de ser excelentes acompañantes de cualquier guarnición, las ensaladas pueden ser preparaciones que funcionan muy bien solas.

Los aderezos pueden brindarle un plus de sabor a todos los platillos confeccionados con verduras.

Las ensaladas

Existen millones de maneras para realizar una ensalada. Es más, hasta se podría arriesgar que cada persona tiene la suya. Su tradición se confunde en el tiempo, ya que, se sabe, es una de las formas más antiguas (y humanas) de comer la verdura. A continuación veremos algunas ideas para preparar las tuyas propias:

- **Comprar variedades de verduras** todas las semanas, de formas y colores diferentes (aunque no las conozcas).
- Aplicar **diferentes métodos de cocción** a las verduras.
- Anotar los platos que han tenido más éxito en tu entorno familiar. A medida que los vayas haciendo, serán más fáciles de preparar.
- Presentar en cada comida al menos dos platos diferentes con verdura. Por ejemplo, puedes optar por una ensalada que tenga elementos calientes, mientras que la otra esté confeccionada con algunos elementos dulces
- **Experimentar con diferentes aderezos y condimentos**. Asimismo puedes preparar salsas aparte para después agregar. El arte de los aderezos juega un papel primordial para los que no están habituados a comer ensaladas.
- Integrar en tus preparaciones otros elementos que no se correspondan con el mundo de los vegetales. Por ejemplo: pastas, atún, mariscos, etc.

Existe una asombrosa diversidad de frutas comestibles. Tantas que a veces nos sorprenderíamos de la cantidad.

Los pepinos son una excelente forma de incorporar agua al organismo a través de los alimentos.

LAS MEJORES SUGERENCIAS PARA EL CONSUMO DE GRASAS

La permanencia de grasa en el cuerpo favorece el buen funcionamiento de los tejidos, las membranas celulares y el sistema nervioso central. No obstante, su exceso provoca trastornos.

Representan la reserva más importante de energía del organismo. Aportan ácidos grasos indispensables que el metabolismo no puede formar por sí mismo. Las grasas también cumplen importantes funciones dentro de nuestro organismo:

- Aportan a nuestro cuerpo los ácidos grasos esenciales.
- Forman parte de las membranas de las células.
- Poseen acción aislante.
- Aportan elevado valor energético.
- Ayudan en la absorción de las vitaminas liposolubles: A, D, E, K.
- Sirven de soporte para nuestro organismo en general y para determinados órganos internos en particular.
- Son importantes para el sistema nervioso.

Acerca de las grasas

Conocer el tipo de grasas que contienen los alimentos y el modo en que interactúan con las del organismo es fundamental al momento de evitar el desarrollo de trastornos cardiovasculares.
De todos los nutrientes que componen los alimentos (hidratos de carbono,

proteínas, sales minerales y vitaminas), las grasas representan nuestra principal fuente de energía. Ahora veremos qué tipo de grasas podemos encontrar en los alimentos, qué pasa cuando son digeridas y absorbidas por nuestro organismo, y por qué unas resultan mejores o peores que otras. Pero antes de hablar de grasas conviene mencionar algunos de sus componentes estructurales más importantes.

Los componentes

La mayor proporción de **la grasa que ingerimos está compuesta por triglicéridos**, aunque también nos encontramos con una combinación **de ácidos grasos saturados e insaturados**. Éstos son elementos constituidos esencialmente por carbono e hidrógeno, que aportan energía pero que al mismo tiempo resultan esenciales para la estructura de órganos y tejidos, y para la síntesis de hormonas y neurotransmisores. Los ácidos grasos saturados son aquellos que en su estructura molecular poseen una cadena de carbonos constituida sólo por enlaces simples, y sus posibilidades de combinarse con otras moléculas están limitadas porque todos sus puntos de enlace están ya ocupados o "saturados".

La mayoría de los alimentos contienen diferentes nutrientes que ayudan a controlar los triglicéridos.

Elegir alimentos bajos en grasas es el punto de partida para mejorar la salud.

¿SABÍA QUE...

... la Organización Panamericana de la Salud (OPS) recomienda que las grasas no deben representar más de un 25 ó 30 % del total de calorías esenciales consumidas a diario? Por tal motivo, este organismo internacional aconseja a través de sus programas de salud la conveniencia de incorporar calorías mediante una dieta de tipo mediterránea, que incluya pescados magros, aves, cortes magros de carne vacuna, productos lácteos descremados y aceites vegetales.

Son los más difíciles de utilizar por el organismo (generalmente sólidos a temperatura ambiente), y los que más daño causan. Por otro lado, **entre los ácidos grasos insaturados** se pueden distinguir los **poliinsaturados** de los **monoinsaturados. Ambos son los más saludables para nuestro organismo**. Las grasas de nuestra dieta también contienen vitaminas (A, D y E) y sustancias como los fosfolípidos, que incluyen fósforo en sus moléculas. Entre otras cosas, forman las membranas de nuestras células y actúan como "detergentes biológicos", absorbiendo los excesos de grasas. **Y no podemos olvidar al colesterol, sustancia indispensable en el metabolismo porque forma parte de la zona intermedia de las membranas celulares e interviene en la síntesis de las hormonas, pero nos provoca daño cuando se encuentra en exceso**.

Grasas esenciales

Los lípidos, conjuntamente con los carbohidratos, **representan la mayor fuente de energía para el organismo**. Los esenciales, aquellos que el organismo no puede sintetizar, son: **el ácido linoleico y el linolénico**, aunque normalmente no se encuentran ausentes del organismo ya que están contenidos en carnes, fiambres, pescados, huevos, etc. Los bioquímicos los consideran sustancias apolares y por ello son insolubles en agua. Esta apolaridad se debe a que sus moléculas tienen muchos átomos de carbono e hidrógeno unidos de modo covalente puro (que comparten electrones) y por lo tanto no forman dipolos (cargas eléctricas iguales y opuestas) que interactúen con el agua. En términos generales llamamos aceites a los triglicéridos de origen vegetal, y corresponden a derivados que contienen ácidos grasos predominantemente insaturados por lo que son líquidos a temperatura ambiente (aceites vegetales de cocina y pescados). En el caso **de las grasas, están compuestas por triglicéridos de origen animal** constituidos por ácidos grasos saturados, **sólidos a temperatura ambiente** (manteca, grasa, piel de pollo; en general: en lácteos, carnes, chocolate, palta y coco).

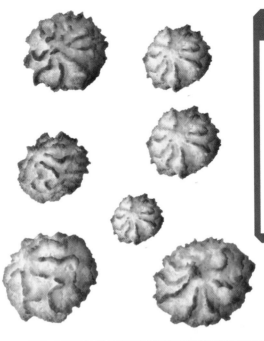

EQUIVALENCIAS

1. Ave, frango.
2. Cecina, salchichas, chorizos, intestinos rellenos.
3. Cocoa.
4. Mantequilla.
5. Mahonesa.
6. Maravilla, mirasol.
7. Choclo, mazorca, jojoto, elote, chilote.
8. Olivas.

¿QUÉ TIPOS DE GRASAS EXISTEN?

• **Saturadas**

• **Insaturadas**

Alimentos fuente: carnes rojas y blancas, piel de pollo[1], vísceras, fiambres, embutidos[2], lácteos enteros, grasa animal, huevos, coco, cacao[3], aceite de palma, manteca[4] y mayonesa[5].

Alimentos fuente: aceites vegetales (uva, girasol[6], oliva, maíz[7], soja), frutas secas, aceitunas[8], semillas, cereales (en especial el germen), pescados de mar y legumbres.

¿SABÍA QUE...

... algunas clases de pescado son ricas en ácidos grasos esenciales? Ahora bien, el hecho de que posean este tipo de sustancias no implica que se puedan consumir sin control. Deben acompañarse con alimentos que no aumenten los niveles de grasas saturadas.

LOS ÁCIDOS GRASOS

Algunos componentes alimenticios ricos en fibra vegetal reducen la absorción del colesterol.

Todas las grasas animales son altamente saturadas, excepto las del pescado y los mariscos, que son poliinsaturadas. Algunas grasas vegetales, como el aceite de coco y el de palma, son muy ricas en ácidos grasos saturados. En numerosos estudios se ha comprobado que la ingesta de grasas saturadas aumenta los niveles de colesterol en sangre, especialmente los de la fracción LDL. Aunque el mecanismo por el que este aumento se produce no está del todo esclarecido, parece ser que los ácidos grasos saturados enriquecen los fosfolípidos (ácidos grasos modificados) de la membrana celular, interfiriendo con la función normal de los receptores del colesterol LDL y disminuyendo de esta forma la absorción de las LDL por las células. Al reducirse la eliminación de las LDL, su concentración en la sangre es mayor.

El colesterol es una grasa presente en las células de nuestro cuerpo y en la grasa de los alimentos de origen animal; ningún alimento vegetal contiene colesterol. **Es esencial para la vida porque favorece el funcionamiento del sistema nervioso** (cerebro), la acción de la vitamina D y algunas hormonas. Si bien es importante su presencia en nuestro cuerpo, debemos tener cuidado porque **su exceso es perjudicial para la salud**. No sólo ingerimos colesterol con los alimentos, sino que además nuestro organismo lo sintetiza en el hígado. Cuando se deposita el colesterol en las arterias, impide el paso de la sangre y puede provocar afecciones cardíacas, razón por la que se recomienda disminuir su consumo.

El coco es uno de los alimentos vegetales con más cantidad de grasas saturadas.

¿CÓMO SE ORGANIZAN LOS ALIMENTOS SEGÚN SU CONTENIDO EN COLESTEROL?

ALIMENTOS RICOS EN COLESTEROL	ALIMENTOS CON MODERADO CONTENIDO EN COLESTEROL	CANTIDAD TOLERADA
Vísceras: hígado, seso, riñones, chorizos, achuras. Embutidos y fiambres. Huevo entero. Yema de huevo. Mantequilla. Quesos duros. Mayonesa[1]. Crema de leche[2]. Chocolate. Piel de pollo. Carnes con alto contenido de grasa: cerdo, cordero, bovino. Dulce de leche[3]. Helado de crema.	Carnes magras: Bovino, ave y pescado. Lácteos enteros. Quesos untables. Galletas de agua de bajo tenor graso.	Frutas frescas. Verduras frescas. Aceites crudos. Cereales integrales. Legumbres.

EQUIVALENCIAS

1. Mahonesa.
2. Nata.
3. Manjar.
4. Queso de vaca oriundo de la región suiza de Gruyère, de maduración interna y con formación de ojos (agujeros) bien distribuidos.

Maneras para definir los niveles de colesterol

Controlando el consumo de alimentos que contengan excesiva cantidad de grasas saturadas.

Limitando los alimentos que contienen colesterol.

Normalizando el peso, es decir, logrando nuestro peso ideal.

Aumentando la actividad física.

Dejando de fumar.

Consumiendo lácteos descremados, carnes magras, frutas y verduras preferentemente crudas, cereales integrales, legumbres y aceites crudos.

Los ácidos grasos monoinsaturados

El **principal representante** de este tipo de compuestos orgánicos es **el ácido oleico**, que **se encuentra en todas las grasas animales** y aceites vegetales, especialmente en el **aceite de oliva**. Durante muchos años, el interés sobre el contenido de estas sustancias en las dietas se centró en las proporciones entre ácidos grasos saturados y poliinsaturados. Los ácidos grasos monoinsaturados fueron ignorados en los estudios por mucho tiempo. En diversas investigaciones se demostró que un alto consumo de monoinsaturados derivados del aceite de oliva acarreaba niveles bajos de colesterol e incidía en la reducción de las enfermedades cardiovasculares.

Podemos controlar la cantidad de grasa que ingerimos a diario conociendo la composición de los alimentos.

Estudios bastante recientes han demostrado que al sustituir las grasas saturadas por monoinsaturadas no sólo no se reduce el colesterol bueno HDL, sino que incluso se acrecienta.

También se ha comprobado que se aumenta la concentración de apolipoproteína A-I, a la que se le atribuye un importante papel antiaterogénico (contra la formación, por ejemplo, de placas de ateroma).

En resumen, las dietas ricas en ácidos grasos monoinsaturados son las más favorables para la prevención de las enfermedades cardiovasculares. Los ácidos grasos monoinsaturados son grasas, generalmente líquidas a temperatura ambiente, que logran disminuir el colesterol malo (LDL).

Las frutas ayudan a controlar el nivel de colesterol malo acumulado en las arterias.

> *Una alimentación rica en grasas saturadas debe reemplazarse rápidamente por una dieta más equilibrada.*

¿QUÉ ALIMENTOS SON LOS QUE TIENEN MAYOR CANTIDAD DE COLESTEROL?

ALIMENTO	COLESTEROL (EN MG/100 GR)	CANTIDAD TOLERADA
Sesos	2,195	14
Yema de huevo	1,281	23
Hígado	309	97
Grasa de carne	300	100
Mantequilla	219	137
Queso gruyère[4]	110	273
Langosta	95	316
Carne de ternera	83	361
Lomo de cerdo	72	417
Embutidos de cerdo	68	441
Pollo, cordero	68	441
Bacalao	55	545
Ostras	50	600
Leche entera	13,6	2,206
Yogur no descremado	12,7	2,362
Leche parcialmente descremada	7,5	4,000
Leche descremada	2	15,000
Fruta	0	
Cereales	0	
Hortalizas	0	

> *El consumo excesivo de grasas saturadas provoca una acumulación de colesterol en las arterias. Sin embargo, esta sustancia no es dañina en sí misma para el organismo.*

Un aliado esencial

Hasta aquí hemos mencionado al colesterol como un enemigo acérrimo de nuestra salud, y es verdad, lo es. Sin embargo, sus niveles en sangre si no son altos no constituyen un serio peligro. El problema adquiere relevancia cuando las medidas permitidos superan una cierta barrera. Estos índices se miden, básicamente, en miligramos por decilitro de sangre. Respecto al colesterol total, hasta 200 el nivel puede considerarse bajo; entre 200 y 239 es normal; de 240 a 250 hay que empezar a preocuparse; a partir de 250 es alto. En el conjunto de estas cifras, el colesterol HDL (es decir el que es beneficioso para la salud) debe ser superior a 45, mientras que el LDL o perjudicial la cifra debería se inferior a 130, entre 130 y 159 se estaría en niveles de riesgo y a partir de 160 de alto riesgo. No obstante, estas cifras son meramente indicativas, ya que en última instancia el verdadero riesgo depende mucho de la existencia o no de factores como tabaquismo, alcoholismo, antecedentes familiares o hipertensión. Siempre se recomienda, además de una dieta sana por supuesto, realizar controles médicos periódicos para vigilar la evolución de esta sustancia en nuestro metabolismo.

En las dietas, si se reemplazan las grasas saturadas por las insaturadas, se disminuye el colesterol.

Si estos dos consejos se respetan someramente, el colesterol no debería ser un mayor problema para nuestra salud.

Los ácidos grasos poliinsaturados

Estos ácidos grasos no pueden ser sintetizados por el organismo humano y sin embargo **son esenciales**, por lo que **deben ser aportados por la dieta**. Se clasifican en ácidos grasos omega 3 y omega 6 según la posición de su estructura molecular. Los ácidos grasos poliinsaturados disminuyen el colesterol total y LDL cuando reemplazan en la dieta a las grasas saturadas. También reducen el colesterol HDL, lo cual no es deseable para una máxima protección frente a las enfermedades cardiovasculares.

Particularidades de los ácidos grasos omega 6

Son un tipo de ácido graso poliinsaturado que **se encuentra fundamentalmente en los aceites vegetales de semillas** (maíz, soja, girasol, etc.). Poseen la virtud de que, una vez metabolizados y si el cuerpo presenta las condiciones adecuadas, se convierten en prostaglandinas (sustancias parecidas a las hormonas y presentes en todos los órganos).

EQUIVALENCIAS

1. Soya.
2. Frutos de mar.

LAS FUNCIONES DE LOS ÁCIDOS GRASOS

Omega 3	Omega 6
• Alimentos fuente Se encuentran en la soja[1], frutas secas, pescados de mar (caballa, arenque, salmón, sardina, bagre) mariscos[2], aceites de pescado, huevos y leches enriquecidas.	• Alimentos fuente Se encuentran en los aceites vegetales de maíz y girasol (en los granos y semillas de los que se obtienen estos) y en productos lácteos enriquecidos.
• Función Disminuyen el riesgo de la formación de trombosis en las arterias.	• Función Disminuyen en sangre tanto el colesterol bueno como el malo.

Estos ácidos grasos, entre otras cosas, regulan el flujo de sustancias dentro y fuera de las células, reducen la formación de plaquetas, bajan la presión sanguínea y el colesterol. Si se consumen habitualmente es posible alejar riesgos para la salud tales como afecciones nerviosas, formaciones cancerígenas y problemas del riñón.

Las semillas de girasol poseen alto contenido de ácidos grasos omega 6.

Características de los ácidos omega 3

Son un tipo de ácido graso poliinsaturado que se encuentra en pequeñas cantidades en algunos aceites vegetales, pero se hallan principalmente en los animales marinos (pescados y mariscos).
En los aceites marinos se encuentran dos subtipos de ácidos muy importantes: el ácido Eicosapentanoico (EPA) y el ácido Docosahexanoico (DHA). El DHA es muy importante para el desarrollo cerebral y la visión del niño desde su gestación. El EPA nos protege de las enfermedades del corazón porque ayuda a disminuir los triglicéridos en

la sangre y evita la formación de coágulos y placas en las arterias. **En todas las etapas de la vida es importante el consumo de ácidos grasos tipo omega 3**. El DHA se recomienda especialmente para los niños y el EPA, para los adultos.

Otros beneficios que proporcionan los omega 3

Por si todo esto fuera poco, se ha comprobado también que **este tipo de grasas baja la presión arterial y disminuye la viscosidad sanguínea**. Estos son los motivos por los que siempre **se recomienda** aumentar el consumo de pescado en lugar de otro tipo de carnes y otras clases de alimentos de origen animal: **para reducir el riesgo de hiperlipemias y enfermedades cardiovasculares**.

Ácidos grasos trans

Los ácidos grasos trans han sido los últimos actores que han aparecido en el escenario del debate anticolesterol.
Son utilizados por la industria alimentaria para la producción de grasas vegetales sólidas, sobre todo en las margarinas. El efecto de los ácidos grasos trans sobre los lípidos y lipoproteínas en el organismo humano es similar al de las grasas saturadas.
A pesar de las campañas publicitarias de muchos productos que contienen este tipo de grasas hidrogenadas, nunca se puede recomendar su consumo frente al de las grasas vegetales.
Si evitamos su ingesta estaremos en condiciones de prevenir las enfermedades cardiovasculares.
En definitiva, los ácidos grasos trans **son grasas que producen aumento del colesterol** LDL y disminución del HDL.

La acumulación de grasas no siempre es negativa para el organismo porque constituye la reserva de energía y evita la pérdida de calor.

Los ácidos grasos de tipo trans se forman durante el proceso de hidrogenación de los aceites vegetales.

Los pescados y mariscos son ricos en ácido graso omega 3, beneficioso para controlar la presión arterial.

¿SABÍA QUE...

... eliminar el aceite de la dieta es un error aunque se tenga sobrepeso? Consumir diariamente aceites de diferente tipo, en forma moderada y en crudo (sin freír, o calentar), representa una buena manera de aportar al organismo vitamina E y antioxidantes.

LOS PESCADOS Y LOS MARISCOS

El valor nutritivo de los alimentos que provienen del mar es incalculable. Pescados, mariscos y otras delicias lo comprueban diariamente en las mesas de muchas y diversas culturas.

Si hasta aquí nos hemos referido, básicamente a productos y alimentos que se generan o producen en la tierra, corresponde ahora cederle el turno al agua. Sí, porque tanto en el mar como en los ríos arroyos y lagunas, se encuentra un tesoro alimenticio incalculable: los peces y los mariscos. Estas dos variables alimenticias **no deberían faltar nunca en las mesas de ninguna persona**, ya que constituyen y aportan una gran cantidad de nutrientes, por ejemplo, ácidos grasos esenciales y vitaminas, muy difíciles de encontrar en otros lugares (por lo menos en esas cantidades):

- **Arenque**: una gran fuente de ácidos esenciales omega-3 y omega-6, calcio y fósforo. Es un excelente depurativo de la sangre y por ende, de la función cardiovascular.

- **Caballa**: posee calcio, selenio (un mineral muy difícil de encontrar), vitamina E y ácidos grasos esenciales omega-3. Mantiene la salud cardiovascular y equilibra las hormonas. Fortalece el sistema inmunológico.

- **Atún**: posee selenio, vitamina E y ácidos grasos esenciales omega-3. Es excelente para la salud del tejido epidérmico, la producción de hormonas y el cuidado del sistema cardiovascular.

El atún es una de las principales fuentes de ácidos grasos esenciales omega 3.

- **Mariscos**: poseen proteínas de alto valor biológico y contenido en calcio, magnesio y potasio y vitaminas muy significativo. Dentro de las grasas, aunque no son muy abundantes, se destaca el grupo omega-3, así como también el ácido linolénico y derivados, importantes para las funciones estructurales del organismo. **Su gran aporte proteico**, en ocasiones, **supera el 20 %**. Dentro de este gran grupo destacamos las ostras, muy ricas en cinc, vitamina A, B12 y C, y hierro. Además son muy beneficiosas para las funciones cardiovascular, inmunológica y sexual.

EL SALMÓN: EL REY DEL MAR

El salmón es uno de los alimentos más completos que se pueden incorporar en las dietas actuales. Si bien suele ser un poco más costoso que otros **nutrientes**, vale cada uno de los centavos invertidos. Rico en **calcio**, **selenio**, **vitaminas A**, **C** y **K** y **ácidos grasos esenciales omega-3**, este exquisito pescado es excelente para estimular el buen funcionamiento hormonal, cuidar la piel, fortalecer el sistema inmunológico, los huesos y los dientes.
El salmón ahumado es una de las preparaciones más habituales para procesar este alimento. Aunque también es frecuente consumirlo fresco. Otra preparación habitual es el salmón marinado.

UNA AYUDA AL CORAZÓN

Los fenoles contenidos en el aceite de oliva han demostrado ser ampliamente provechosos para ayudar al correcto funcionamiento de nuestro principal músculo. No obstante, estudios recientes han evidenciado que los aceites que tienen distintos procesos de refinamiento no aportan ningún beneficio. Por esta razón, y aunque salga un poco más caro, consuma siempre aceites de prensado en frío. Su sistema cardiovascular se lo agradecerá.

Las aceitunas u olivas se cultivan en diversos lugares en todo el mundo, en donde se les rinde culto y reverencias como alimentos prácticamente divinos.

El aceite de oliva

Si bien siempre se lo encuentra acompañando o aderezando a algunos alimentos, el aceite de oliva representa una porción importante dentro de una nutrición sana. La presencia de fenoles (con gran acción antioxidante) en su composición atenúa notablemente el envejecimiento celular. Sin embargo, esto no es todo: este alimento contiene una gran cantidad de sustancias beneficiosas para el organismo. Veamos algunas:

- **Vitamina E**: previene la oxidación del colesterol malo LDL, que daría lugar a la aparición de placas que impiden el correcto flujo sanguíneo.

- **Grasas monoinsaturadas**: disminuyen los niveles de LDL-colesterol. Facilita la síntesis hepática de sales biliares a partir de colesterol, impidiendo de esta forma un exceso de colesterol y facilitando la digestión de las grasas.

- Disminuye el ataque ácido a la mucosa esofágica, ralentiza y gradúa el vaciado del estomago al duodeno y la acidez gástrica.

- Es el mejor aceite para las frituras, ya que los cambios químicos que ocurren durante la fritura son pequeños y lentos. Si la fritura es correcta, penetra muy poco en el alimento a la vez que se crea una costra que impide que se pierdan constituyentes del propio alimento.

El olivo es un árbol de cultivo milenario. En el mediterráneo existe una gran concentración de ellos.

El aceite de oliva contribuye a una mejor calcificación ósea. Esto se debe principalmente a su alto contenido en vitamina E (asociado con el efecto antioxidante). Se recomienda este alimento especialmente para la infancia y la tercera edad.

Preparaciones ricas en hidratos y fibras

EQUIVALENCIAS

1. Pasta alimenticia de harina en forma de tiras estrechas y largas.
2. Bolitas de masa, picadillo de carne o puré de patatas, cocidas al vapor o escalfadas.
3. Ahumaya, calabaza, abóbora, ayote, pipiane.
4. Patatas.
5. Macís, macis, coscada, nuez coscada.

1.TALLARINES[1] VERDES

Ingredientes
para 4 porciones

- *200 g de harina de trigo*
- *2 huevos*
- *200 g de acelga o espinaca*
- *10 cc de aceite*
- *40 cc de agua*
- *4 g de sal fina*

Preparación

- Hervir los vegetales en agua y sal.
- Escurrir y procesar la acelga o la espinaca hasta que quede bien picada.
- Proceder de igual forma que con las pastas amarillas e incorporar los vegetales antes de comenzar con el amasado.
- Cortar la pasta de acuerdo con lo indicado.
- Cocinar por ebullición lenta de 2 a 4 minutos.
- Escurrir y refrescar antes de servir.

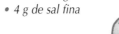

Las pastas son un excelente recurso para alimentarnos rápido y bien.

2. ÑOQUIS[2] DE ZAPALLO[3]

Ingredientes
para 4 porciones

- *250 g de papas[4] peladas*
- *250 g de zapallo*
- *150 g de harina de trigo*
- *1 huevo*
- *Nuez moscada[5]*
- *Sal, pimienta*

Preparación

- Reemplazar la acelga por zapallo y seguir las mismas indicaciones que para los ñoquis de acelga.

RECUERDE QUE...

... la receta de los ñoquis de papa se puede tomar como "receta básica" y , a partir de esta, reemplazar 200 g de papa por otros vegetales que provean menor aporte calórico.

3. RAVIOLES⁶ DE REQUESÓN⁷

**Ingredientes
para 4 porciones**

Masa

- *200 g de harina*
- *1 huevo*
- *10 cc de aceite*
- *1 pizca de sal fina*
- *50 cc de agua*

Relleno

- 50 g de cebolla
- 160 g de acelga
  o espinaca
- 80 g de requesón
  descremado
- 1 huevo
- Nuez moscada
- Sal, pimienta

Para el relleno

- Picar la cebolla.
  Cocinar en un
  recipiente de teflón.
  Agregar la acelga
  o la espinaca
  cocida y picada.
  Sazonar. Mantener
  alrededor de
  4 minutos sobre
  el fuego, revolviendo
  siempre.
- Agregar el requesón
  y los huevos crudos.
  Mezclar bien.
- Colocar sobre la masa
  preparada con
  anterioridad.

La forma de confeccionar
los ravioles varía según la
persona que los prepare.

Los canelones pueden
rellenarse con numerosos
ingredientes. Pescado, carnes
rojas, verduras, etc.

4. CANELONES ⁸

**Ingredientes
para 4 porciones**

Masa

- *100 g de harina*
- *1 huevo*
- *5 g de aceite*
- *20 cc de agua*
- *Sal*

Preparación de la masa

- Preparar la masa
  y estirar del mismo
  modo que para
  los tallarines.
- Cortar en cuadrados
  de 8 a 10 cm de lado.
- Introducir en
  una cacerola con
  agua salada, hirviendo
  de a uno por vez
  para evitar que
  se peguen.

- Cocinar entre 5 y 6
  minutos. Retirar,
  refrescar y escurrir.
- Extender sobre la mesa.
- Preparar un relleno a
  elección.
- Disponer el relleno a lo
  largo del canelón y
  enrollar.

EQUIVALENCIAS

6. Raviolis,
   cuadraditos de
   pasta rellenos de
   queso, carne, etc.
7. Ricota.
8. Pasta alimenticia
   de harina en forma
   de lámina
   cuadrada con la
   que se envuelve
   un relleno.

RECUERDE QUE...

... para conservar la consistencia de las pastas es muy importante que los vegetales estén bien escurridos antes de ser incorporados a la preparación.

EQUIVALENCIAS

1. Pasta alimenticia de harina en forma de cuerda delgada.
2. Puede utilizarse cualquier otro pescado de consistencia carnosa.
3. Almidón de maíz, harina fina de maíz, fécula de maíz.
4. Acitrón.
5. Expresión italiana que alude al óptimo grado de cocción que posee una comida al ser retirada del fuego. Implica un estado crocante y consistente que permite una mejor degustación.
6. Jitomate.
7. Machas.
8. Crustáceo, gamba quisquilla, esquila, carabinero, langosta.

5. FETUCCINIS[1] CON SALMÓN[2]

Ingredientes para 4 porciones

- 250 g de fetuccinis
- 250 de salmón fresco
- 150 g de cebolla finamente picada
- 150 cc de leche descremada
- 15 g de maicena[3]
- 50 cc de vino blanco seco
- Jugo de limón
- Sal y pimienta del molinillo

Preparación

- Colocar el salmón unos minutos en el jugo de limón[4].
- Salpimentar y dorar de ambos lados en una sartén apenas untada con rocío vegetal. Retirar, quitar la piel, las espinas y desmenuzar.
- Rehogar en agua la cebolla y cuando esté transparente, agregar el vino.
- Continuar la cocción hasta que el alcohol se evapore y añadir la leche con la maicena diluida.

- Llevar a fuego bajo hasta que espese. Incorporar el pescado, mezclar y reservar al calor.
- Cocinar los fetuccinis al dente[5], colar y mezclar con el salmón.
- Salpimentar y servir.

6. CINTITAS CON FRUTOS DE MAR

Ingredientes para 4 porciones

- 240 g de cintitas finas
- 400 g de tomates[6] triturados
- 50 g de atún al natural
- 200 g de almejas[7]
- 200 g de calamares
- 100 g de camarones[8]
- 120 g de cebolla
- 100 cc de vino blanco seco
- Diente de ajo
- Perejil picado
- Salvia, romero
- Sal, pimienta

Preparación

- Lavar bien los mariscos (comprarlos listos para utilizar).
- Colocarlos en una cacerola con el vino blanco y un poco de pimienta. Mantener a fuego moderado unos minutos y retirar.
- Rehogar, en otra cacerola con agua, el ajo y la cebolla picados, la salvia y el romero.
- Bañar con la mitad del vino de la cocción y dejar reducir.
- Quitar la salvia y el romero. Agregar los mariscos y el tomate triturado.

- Condimentar con sal y pimienta.
- Cocinar a fuego moderado unos minutos.
- Antes de retirar la salsa del fuego, agregar el atún desmenuzado y diluido con el resto del líquido de cocción de los mariscos.
- Hervir los fideos al dente y escurrir.
- Mezclar con la salsa, espolvorear con el perejil y servir enseguida.

7. ESPAGUETIS CON VERDURAS

**Ingredientes
para 4 porciones**

- 240 g de espaguetis de colores
- 300 g de calabaza[9]
- 150 g de zanahoria[10]
- 150 g de espárragos[11]
- 150 g de cebolla
- 1 diente de ajo
- 400 g de tomate triturado
- Rocío vegetal
- Perejil, albahaca fresca picada, pimienta, sal

Preparación

- Lavar y cortar la calabaza y la zanahoria en pequeños trozos.
- Hervir, escurrir y trocear los espárragos.
- Picar finamente la cebolla, el ajo, el tomate y el perejil.
- Calentar una sartén con rocío vegetal, y dorar la cebolla y el ajo a fuego lento.
- Añadir la calabaza y las zanahorias.
- Tapar y cocinar a fuego lento durante 10 minutos.
- Añadir el tomate y cocinar a fuego lento hasta que se dore.
- Incorporar los espárragos.
- Añadir el perejil, la albahaca y salpimentar.
- Cocinar la pasta en agua y sal, escurrirla y disponerla en una fuente.
- Cubrir con la salsa y servir bien caliente.

Recuerde lavar las verduras antes de cocinar cualquier preparación con ellas.

EQUIVALENCIAS

9. Angola, zapallo, ahumaya, alcayotacayote, ahuyame.
10. Cenoura, azanoria.
11. Turión, brote.
12. Brécol. Parecido a la coliflor.
13. Lauro.
14. Mejorana.

8. FIDEOS CON BRÓCOLI[12]

**Ingredientes
para 4 porciones**

- 240 g de fideos (no al huevo)
- 500 g de brócoli
- 2 dientes de ajo triturados
- 100 g de queso untable descremado
- 2 hojas de laurel[13]
- Sal, pimienta, orégano[14]

Preparación

- Cocinar el brócoli en agua con sal, escurrirlo y cortarlo en gruesos trozos.
- Rehogar en agua el ajo con el laurel, sin que lleguen a dorarse.
- Agregar el queso blanco y el orégano.
- Añadir el brócoli y mantener caliente utilizando al mínimo el fuego de la hornalla.
- Cocinar los fideos, colarlos y condimentarlos una vez cocidos.
- Disponerlos en una fuente.
- Verter la preparación del brócoli, con todo su jugo, sobre los fideos.
- Servir.

La combinación de las pastas con algunas verduras como el brócoli o el tomate amplía las posibilidades nutritivas del platillo.

9. PIZZETAS INTEGRALES

EQUIVALENCIAS

1. Jitomate.
2. Mejorana.
3. Gachas de harina de maíz.

Ingredientes para 4 porciones

- *40 g de leche en polvo descremada*
- *40 g de salvado de trigo (fino o grueso)*
- *1 cucharada de polvo para hornear*
- *2 huevos*
- *400 g de tomate[1] triturado*
- *250 g de queso fresco descremado*
- *Orégano[2], sal, pimienta*

Preparación

- Mezclar los huevos sin llegar a batirlos.
- Agregar la leche, el polvo para hornear, el salvado, la sal y la pimienta.
- Mezclar bien y hacer un bollo.
- Poner en una pizzera lubricada con rocío vegetal y extender.
- Cocinar en horno moderado hasta que la pizza quede dorada, 10 minutos aproximadamente.
- Dar vuelta, para que se dore del otro lado.
- Colocar la salsa, el queso fresco descremado y gratinar.
- Espolvorear con orégano y servir.

Las pizzas integrales son una excelente alternativa para disfrutar sanamente de este exquisito alimento.

10. ÑOQUIS A LA ROMANA

Ingredientes para 4 porciones

- *1000 cc de leche descremada*
- *220 de harina de maíz (polenta)[3]*
- *1 huevo*
- *40 g de queso fresco descremado rallado*
- *Condimentos*
- *Rocío vegetal*

Preparación

- Colocar en un recipiente la leche sobre el fuego y condimentar.
- Incorporar, a la leche hirviendo, la harina de maíz en forma de lluvia.
- Batir enérgicamente para que no se formen grumos.
- Batir los huevos e incorporarlos cuando se espese la preparación.
- Continuar batiendo enérgicamente.
- Mantener sobre el fuego 20 minutos, revolviendo de vez en cuando.
- Volcar la preparación en una mesa o mesada previamente humedecida con agua.
- Alisar la superficie dejándola de un espesor de 3 cm. Dejar enfriar.
- Cortar los ñoquis con moldes redondos y colocarlos en una asadera untada con rocío vegetal.
- Cubrir con el queso fresco previamente rallado.
- Gratinar en horno caliente durante 10 minutos.

Los ñoquis nacieron de las más antiguas tradiciones italianas. Sin embargo, su preparación se mantiene casi intacta hasta el día de hoy.

1. PIZZA[4] DE MUZZARELLA[5]

**Ingredientes
para 4 porciones**

- *120 g de harina*
- *10 g de levadura
de cerveza*
- *150 g de tomate
triturado*
- *120 g muzzarella
dietética*
- *40 cc de agua*
- *Orégano*
- *Ají molido[6]*
- *Sal (una cucharadita
tipo de café)*

Preparación

- Salar el agua.
Desmenuzar la levadura
con la harina sobre
una mesa.
- Disponer la harina en
forma de corona y
agregar el agua salada.
- Trabajar estos
ingredientes
hasta que se forme un
bollo. Dejar descansar
20 minutos.
- Estirar la masa sobre
una pizzera y dejar
reposar 1/2 hora.

- Poner sobre ella el
tomate triturado
y condimentado.
Llevar a horno
moderado hasta
cocinar la masa.
- Retirar del horno
y colocar
encima rodajas
de muzzarella.
- Volver a poner en
el horno hasta que
se derrita el queso.

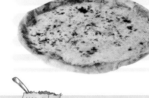

EQUIVALENCIAS

4. Torta italiana de
masa de pan,
guarnecida con
tomate, jamón y
otros ingredientes
según el nombre
que reciba.
5. Queso italiano de
leche de búfalo o
de vaca, de pasta
blanda.
6. Ají picante,
charimbo.
7. Papa.
8. Queso madurado
que se obtiene por
la coagulación de
la leche por medio
del cuajo u
otras enzimas
coagulantes
apropiadas,
complementando o
no por la acción de
bacterias lácticas
específicas.

12. ÑOQUIS DE ACELGA Y PATATA[7]

**Ingredientes
para 4 porciones**

- *250 g de harina de trigo*
- *500 g de patata*
- *400 g de acelga cocida*
  - *20 g de queso
  port salut[8]
  descremado
  rallado*
  - *1 huevo*
  - *Sal,
  pimienta*

Preparación

- Sobre una superficie
limpia, realizar una
corona con la harina.
- Colocar en el centro
la patata y la acelga,
cocidas y bien
escurridas.
- Agregar el queso, el
huevo y los condimentos.
- Mezclar incorporando
la harina de la corona
hacia el centro.
- Amasar y formar tiras
delgadas.

- Luego, cortarlas en
pequeños trozos y darle
forma de bolitas.
- Completar la forma de
ñoqui, presionando
con un tenedor.
- Introducir en agua
hirviendo con sal y
cocinar durante
1 ó 2 minutos.
- Retirar y
servir con
salsa de
tomate.

Tanto la acelga como la
espinaca (foto) son fuentes
vegetales primordiales
de hierro.

RECUERDE QUE...

... las pastas son preparaciones hechas a base de harina, agua y sal (aunque pueden contener otros componentes como el huevo o las verduras). Usualmente se dividen en dos clases: pasta fresca (sin proceso de desecado y elaborada artesanalmente) y pasta seca (elaborada industrialmente y posteriormente desecada).

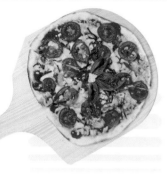

La albahaca suele ser un ingrediente adicional en la pizza a la napolitana. No obstante, agrega un suave e intenso contrapunto al sabor de los tomates.

EQUIVALENCIAS

1. Torta italiana de masa de pan, guarnecida con tomate, jamón y otros ingredientes según el nombre que reciba.
2. Jitomate.
3. Olivas.
4. Mejorana.
5. Queso semiduro y de textura cerrada, empleado como queso de mesa o para rallar.
6. Queso azul.
7. Queso muy duro empleado como aditivo de sopas y platos con pasta.

El queso es un elemento infaltable en cualquier tipo de pizza que se desee preparar.

13. PIZZA[1] A LA NAPOLITANA

Ingredientes para 4 porciones

Para la masa

- 100 g de harina común
- 100 g de harina integral
- 20 g de levadura de cerveza
- 200 cc de agua
- Sal y pimienta

Para la salsa

- 120 g de cebolla
- 200 g de tomate[2] natural
- 3 unidades de anchoas
- 40 g de aceitunas[3]
- Rocío vegetal
- Ají molido, orégano[4], sal, pimienta

Preparación de la masa

- Disolver la levadura de cerveza en agua tibia.
- Mezclar con la harina y una pizca de sal hasta formar una masa blanda y lisa.
- Estirar y colocar en una pizzera previamente untada con rocío vegetal.
- Tapar con un paño limpio y dejar reposar.
- Cuando haya aumentado al doble de su volumen, "pincharla" varias veces con un tenedor.
- Cocinar a fuego lento hasta que la masa quede ligeramente cocida.

Preparación de la salsa

- Rehogar la cebolla en una sartén antiadherente, untada con rocío vegetal.
- Agregar los tomates pelados y triturados.
- Condimentar.
- Cocinar hasta que se reduzca el líquido.
- Cubrir la masa con salsa.
- Agregar anchoas lavadas y aceitunas verdes cortadas en pequeñas rebanadas.
- Cocinar en el horno durante 5 ó 6 minutos.

14. PIZZA DE LOS CUATRO QUESOS

Ingredientes para 4 porciones

- 120 g de harina de trigo
- 10 g de levadura
- 40 cc de agua
- 120 g de puré de tomates
- 50 g de queso provolone[5]
- 50 g de queso mozzarella
- 50 g de queso roquefort[6]
- 50 g de queso parmesano[7]
- 30 cc de aceite
- Sal, orégano y ají molido

Preparación

- Salar el agua
- Desmenuzar la levadura con la harina y disponer en forma de corona sobre la superficie limpia.
- Agregar en el centro el agua salada. Mezclar.
- Amasar y añadir el aceite para evitar que se pegue la preparación.
- Hacer un bollo y dejar descansar 20 minutos.
- Pincelar con aceite una pizzera.
- Estirar la masa sobre la pizzera y dejar reposar.

- Poner sobre la mesa el puré de tomate condimentado con sal, orégano y ají molido.
- Llevar al horno, a temperatura moderada, hasta cocinar la masa.
- Retirar del horno y disponer sobre la masa las rodajas de los diferentes quesos.
- Volver a colocar en el horno durante unos minutos hasta que los quesos se derritan.
- Retirar y colocar las aceitunas. Servir.

15. ENSALADA AGRIDULCE

Ingredientes para 4 porciones

- *400 g de ananá[8] natural*
- *400 g de palmitos[9]*
- *300 g de kani kama[10]*
- *Aceite*
- *Sal, pimienta*

Preparación

- Cortar el ananá en pequeños triángulos, los palmitos en rodajas y el kani kama en cuadraditos.
- Mezclar todos los ingredientes.
- Condimentar con sal, pimienta y aceite.

EQUIVALENCIAS

8. Piña, abacaxi, americana.
9. Cogollo blanco de la palmera.
10. Surimi. Pasta de origen japonés, elaborada con carne blanca de pescado.
11. Ave, frango.
12. Papa.
13. Poma.

16. ENSALADA DE FIDEOS

Ingredientes para 4 porciones

- *200 g de fideos cocidos (preferentemente con forma de coditos)*
- *100 g de pechuga de pollo[11] cocida*
- *2 huevos duros*
- *250 g de patata[12]*
- *100 g de cebolla*
- *200 g de manzana[13]*
- *50 g de ananá*
- *40 cc de aceite*
- *Sal*

Preparación

- Cocinar los fideos según las indicaciones del envase.
- En un recipiente aparte, mezclar la patata (hervida y cortada en cuadraditos pequeños), el huevo duro picado, y la cebolla y el pollo cortados bien finitos.
- Incorporar la manzana y el ananá, también cortados en cuadraditos pequeños.
- Escurrir los fideos y mezclarlos con el resto de la preparación.
- Condimentar con aceite, sal y pimienta.
- Dejar enfriar en el refrigerador antes de llevar a la mesa.

A la ensalada de fideos se le puede agregar ají morrón, verde o rojo, cortado en tiritas bien finas.

CONSEJOS ÚTILES

No olvide tomar dos litros de agua, como mínimo, diariamente. De esta manera, estará ayudando a la fibra a mejorar el movimiento intestinal. Cuando prepare cereales, prefiera siempre los integrales, ya que el contenido de fibra es mucho mayor.

EQUIVALENCIAS

1. Ave, frango.
2. Casulla, palay.
3. Azanoria, cenoura.
4. Frijol, haba,
   habichuela,
   judía.

17. SOPA RICA EN FIBRAS

Ingredientes para 4 porciones

- 150 g de cebolla picada
- 100 g de ají morrón verde picado
- 2 dientes de ajo picados
- 400 g de tomates enteros
- 800 cc de caldo de pollo[1]
- 500 cc de agua
- 120 g de arroz[2] integral
- 10 g de albahaca fresca picada
- 400 g de zanahorias[3] peladas y cortadas en rebanadas
- 400 g de pechuga de pollo
- 250 g de alubias[4]
- Rocío vegetal
- Sal, pimienta

Preparación

- En un recipiente antiadherente, untado con rocío vegetal, rehogar la cebolla, el pimiento y el ajo durante 5 minutos.
- Añadir los tomates picados, el caldo de pollo, el agua, el arroz y la albahaca.
- Dejar hervir a fuego lento durante 10 minutos.
- Añadir las zanahorias peladas y cortadas en rebanadas, y cocinar otros 5 minutos con el recipiente tapado.
- Incorporar el pollo sin piel, cortado en cubos, y las alubias.
- Cocinar por 5 minutos o hasta que el pollo esté bien cocido.
- Condimentar con sal y pimienta a gusto.
- Disponer en una cazuela y servir.

La sopa de verduras, además de ser un excelente plato de entrada, ayuda a limpiar el organismo de impurezas.

18. CREMA DE AVENA

Ingredientes para 4 porciones

- 1000 cc de caldo dietético
- 150 g de avena (de cocción rápida)
- 40 g de cebolla picada
- 100 cc de crema de leche dietética
- Sal, pimienta

Preparación

- Hervir el caldo junto con la cebolla finamente picada.
- Añadir la avena mezclando constantemente.
- Cocinar a fuego bajo hasta que quede una pasta cremosa.
- Retirar del fuego y añadir la crema de leche.
- Condimentar con sal y pimienta a gusto.

El punto ideal para servir los caldos y las sopas es cuando se encuentran bien calientes.

RECUERDE QUE...

... si sufre de constipación no debe agregarle queso rallado a las comidas. Frente a este tipo de problema se recomienda el consumo moderado de otros alimentos como arroz, manzana, zanahoria y cacao.

19. ENSALADA DE MARISCOS

EQUIVALENCIAS

5. Surimi. Pasta de origen japonés, elaborada con carne blanca de pescado.
6. Jitomate.
7. Mejorana.

Ingredientes para 4 porciones

- 150 g de ají morrón o pimiento rojo
- 150 g de ají morrón o pimiento verde
- 150 g de cebolla
- 150 g de kani kama[5]
- 150 g de camarones
- 40 cc de aceite de oliva
- Vinagre
- Sal, pimienta

Preparación

- Picar finamente los morrones y la cebolla.
- Cortar el kani kama en rodajitas.
- Colocar en una fuente o ensaladera los morrones, la cebolla, el kani kama y los camarones.
- Condimentar con sal, pimienta, vinagre y aceite.
- Servir frío.

El jugo que desprenden los mariscos al cocinarse es altamente nutritivo. No lo desperdicie.

20. ENSALADA CON ATÚN

Ingredientes para 4 porciones

- 300 g de atún al natural
- 250 g de tomate[6]
- 250 g de zanahoria
- 1 huevo duro
- 150 g de cebolla
- 40 cc de aceite
- Vinagre
- Jugo de limón
- Orégano[7], sal

Preparación

- Desmenuzar el atún en un bol.
- Rallar la zanahoria, cortar el tomate en cubitos, y picar finamente el huevo duro y la cebolla.
- Incorporar el atún.
- Condimentar con aceite, vinagre, sal y jugo de limón.

El atún es considerado por los nutricionistas como una de las mejores carnes blancas. Posee grandes cantidades de selenio, ácidos grasos esenciales y vitaminas B12 y B3.

¿SABÍA QUE...

... cada una de las comidas estimula el reflejo que permite ir al baño? Por eso, cuantas más comidas haga en el día, más rápido podrá revertir la constipación. Lo ideal es hacer las cuatro comidas principales (desayuno, almuerzo, merienda, cena), más 2 ó 3 colaciones extras.

EQUIVALENCIAS

1. Puede utilizarse también otro pescado carnoso.
2. Aguacate.
3. Toronja.
4. Acitrón.
5. Jenabe.

21. SALMÓN[1] MARINADO CON PALTA[2] Y NARANJAS[3]

Ingredientes para 4 porciones

- *500 g de filete de salmón*
- *2 paltas medianas*
- *Jugo de 4 limones[4]*
- *2 naranjas*
- *200 g de cebolla de verdeo*
- *1 cdita. de mostaza[5]*
- *Aceite de oliva*
- *1 diente de ajo*
- *Sal y pimienta*

Preparación

- Colocar los filetes en una fuente con jugo de limón y conservar en el refrigerador durante 5 horas.
- Para la salsa, agregar 4 cdas. de aceite de oliva y una cdita. de mostaza al jugo utilizado para marinar los filetes. Añadir la cáscara de naranja rallada, 1 diente de ajo picado, pimienta a gusto y mezclar.

- Colocar el salmón en una fuente y cubrir con los trozos de palta, los gajos de naranja y algunos aros finos de cebolla de verdeo. Verter la salsa y servir.

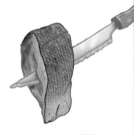

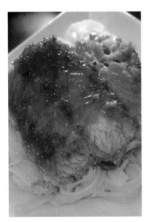

El salmón es excelente para el correcto funcionamiento hormonal y para rejuvenecer la piel.

22. CABALLA AL HORNO CON SALSA DE CÍTRICOS

Ingredientes para 4 porciones

- *500 g de filete de caballa con piel*
- *100 ml de caldo de pescado*
- *50 g de yogurt sin sabor*
- *1 papa mediana*
- *1 cebolla*
- *1 limón*
- *1 naranja*
- *Aceite de oliva*

Preparación

- Freír la cebolla en aceite de oliva, añadiendo la cáscara rayada de media naranja, 1 cdita. de piel de limón y el jugo de ambos cítricos.
- Verter un tercio del caldo sobre la preparación, agregar pequeños trozos de papa y cocer a fuego lento durante 10 minutos.
- Hornear los filetes a fuego moderado durante 12 minutos, agregando una tercera parte del caldo de pescado.

- Batir el caldo restante hasta que adquiera una consistencia ligeramente cremosa. Verter en una sartén de acero inoxidable junto con el yogur y calentar ligeramente.
- Retirar la caballa del horno y cubrir con la salsa.

El salmón brinda una gran cantidad de posibilidades gastronómicas. Es por eso que ostenta un lugar central en una infinidad de preparaciones a lo largo de todo el mundo.

23. PIZZA[6] DE SALVADO RELLENA

Ingredientes para 4 porciones

Para la masa

- 250 g de harina
- 2 cucharaditas de polvo para hornear
- 330 cc de leche tibia
- Sal
- 3/4 de margarina
- 1 1/4 taza de salvado de trigo

Para el relleno

- 1/2 taza de salvado de trigo
- 2 tomates[7] grandes
- 3/4 de cebolla picada
- 2 dientes de ajo
- 1/2 cubito de caldo[8] de pollo[9]
- 1 pizca de orégano[10]
- 250 g de queso rallado
- 100 g de jamón cocido
- 1 pimiento verde[11] cortado en tiras finas

- 250 g de champiñones cortados en rebanadas finas

Preparación para la masa

- Mezclar la harina, la sal y el polvo para hornear con un tenedor.
- Agregar la margarina hasta obtener una masa arenosa.
- Remojar el salvado de trigo en la leche y cuando esté blando, incorporarlo con la harina hasta lograr una masa blanda.
- Colocar en una superficie plana y amasar bien suave pero con firmeza.
- Dejar reposar 40 minutos.

Preparación para el relleno

- En una sartén con un poco de aceite, rehogar el ajo, la cebolla y los tomates previamente licuados.
- Sazonar con el orégano y el cubito de consomé.
- Dejar hervir 5 minutos a fuego lento.
- Extender la pasta en forma de círculo y doblar el borde para dar terminación.
- Colocar en una pizzera aceitada y vaciar el tomate en la base, después el queso, el salvado de trigo y los ingredientes restantes.
- Hornear hasta que toda la preparación esté cocida.

> *Los hidratos de carbono y las fibras tienen que ser la base de nuestra pirámide alimenticia. De lo contrario, estaríamos sobrecargando alguna función de nuestro metabolismo.*

La harina de salvado puede reemplazar a la harina de trigo para la confección de la masa de la pizza.

24. BOLLO DE BANANA[12] PISADA

Ingredientes para 12 porciones

- 3 bananas pisadas
- 1 taza de salvado de trigo
- 250 g de harina
- 1 1/2 cucharadita de polvo para hornear
- 2 cucharadas de leche
- 1/3 de taza de margarina
- 125 g de azúcar
- 2 huevos
- 1/2 taza de nueces

Preparación

- Mezclar las bananas pisadas, la leche y el salvado de trigo.
- Dejar reposar unos minutos para que el cereal se ablande.
- Batir la margarina con el azúcar hasta que forme una masa cremosa.
- Añadir los huevos.

- Agregar la mezcla de salvado de trigo y bananas.
- Cuando esté bien mezclado, añadir la harina cernida con el polvo para hornear.
- Incorporar la nuez.
- Vaciar toda la preparación en un molde para pan, previamente enmantecado.
- Hornear a 195 grados durante 50 minutos.

EQUIVALENCIAS

6. Torta italiana de masa de pan, guarnecida con tomate, jamón y otros ingredientes según el nombre que reciba.
7. Jitomate.
8. Caldillo, lahua, cahua.
9. Ave, frango.
10. Mejorana.
11. `Pimiento, morrón.
12. Plátano.

EQUIVALENCIAS

1. Plátano, banano.
2. Melón de agua, sandía.
3. Piña, abacaxi americana.
4. Pamplemusa, toronja.
5. Orejón, descarozado, melocotón, pelón.
6. Fresa, morango.

Los licuados representan la opción perfecta para consumir hidratos y fibras sin contratiempos. Su extrema frescura permite que nuestro organismo los asimile con soltura.

25. LICUADO DE BANANA[1] CON SALVADO

Ingredientes para 4 porciones

- 600 cc de leche
- 400 g de banana
- 40 g de salvado de trigo
- 40 g de azúcar
- Canela en polvo

Preparación

- Incorporar todos los ingredientes en una licuadora o procesadora de alimentos, y licuar hasta que quede una mezcla espumosa.
- Verter el licuado en vasos, y antes de servir, espolvorear con canela.
- Sevir bien frío.

26. ENSALADA DE FRUTAS CON QUESO Y NUECES

Ingredientes para 4 porciones

- 200 g de melón[2]
- 100 g de ananá[3]
- 200 g de pomelo[4] rosado
- 200 g de durazno[5]
- 150 g de kiwi
- 200 g de frutillas[6]
- 400 g de queso crema
- 20 g de nueces picadas
- Esencia de vainilla

Preparación

- Lavar bien las frutas.
- Pelar el melón, los duraznos, los pomelos y los kiwis, y cortar en trocitos.
- Cortar las rebanadas de ananá en pequeños triángulos y las frutillas por la mitad.
- Mezclar todas las frutas en un bol y dividir en cuatro porciones.
- En un recipiente aparte, colocar el queso crema y mezclar con las nueces picadas y la esencia de vainilla.
- Incorporar en cada copa una cuarta parte del queso y, por encima, las frutas.

Las ensaladas de frutas expanden el sabor de cada uno de los elementos que las componen.

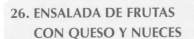

RECUERDE QUE...

... ni siquiera los jugos de frutas exprimidas tienen las mismas propiedades que la fruta entera al natural. Mucho menor contenido de fibra tienen los jugos envasados o en polvo. Entonces, si se trata de incorporar fibra, prefiera una fruta fresca.

27. BUDÍN DE MANZANAS[7]

**Ingredientes para
4 porciones**

- 100 g de pan integral
- 300 g de manzana
- 10 cc de jugo de limón[8]
- 50 g de pasas de uva
- 650 cc de leche
- 2 huevos
- 1 clara de huevo
- 80 g de azúcar
- 20 g de azúcar
  impalpable
- Esencia de vainilla
- Canela
- Ralladura de limón

Preparación

- Enmantecar un molde
  y distribuir la mitad
  del pan cortado
  en cubos en el fondo.
- En un bol, mezclar
  las manzanas cortadas
  en rebanadas,
  el jugo de limón
  y las pasas de uva.
- Pasar al molde y cubrir
  con el resto del pan.
- En un recipiente aparte,
  mezclar la leche,
  los huevos, la clara,
  el azúcar, la vainilla,
  la ralladura de limón
  y la canela.

- Bañar el pan con esta
  preparación oprimiendo
  con una cuchara para
  que se absorba bien
  el líquido.
- Tapar con papel de
  aluminio y dejar reposar
  durante 30 minutos.
- Precalentar el horno
  a una temperatura
  de 175 ºC y cocinar
  a baño María, sin quitar
  el papel de aluminio,
  durante 30 minutos.
- Retirar el papel de
  aluminio y hornear
  otros 30 minutos o
  hasta que se dore.

La manzana, además de ser uno
de los alimentos bíblicos por
excelencia, es uno de los
nutrientes que posee más
cantidad de fibra.

28. COMPOTA DE CIRUELA[9]

**Ingredientes para
4 porciones**

- 200 g de ciruelas
  desecadas
- 100 g de azúcar
- Agua

Preparación

- Lavar bien la fruta
  desecada y remojarla
  en agua fría
  durante 8 horas.
- Cocinar por
  ebullición lenta
  en el agua de remojo.
- Incorporar el azúcar
  minutos antes de que
  las ciruelas estén
  totalmente cocidas.

*La compota
es una forma
muy antigua
de conservar
los alimentos.
Su uso está tan
extendido que
pueblos muy remotos
la utilizan todavía
hoy como
parte de sus
preparados.*

¿SABÍA QUE...

... un vaso helado de jugo de compota de ciruelas o peras, antes del desayuno,
puede ayudarle a estimular el intestino? ¡Pruébelo y compruébelo!

EQUIVALENCIAS

7. Poma.
8. Acitrón.
9. Pruna,
   claudia.

EQUIVALENCIAS

1. Poma.
2. Cacahuate.
3. Vino suave y de coloración oscura.
4. Manteca.

Recuerde que una vez cortada, la manzana debe procesarse inmediatamente para que no pierda sus vitaminas.

Las frutas y las verduras son muy ricas en fibras, y efectúan mejor su acción si se las consume crudas, con semillas y cáscaras.

29. MANZANAS[1] RELLENAS

Ingredientes para 4 porciones

- 600 g de manzana
- 80 g de azúcar
- 60 g de nueces, maní[2] y pasas de uva picadas
- 80 g de oporto[3]
- 10 g de mantequilla[4]
- 150 cc de agua
- Canela en polvo

Preparación

- Lavar las manzanas y ahuecarlas levemente.
- En un recipiente aparte, mezclar las nueces, el maní, las pasas de uva picadas y la canela.
- Rellenar las manzanas con esta preparación.
- Enmantecar una fuente para horno y acomodar en ella las manzanas.
- Cortar la mantequilla en trocitos y disponerlos sobre las manzanas.
- Espolvorear con azúcar.
- Añadir el oporto rebajado con agua.

- Cocinar en el horno a baja temperatura durante 40 minutos.
- Rociar con el jugo de la cocción en el momento de servir.

30. MANZANAS AL HORNO CON CEREALES

Ingredientes para 4 porciones

- 600 g de manzana
- 150 g de salvado de trigo
- 40 g de mermelada de frutos del bosque
- 20 g de avellanas picadas
- 20 g de azúcar morena

Preparación

- Precalentar el horno a 175 ºC.
- Lavar las manzanas y quitar el centro con un cuchillo delgado y filoso. No pelar.
- Acomodar las manzanas en una fuente para horno evitando que se encimen unas con otras.
- En un recipiente pequeño, mezclar el salvado de trigo, la mermelada y las avellanas.

- Disponer esta mezcla en la cavidad de cada manzana.
- Cubrir las manzanas con azúcar morena.
- Hornear de 40 a 45 minutos, o hasta que estén tiernas.

RECUERDE QUE...

... los alimentos que contienen fibras disminuyen la absorción de los hidratos de carbono y evitan, de esa manera, que la glucemia aumente rápidamente después de comer.

LA BERENJENA

• Características

Es una planta herbácea, de la familia de las solanáceas. Alcanza hasta un metro y medio de altura, sus hojas son ovales, angulosas y de color violáceo. Las flores son grandes y de color violeta.

Los frutos, de coloración violeta oscuro, con forma ovoide y alargada, y piel lisa y brillante, son comestibles y muy consumidos en todo el mundo.

Su forma, tamaño y color varían según las diversas especies. Cuando aún no ha madurado, el fruto contiene una sustancia tóxica denominada solanina, hecho que obstaculizó su consumo durante un largo período, sobre todo en Europa. Con el tiempo, el hombre llegó a obtener variedades menos amargas y más comestibles. La solanina es un alcaloide ligado con azúcar, y pierde su efecto con la cocción.

• Usos

Las hojas de berenjena se utilizan en forma de cataplasma para ayudar a cicatrizar la piel. Preparadas en infusión, activan la secreción urinaria y ayudan a eliminar los cálculos de la vejiga. Su fruto es rico en calcio y fósforo. Es ligeramente indigesta; por eso es mejor comerla al mediodía. Bien cocida, es un remedio para el insomnio, disminuye el colesterol y favorece la formación de orina. Su aceite se emplea para aliviar las afecciones reumáticas y activar la circulación mediante masajes. Para prepararla bastará sólo con freír, en abundante aceite, la piel de dos berenjenas durante dos horas, sin que se quemen, y conservarla en un frasco de cristal, cerrado.

> *Con sus infinitas posibilidades de cocción, la berenjena contribuye a bajar el llamado "colesterol malo" y, además, aporta minerales esenciales para nuestro organismo.*

Existen numerosas clases de berenjenas, cada una con su sabor y consistencia específica.

LA REMOLACHA

• Características

Planta de la familia de las quenopodiáceas. La raíz carnosa tiene color rojizo, amarillo o blanco, según la variedad. La llamada "remolacha azucarera" es rica en sacarina y se utiliza para producir azúcar.

Las hojas son grandes y de color verde intenso con tonos rojizos. Las flores crecen en espigas. Con fines terapéuticos, se emplea la raíz.

El nombre científico es Beta vulgaris. En inglés se llama beet; en francés, "betterave"; en italiano, "barbabietola", y en portugués, "beterraba".

• Cultivo

Se puede cultivar como hortaliza en suelo suelto. Prefiere el clima templado.

• Propiedades

Tiene propiedades tonificantes, hepáticas, diuréticas y digestivas. Además, estimula el sistema inmunológico y ayuda a la mejor tolerancia de remedios anticancerígenos.

• Forma de uso

La raíz de remolacha roja puede consumirse hervida y fría, sola o en ensaladas. Se aconseja tomar 1 litro de jugo de remolacha diario.

La berenjena es un alimento versátil y sano que permite diversas combinaciones.

LAS VITAMINAS: EL ESCUDO PROTECTOR DEL ORGANISMO

Es importante que la dieta presente gran variedad de vitaminas, ya que estas sustancias favorecen el buen funcionamiento del organismo.

Son sustancias químico-orgánicas ampliamente distribuidas en los alimentos naturales e imprescindibles para que el metabolismo realice normalmente todas sus funciones. Dada su enorme variedad, **podemos encontrarlas en casi todos los alimentos, en diferentes proporciones**. Es interesante destacar que no hay ningún producto que las contenga a todas, por lo tanto, debemos elegir alimentos variados para asegurarnos consumirlas. **Cada vitamina cumple una función particular** y existe una gran diferencia entre los dos grupos. Si nos excedemos en el consumo de vitaminas liposolubles, estas se pueden acumular en nuestro organismo y provocarnos una intoxicación que dañe nuestra salud.

En cambio, **el exceso de las vitaminas hidrosolubles se excreta rápidamente** con la orina y no resulta, de este modo, peligroso para nuestro cuerpo.

Todas las vitaminas son igualmente necesarias. Por lo tanto hay que comer alimentos variados, preferentemente los que contengan pocas calorías.

Tenga en cuenta que las vitaminas no engordan y son inprescindibles para el organismo.

CLASIFICACIÓN DE LAS VITAMINAS

LIPOSOLUBLES
Son las que se encuentran en la parte grasa de los alimentos.

HIDROSOLUBLES
Son las que se encuentran en las partes acuosas de los alimentos.

- Vitamina A
- Vitamina D
- Vitamina E
- Vitamina K

- Vitaminas del grupo B
- Vitamina C (acido ascórbico)

No es necesario aportar suplementos vitamínicos si estamos realizando una dieta equilibrada.

RECUERDE QUE...

... es importante saber que los valores vitamínicos, contenidos en los alimentos, se destruyen por la acción de las altas temperaturas. Razón por la cual es muy conveniente consumir frutas o verduras crudas, o bien cocidas al vapor, en olla de presión, con muy poca agua, calor mínimo y tiempo justo. Resultarán más sabrosas, crocantes y coloridas, y conservarán sus vitaminas y sales minerales.

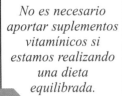

LOS ANTIOXIDANTES: EL SECRETO PARA ESTAR SIEMPRE JOVEN

Las células que conforman nuestro organismo son estructuras internamente organizadas.

Nuestro organismo está compuesto por millones y millones de células. Cada una de ellas integra parte de algún tejido a su vez, estos entramados forman parte de algún órgano. Finalmente, los órganos conforman los diferentes sistemas que integran y dan carácter a nuestro cuerpo. Como vemos todo está estratégicamente organizado y su unidad mínima es la célula. Veamos un poco cómo se constituye y funciona.

Composición de la célula

Está considerada como la unidad fundamental de todo ser vivo. Las podemos encontrar tanto en los animales más pequeños (como por ejemplo los protozoos) y en los más grandes (como por ejemplo en los elefantes). **El cuerpo de la célula, llamado citoplasma, está rodeado por una membrana cuya función es asegurar y proteger los intercambios**, así como las relaciones con el exterior, indispensables para la vida. El núcleo, situado en el interior del citoplasma, encierra los cromosomas constituidos básicamente por ADN, portador del código genético.

Ningún individuo produce la misma cantidad de antioxidantes a lo largo de la vida. Estos varían de acuerdo con la edad y las características genéticas de la persona.

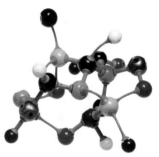

Los radicales libres son moléculas altamente dañinas.

Radicales libres

Los radicales libres son átomos inestables que necesitan combinarse con otros para, precisamente, estabilizarse. Esta especie de reacción química es un proceso común que se da en la naturaleza en gran proporción y por supuesto, también en nuestro cuerpo. Está relacionado a su vez con el proceso de oxigenación de los seres vivos, ya que este gas fundamental para la vida, en su asimilación, desprende una gran cantidad de radicales libres. Estos elementos suelen dañar membranas, citoplasmas y núcleos celulares, provocando deterioro corporal y envejecimiento.

Afortunadamente, como nuestro cuerpo está bien estructurado, las células, para protegerse de la acción de los radicales libres, elaboran sustancias enzimáticas que tienen como función degradar, neutralizar a estos agentes.

Pero sucede muy a menudo que la mala alimentación y la vida sedentaria provocan que este proceso sea mayor que el recomendable y los agentes naturales que evitan la oxidación sean insuficientes. **Si las células no se pueden defender de los radicales libres se oxidan y mueren, acelerando el proceso de envejecimiento** y dañando los órganos.

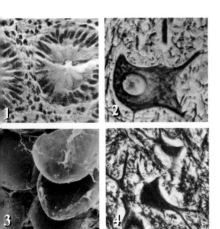

1 y 2. Microfotografías de diferentes tipos de células. 3. Células del tejido sanguíneo. 4. Célula multipolar de la molécula.

La producción excesiva de radicales libres se relaciona con ciertos factores externos. Algunos de ellos son la degradación y contaminación del medio ambiente (emisiones radiactivas, ozono), algunos virus y bacterias, el consumo de tabaco y alcohol, el uso de ciertos medicamentos y las dietas con alimentos ricos en grasas y azúcares. Todos estos factores favorecen la producción de radicales libres y dificultan la elaboración de las sustancias que neutralizan los efectos dañinos.

El número de antioxidantes que posee el organismo depende del tipo de alimentos que ingerimos. Las frutas y las verduras crudas, por ejemplo, contienen una gran cantidad.

Los alimentos que son ricos en grasas y azúcares favorecen ampliamente la producción de radicales libres. Su implementación dentro de un plan dietario disminuye la calidad de vida.

Una ayuda vitamínica

Los mejores aliados en la lucha por combatir a los radicales libres se llaman **antioxidantes**. Reciben este nombre porque ayudan a evitar que las moléculas sueltas liberadas durante el proceso de oxigenación dañen las células. **Estas sustancias se encuentran principalmente en las vitaminas y en los minerales**. Aunque algunas son producidas por el cuerpo (como por ejemplo la vitamina D), la mayoría deben ser incorporadas en la alimentación.

ÓRGANOS DAÑADOS

Los radicales libres extienden sus estragos a numerosos órganos y aceleran el envejecimiento del cerebro, del sistema cardiovascular y de la piel. En la epidermis, tal como lo demuestran investigaciones recientes, son los principales responsables de las arrugas, esponjosidad cutánea, manchas pigmentosas, etc. En el cerebro, son los principales responsables del Alzheimer y el Parkinson. El sistema cardiovascular también se ve afectado por estos agentes. Los mismos propician la formación de placas en las arterias que obstaculizan la circulación de la sangre.

VITAMINAS A, C Y E: LAS VEDETTES DEL REJUVENECIMIENTO

VITAMINA A

Contrarresta la ceguera nocturna y la debilidad visual. Se utiliza para el tratamiento de muchos problemas de la vista. Aumenta la resistencia a la infecciones respiratorias. Mantiene sano el tejido de los órganos internos. Favorece el crecimiento y fortalecimiento de los huesos, la salud de la piel, el cabello, los dientes y las encías.

VITAMINA C

Evita el envejecimiento de la piel, particularmente en las manos (evita la formación de manchas y lunares) y en las "zonas de expresión" de la cara. Es un excelente preventivo para evitar resfríos y gripe, afecciones producidas en los fumadores de tabaco. Eleva el rendimiento del sistema inmunológico. Estimula la formación de hormonas y de diversos tejidos óseos (sobre todo los cartilaginosos).

VITAMINA E

Suministra oxígeno al cuerpo para dar mayor resistencia. Retrasa el envejecimiento producido por la oxidación, ya que posee una eficaz acción antiarrugas. Disuelve los coágulos sanguíneos. Defiende a los pulmones de la contaminación ambiental. Reduce los síntomas de estrés y agotamiento. Contribuye a reducir la posibilidad de dolores y contracciones.

Algunos antioxidantes se encuentran en ciertas vitaminas y minerales contenidos en los alimentos.

¿CUÁLES SON LOS EFECTOS DE LAS VITAMINAS EN NUESTRO ORGANISMO?

VITAMINA LIPOSOLUBLE	ALIMENTOS QUE LA CONTIENEN	FUNCIONES	SÍNTOMAS DE CARENCIA O DÉFICIT
Vitamina A (retinol)	Leche, manteca[1], hígado, batata[2], zanahoria[3], espinaca, escarola[4], acelga, berro[5], perejil.	Necesaria para el crecimiento, la piel, los dientes, las encías, los ojos y el pelo.	Piel seca y rugosa, ceguera nocturna (incapacidad de ver con luz débil).
Vitamina D (calciferol)	Leche, manteca, yema de huevo, quesos duros, pescados (salmón, arenque, sardina, caballa).	Necesaria para dientes y huesos fuertes. Interviene en la transformación del calcio y el fósforo dentro de nuestro organismo.	Raquitismo (piernas encorvadas, pecho pequeño, dificultad respiratoria, debilidad), deformaciones en los huesos, especialmente en niños.
Vitamina E (retinol)	Aceites vegetales, leche, huevo, carnes y pescados, cereales, hortalizas de hoja.	Necesaria por su función antioxidante, interviene en la formación de los glóbulos rojos, músculos y otros tejidos.	Anemia hemolítica, alteración de los ácidos grasos, trastornos neurológicos.
Vitamina K (filoquinona)	Hortalizas de hoja verde, queso, yema de huevo, legumbres.	Necesaria para la coagulación de la sangre.	Tendencia a las hemorragias, trastornos en la coagulación sanguínea.
Vitamina B1 (tiamina)	Carne de cerdo o vacuna sin grasa, cereales enteros, legumbres, zanahoria, tomate[6].	Interviene en la obtención de energía de los alimentos mediante la estimulción del metabolismo de la glucosa. Favorece el funcionamiento del sistema circulatorio.	Anorexia, fatiga, apatía, nerviosismo, edema en las piernas, trastornos cardíacos, alteraciones digestivas.
Vitamina B2 (riboflavina)	Leche, carnes, hígado, cereales, tomate, huevos.	Participa en la transformación de los hidratos de carbono, las proteínas y las grasas de nuestro organismo.	Es necesaria para la piel. Cicatrización retardada, anorexia, nerviosismo, confusión mental, trastornos en el estado de ánimo.
Niacina	Carnes, maníes[7], cereales enriquecidos.	Interviene en los procesos generadores de energía en las células de nuestro cuerpo. Favorece la función del sistema nervioso.	Debilidad, anorexia, nerviosismo, confusión mental, trastornos en el estado de ánimo.

Funciones de las vitaminas (continúan en la próxima página).

EQUIVALENCIAS

1. Mantequilla.
2. Camote, boniato, papa dulce, moñato.
3. Cenoura, azanoria.
4. Achicoria, radicheta, lechuguilla, almirón, yerba amarga.
5. Agriao, poro, ajoporo.
6. Jitomate.
7. Cacahuetes.

La vitamina K, también conocida como vitamina antihemorrágica, se encuentra en la mayoría de los vegetales de hoja verde.

Los cereales contienen vitamina E (retinol), un antioxidante natural que protege al organimo de los compuestos tóxicos.

EQUIVALENCIAS

1. Polvo de hornear, polvo leudante.
2. Choclo, mazorca, jojoto, elote, chilote.
3. Patatas.
4. Camote, boniato, papa dulce, moñato.

¿CUÁLES SON LOS EFECTOS DE LAS VITAMINAS EN NUESTRO ORGANISMO?

VITAMINA LIPOSOLUBLE	ALIMENTOS QUE LA CONTIENEN	FUNCIONES	SÍNTOMAS DE CARENCIA O DÉFICIT
Ácido pantoténico	Carnes, hígado, riñón, huevo, levadura[1], legumbres.	Es necesario para el metabolismo de nutrientes, así como para la transformación de determinadas hormonas. Interviene en la regeneración de los tejidos.	Sensación de quemazón en los pies. 
Vitamina B6 (piridoxina)	Cereales (trigo, maíz[2]), carnes, legumbres, leche, huevos.	Participa en el metabolismo de las proteínas y en la formación de los glóbulos rojos. Favorece el correcto funcionamiento del sistema nervioso.	Anemia (glóbulos rojos pequeños y pálidos), nerviosismo, convulsiones. 
Vitamina B12 (cobalamina)	Carnes sin grasa, hígado, queso, leche, huevo.	Previene formas de anemia. Es necesaria para la formación de los glóbulos rojos.	Anemia perniciosa.
Ácido fólico	Carnes, hígado, legumbres, hortalizas de hoja verde.	Previene ciertos tipos de anemia. Favorece la función intestinal. Interviene en la formación de los glóbulos rojos.	Anemia megaloblástica, palidez. 
Biotina	Yema de huevo, riñón, tomate, levadura.	Participa en la formación de los ácidos grasos y en la producción de energía.	Rara vez ocasiona trastornos.
Vitamina C (ácido ascórbico)	Frutas cítricas, tomates, papas[3], batatas[4]. 	Es importante en la formación del colágeno, proteína que sirve para el sostén de estructuras corporales. Estimula la absorción del hierro. Participa en los mecanismos de defensa contra infecciones de nuestro organismo.	Hemorragias pequeñas, encías sangrantes, cicatrización insuficiente. 

La vitamina D, que se encuentra en la leche y sus derivados, ayuda a mantener los niveles de fósforo y calcio que requiere el organismo.

La vitamina C contenida en las frutas cítricas favorece la absorción de ciertos minerales como el hierro.

LOS MINERALES: FORTALEZA PARA EL SISTEMA ÓSEO Y MUSCULAR

Para metabolizar bien algunos alimentos se deben incluir en la dieta productos ricos en minerales.

El cuerpo humano necesita minerales para que su alimentación sea completa. Estos elementos **cumplen una misión relevante**, pues sin ellos el metabolismo no funcionaría adecuadamente. Son aquellos elementos inorgánicos que se encargan, entre otras primordiales funciones, de **regular las contracciones del corazón**, conservar fuertes los huesos y mantener con energía las células. Los minerales, tales como el calcio, el sodio, el hierro, etc., son **necesarios para el mantenimiento del metabolismo**, las funciones vitales de nuestro organismo, y la salud general de nuestro cuerpo. Dentro del grupo de los minerales encontramos los oligoelementos (zinc, selenio, manganeso), que también participan en los procesos biológicos normales.

El hierro

Forma parte de los **tejidos musculares** y es necesario para la producción de hemoglobina, (una molécula que transporta el oxígeno en el interior de los glóbulos rojos). Sin suficiente hierro, los niveles de hemoglobina bajan y los glóbulos rojos se hacen más pequeños y pálidos. De este modo se proporciona menos oxígeno a las células y esto puede llegar a provocar anemia ferropénica.

Distintos tipos de hierro

En los alimentos, el hierro se encuentra de dos formas: como "hierro hemínico" o como "hierro no hemínico".
El **hierro hemínico u orgánico** está presente en las **carnes rojas**, aves y pescados.
El **no hemínico** o inorgánico se encuentra principalmente en las **vísceras**, **yema de huevo**, **vegetales**, **cereales**, **legumbres**, **frutas secas** y **lácteos**. La diferencia principal que existe entre ambos radica en que el **hierro hemínico se asimila mejor que el no hemínico**, (entre un 15 y 35 % según los depósitos del mineral en el cuerpo) y tiene mejores cualidades alimenticias. En cambio, la absorción del hierro no hemínico depende de muchos elementos y oscila entre el 3 y el 8 % dependiendo de la presencia de los factores que intervengan en el proceso.

Los minerales nos mantienen en buen estado de salud. Su carencia puede alterar las funciones vitales de nuestro organismo.

¿SABÍA QUE...

... las mujeres sufren con mucha frecuencia la pérdida de hierro durante la menstruación o la gestación (debido al paso de hierro al feto)? Su deficiencia puede producir algunos síntomas como: fatiga, disminución del rendimiento, riesgo de partos prematuros, propensión a infecciones, uñas quebradizas e incluso depresión.

EQUIVALENCIAS

1. Betarraga, beterrave, vetarraga, rábano silvestre.
2. Ajo porro, porro.
3. Achicoria, radicheta, lechuguilla, yerba amarga, almirón.
4. Cocoa.

Los **factores que facilitan la absorción** de hierro no hemínico son:

- Hierro hemínico: presente en las **carnes**.
- Ácido ascórbico o **vitamina C**: presente en las frutas cítricas.
  Los factores que inhiben la absorción de hierro no hemínico son:
- Fibra dietética (lignina): presente en semillas de **frutas secas**, tallos de sostén, raíces de algunas **hortalizas** y vegetales de hoja.
- Taninos: están presentes en el **té**, **café**, **vino tinto** y cerveza oscura.
- Oxalatos: presentes en verduras de hoja verde oscura, como espinaca, remolacha[1], acelga, perejil, puerro[2], escarola[3], cacao[4] en polvo, frutas secas, germen de trigo, uva y café instantáneo.

La espinaca, por citar un ejemplo, es un alimento rico en hierro no hemínico, pero la porción y el tipo de fibra que contiene dificulta su absorción.
Lo mismo pasa con las legumbres, que tienen tres veces más proporción de hierro que las carnes, pero no podemos asegurar cuánto se absorbe debido a la cantidad de fibra que contienen.
Lo ideal sería acompañar estos alimentos con jugos de naranja, para de esta forma aumentar la absorción de hierro no hemínico y prevenir su carencia.

Consejos para mejorar la absorción del hierro

Cuando **una comida es rica en hierro no hemínico** generalmente se sugiere **acompañarla con carnes** (que poseen gran cantidad de hierro hemínico) y algunas frutas cítricas ricas en vitamina C (naranja, mandarina, pomelo, kiwi).
La mayoría de los nutricionistas recomienda que se aumente la cantidad de alimentos con hierro absorbible y se reduzcan los de hierro no absorbible.
Algunos alimentos combinados con otros reducen la absorción del hierro.
Los tés comerciales, por ejemplo, contienen sustancias que se unen al hierro, de manera tal que este no puede ser asimilado.
En lo posible evite el consumo de infusiones por lo menos una hora después de cada comida, para que no trabajen como inhibidores de su absorción.

Las infusiones reducen la absorción del hierro.

El hierro hemínico se encuentra principalmente en las carnes rojas, en las aves y en algunos pescados.

OTROS MINERALES

Junto con el potasio, el cloro y el sodio forman la tríada de iones esenciales para el equilibrio de la distribución del agua en el organismo humano y la regulación de la acidez de la sangre. El yodo es esencial para el buen fucionamiento de la glándula tiroides y tanto su exceso como su carencia traen graves consecuencias para el metabolismo. Una dieta exenta de este mineral puede ocasionar la enfermedad llamada bocio. Como está presente en el agua de mar, los alimentos provenientes de este medio son muy ricos en este elemento.

El calcio

El calcio **es un mineral que entra en nuestro organismo a través de la dieta** y su principal receptor es el tejido óseo. Su ingesta a través de alimentos que lo contienen en cantidad **es esencial para prevenir enfermedades** como la osteoporosis. La mayor proporción de calcio que se halla en nuestro cuerpo forma parte de los huesos y dientes. El resto circula en la sangre y ayuda a regular la acción de los músculos, la coagulación y la transmisión de los impulsos nerviosos.

Los cítricos y las carnes tienen una buena asimilación hemínica. En cambio otros alimentos como la espinaca, reducen la absorción de hierro.

Alimentos que contienen gran cantidad de calcio

Principalmente **los de origen animal**, aunque hay algunos vegetales en los que se lo encuentra en pequeñas cantidades. Los lácteos representan una excelente manera de incorporarlos, sobre todo:

- La leche en polvo o líquida y la leche condensada. A algunas personas la leche les cae mal, y esto sucede porque posee un componente llamado lactosa, que no todos pueden digerir. En estos casos, el calcio debe incorporarse a la dieta a través de otros alimentos:
- Postres de leche: arroz[1] con leche, leche con maicena[2] o con vitina[3].
- Flan[4].
- Quesos blandos, semiduros y duros.

Otros alimentos que contienen mucho calcio:

- **Pescados**: sardinas[5].
- **Frutas secas**: almendras[6] y avellanas.
- **Vegetales**: brócoli[7], acelga, batata[8], berro[9].
- **Condimentos**: albahaca[10] y perejil.

El calcio es esencial para prevenir enfermedades como la osteoporosis.

Si bien la crema, la manteca y el dulce de leche estan hechos con leche, pierden el calcio en el proceso de fabricación.

Recomendaciones para para el consumo diario

- Niños: 800 mg/día.
- Adultos: 1000 mg/día.
- Embarazo, lactancia, adolescencia, adultos después de los 50 años: 1200-1300 mg/día.

Sustancias que impiden la absorción del calcio

- Fibra dietética (lignina): semillas de frutas secas, tallos de sostén, raíces de algunas hortalizas y vegetales de hoja.
- Oxalatos: presentes en verduras de hoja verde oscura, como espinaca, remolacha[11], acelga, perejil, puerro[12], escarola[13], cacao[14] en polvo, frutas secas, germen de trigo, uva, chocolate amargo, batata[15], frambuesa[16], café instantáneo.
- Fitatos: se encuentran en la cáscara de los cereales.

EQUIVALENCIAS

1. Casulla, palay.
2. Almidón de maíz, harina fina de maíz, fécula de maíz.
3. Sopa de sémola finamente granulada.
4. Postre que se prepara con leche, yemas de huevo y azúcar. Suele llevar harina.
5. Arenque, parrocha.
6. Alloza, arzolla, almendruco.
7. Brécol. Parecido a la coliflor.
8. Camote, boniato, papa dulce, moñato.
9. Agriao, poro, ajo poro.
10. Planta aromática.
11. Betarraga, beterrave, vetarraga, rábano silvestre.
12. Ajo porro, porro.
13. Achicoria, radicheta, lechuguilla, almirón, yerba amarga.
14. Cocoa.
15. Camote, boniato, papa dulce, moñato.
16. Churdón, sangüesa.

¿CON QUÉ ALIMENTOS PODEMOS REEMPLAZAR... ?

- 4 tazas de leche descremada sola o en diferentes preparaciones(250 cc c/u).

- 2 tazas de leche descremada (250 cc c/u) + 1 pote de yogur descremado saborizado (200 cc c/u) + 3 cucharadas de ricota descremada (45 g c/u).

- 2 potes de yogur saborizado + 1 porción (60 g) de queso tipo postre descremado +1/2 taza de leche descremada.

- 2 tazas de leche fortificada con calcio + 1 pote de yogur fortificado sin calcio.

EQUIVALENCIAS

1. Laranja.
2. Damasco, chabacano.
3. Chichoca, chuchoca, orejones, descarozado, durazno, durazno prisco.
4. Ave, frango.
5. Brécol. Parecido a la coliflor.
6. Patatas.

Para que nuestro cuerpo desarrolle sus procesos metabólicos en condiciones normales, necesitamos incorporar una cantidad adecuada de minerales.

El potasio

Debemos **prestarle especial atención al potasio**, ya que tanto **su deficiencia como su exceso pueden ocasionar graves trastornos** para el organismo.

Funciones

El potasio es el principal elemento iónico del interior de las células. Su presencia, en cantidades y concentración adecuadas, es de **primordial importancia para el buen funcionamiento de los músculos,** particularmente del cardíaco. Igualmente, el potasio es fundamental para que múltiples enzimas puedan realizar de manera adecuada sus funciones metabólicas, ya que su intervención **resulta vital en el proceso de la síntesis de proteínas**.

El exceso de potasio

En nuestro organismo, el tejido nervioso y muscular contienen gran cantidad de potasio. Este mineral se absorbe con facilidad en el intestino **y su concentración en el cuerpo se encuentra principalmente regulada por el riñón y las hormonas de las glándulas suprarrenales**. Por este motivo, el exceso de potasio es propio de los pacientes con insuficiencia renal aguda, hemólisis, o insuficiencie de las glándulas suprarrenales. Una gran cantidad de potasio puede provocar bradicardia (ritmo cardíaco lento), hipotensión y colapso circulatorio. También existen otras alteraciones peculiares del ritmo cardíaco que pueden observarse en un electrocardiograma. Pero la peor consecuencia de este exceso radica en el peligro de un paro cardíaco.

El déficit

La carencia de potasio puede generar algunos problemas relacionados con los riñones, así como vómitos y diarreas severas. **La escasez de este elemento puede manifestar además debilidad muscular, irritabilidad y parálisis**; el músculo cardíaco se altera de tal forma que aparecen síntomas de taquicardia (ritmo cardíaco acelerado), dilatación del corazón y cambios muy característicos que pueden observarse mediante un electrocardiograma.

Alimentos que lo contienen

El potasio es un elemento tan abundante en los alimentos que resulta prácticamente imposible la existencia de déficit si la alimentación es adecuada y no se presentan los trastornos mencionados anteriormente. **Una comida normal puede contener hasta 4 gramos de potasio**. Los alimentos particularmente ricos en este elemento son los plátanos o bananas, las naranjas[1], las mandarinas, los albaricoques[2] y melocotones[3], las carnes de ternera, pollo[4], buey y cerdo, el brócoli[5], las papas[6] y los repollitos de Bruselas.

El potasio se encuentra en una gran cantidad de alimentos.

¿SABÍA QUE...

... algunos científicos sospechan que un plan dietario basado en niveles altos de potasio puede causar hipotensión, dada la eficacia de este mineral para disminuir la presión? Dicha sustancia modifica la reacción de los vasos sanguíneos ante las hormonas que afectan la presión (como por ejemplo la vasopresina y la noradrenalina).

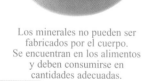

Los minerales no pueden ser fabricados por el cuerpo. Se encuentran en los alimentos y deben consumirse en cantidades adecuadas.

El magnesio

Al igual que otros minerales como el calcio, este elemento es muy apreciable para la formación de los huesos y los dientes; y además **interviene en la regulación del equilibrio, en los impulsos nerviosos y en el aflojamiento de nudos y contracturas**.

La recomendación actual de consumo es de 350 mg para los hombres adultos y de 300 mg para la mujeres. Sin embargo habría que destacar también que durante la segunda mitad del embarazo es necesaria una ingesta algo mayor (120 mg más por día). Lo mismo puede recomendarse en general para el período de lactancia. Hoy en día, el modo de alimentación, sumado al vigente ritmo de vida, es en gran medida el causante de que las deficiencias en este mineral sean más frecuentes. Es por eso, que, en cuanto a alimentación se refiere, tres factores resultan fundamentales para explicar esta situación.

1. Sustitución de alimentos

Interesa recordar que en un modelo dietario, alrededor del 70 % del aporte total de magnesio procede de los alimentos vegetales. Por este motivo, **el consumo creciente de alimentos animales (relegando a un segundo plano el consumo de vegetales) ha llegado a producir un aporte insuficiente de magnesio**.

Las semillas de girasol contienen altos niveles de fósforo, potasio, calcio y otros minerales indispensables en una dieta equilibrada.

2. Los alimentos restrictivos

La generalización del deseo de adelgazar (con o sin motivo) suele provocar un trastorno en los regimenes alimenticios de muchas personas. Por seguir estas metas, **algunas personas suprimen nutrientes y alimentos de gran valor para el organismo**, a veces produciendo desastres. Dentro de este desolador paisaje, el magnesio suele ser uno de los elementos más golpeados, ya que esta sustancia suele encontrase en la mayoría de los alimentos de gran valor energético (generalmente los primeros que se suelen suprimir).

> *El magnesio interviene en la contracción y relajación de los músculos. Sus efectos se corroboran inmediatamente al incluirlo como parte de nuestra alimentación.*

Algunos alimentos ricos en minerales son retirados de algunas dietas debido a la gran cantidad de calorías que poseen.

3. Nutrientes transgénicos

La presencia de este tipo de alimentos es una de las características de la realidad alimentaria del denominado "Primer Mundo". Alejados de las fuentes originales de la obtención de alimentos, estos deben recorrer largos caminos antes de llegar a los consumidores; e incluso en ese momento, no siempre reciben un trato que les permita conservar sus nutrientes. Las vitaminas y los minerales esenciales, entre los que figura el magnesio, son los nutrientes que más se ven efectados por estos procesos.

> *El aporte adicional de minerales debe ser indicado por un médico.*

El cinc interviene en la asimilación de las proteínas y favorece la absorción de algunas vitaminas, así como también es primordial para el correcto funcionamiento de algunos órganos.

Además de ser un mineral beneficioso para la vista, el cinc ayuda a prevenir ciertas enfermedades relacionadas con los órganos oculares.

El cinc

Los cereales poseen grandes cantidades de cinc.

Es el oligoelemento más importante después del hierro. El organismo de una persona contiene entre 2 y 3 g de cinc, de los que un 99 % se concentra en el interior de las células. Las funciones del cinc son numerosas y de extraordinaria importancia. Por sólo citar algunos ejemplos, este mineral **interviene en el metabolismo de los hidratos de carbono, de los lípidos y las proteínas**. Representa también una asombrosa defensa contra los radicales libres, en el metabolismo del alcohol, en el mecanismo de la visión, en la percepción del gusto y del olfato. Además, participa en la síntesis de hormonas y su funcionamiento.

En algunas funciones como el crecimiento, la reproducción y las defensas inmunológicas es primordial. La recomendación actual del **consumo de cinc para los adultos** de ambos sexos **se sitúa en 15 mg diarios**. La mujer debe consumir 20 mg diarios durante la segunda mitad del embarazo, y una cantidad de 25 mg durante el período de lactancia. Entre los alimentos básicos, los quesos, las legumbres y los cereales integrales presentan también cantidades muy importantes de cinc. Pero además se encuentra en alimentos no muy habituales en nuestra dieta, como las ostras, los mariscos y el hígado.
Del mismo modo, algunos componentes de **la fruta seca** contienen importantes **cantidades de cinc**, por ejemplo la semilla de girasol y las nueces del Brasil.

El cinc se encuentra presente en una amplia variedad de pescados y frutos de mar.

LOS FRUTOS SECOS

Tanto en las semillas como en aquellas frutas que fueron procesadas (las famosas frutas secas), encontramos una gran concentración de nutrientes esenciales, ideales para complementar cualquier plan dietario. Aunque son muy diferentes en cuanto a su composición química, todos se caracterizan por poseen un enorme valor energético, sobre todo minerales como calcio, cinc y hierro. Sin embargo, estos provechosos alimentos están considerados, por lo menos en occidente, como de consumo excepcional (utilizados en celebraciones y fiestas). Quizás esta situación se deba a que su precio, en la mayoría de los casos, no es del todo accesible. No obstante, es necesario hacer un esfuerzo para incorporarlos en nuestra dieta habitual para que su aporte enriquezca (o resalte, según sea el caso) la calidad de vida de todos los días.

Preparaciones ricas en minerales y vitaminas

1. PIMIENTOS[1] RELLENOS CON CARNE

Ingredientes
para 4 porciones

- 500 g de pimientos
- 40 g de cebolla
- 100 g de carne vacuna magra
- 30 g de miga[2] de pan remojada y exprimida
- 1 huevo
- 1 diente de ajo
- Hierbas secas
- Sal, pimienta

Preparación

- Quitar el péndulo del pimiento y cortar la parte superior.
- Rehogar, en un recipiente antiadherente, la cebolla picada.
- Agregar las hierbas secas, el ajo y la carne picada.
- Mezclar.
- Mantener sobre fuego intenso, removiendo en forma continua.
- Retirar cuando esté cocida la carne.
- Añadir el huevo batido y la miga de pan remojada.

- Mezclar bien.
- Rellenar, con la preparación, la parte inferior de los pimientos.
- Disponer en una asadera para horno.
- Cocinar en horno a temperatura moderada.

EQUIVALENCIAS

1. Ají morrón.
   Ají picante, charimbo.
2. Molla, migaja.
3. Casulla, palay.

El pimiento es uno de los vegetales que contiene vitamina C. Posee además, fósforo, calcio y potasio.

2. BOLITAS DE ARROZ[3] AL QUESO CON SALSA BÉCHAMEL

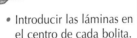

Ingredientes
para 4 porciones

- 240 g de arroz
- 500 cc de agua
- 30 g de queso rallado
- 160 g de queso cremoso
- 2 huevos
- 20 g de pan rallado
- 200 g de salsa béchamel dietética
- Sal, pimienta
- Rocío vegetal

Preparación

- Cocer arroz en agua salada durante 18 minutos.
- Colarlo y añadirle el queso rallado.
  - Cuando esté tibio, agregar un huevo y medio, dejar enfriar. Reservar la mitad del huevo restante para efectuar el rebozado.
  - Formar bolitas del tamaño de una pelota de golf.
  - Cortar el queso cremoso en láminas, condimentarlas con sal y pimienta.

- Introducir las láminas en el centro de cada bolita.
- Batir el medio huevo restante.
- Pasar las bolitas por el huevo batido y el pan rallado, y colocarlas en una placa para horno previamente untada con rocío vegetal.
- Servir con salsa béchamel dietética.

El arroz contiene una gran cantidad de nutrientes, sin embargo, suele ser enriquecido con hierro y ácido fólico.

EQUIVALENCIAS

1. Puede utilizarse también arenques.
2. Casulla, palay.
3. Acitrón.
4. Ave, frango.
5. Cohombro.
6. Mahonesa.
7. Tiras muy finas.

Los alimentos frescos conservan mejor sus vitaminas y minerales.

Además de contener proteínas, la carne de pollo es rica en vitaminas y minerales.

3. SARDINAS[1] CON ACELGA

Ingredientes
para 4 porciones

- 500 g de sardinas
- 20 cc de vinagre (opcional)
- 300 g de cebolla
- 60 g de arroz[2]
- 1 limón[3]

Preparación

- Limpiar las sardinas y conservar solo los filetes.
- Salpimentar y dejar 30 minutos en vinagre.
- Pelar la cebolla y el ajo.
- Picar finamente.

- Lavar las hojas de acelga, secarlas, arrollarlas y cortarlas en tiras finas.
- Pelar medio limón y cortar la piel en tiras finas.
- Cocinar el arroz en agua salada hirviendo. Escurrir.
- Rehogar, en un chorrito de agua, la cebolla y ajo picados.
- Dejar cocinando a fuego lento hasta que la cebolla suelte todo el líquido. Para ello, remover de vez en cuando.
- Añadir las tiras de acelga y dejarlas cocinar hasta que pierdan toda el agua.

- Retirar del fuego e incorporar el arroz.
- Con un pincel mojado en aceite, untar una cazuela de barro para horno.
- Disponer la mitad de la mezcla del arroz y las verduras.
- Colocar encima los filetes de sardina. Si estuvieron en vinagre, escurrirlos previamente.
- Espolvorear con la piel rallada del limón, y cubrir con el resto del arroz con acelgas.
- Hornear 20 minutos.

4. ENSALADA CON POLLO[4]

Ingredientes
para 4 porciones

- 300 g de pollo
- 100 g de ají morrón o pimiento rojo
- 150 g de cebolla
- 150 g de pepino[5]
- 1 huevo duro
- 20 g de mayonesa[6] dietética
- Vinagre
- Sal, pimienta

Preparación

- Cocinar el pollo y cortarlo en juliana[7].
- Agregar el ají y la cebolla cortados en juliana, y el pepino en finas ruedas.
- Decorar con el huevo duro en gajos.
- Condimentar con sal, pimienta y vinagre.
- Agregar la mayonesa dietética.

¿SABÍA QUE...

... la sardina es uno de los alimentos más ricos en calcio cuando la consumimos entera? Aporta aproximadamente 400 mg cada 100 g de peso.

5. BERENJENAS[8] A LA CAPONATA

**Ingredientes
para 4 porciones**

- *400 g de berenjenas*
- *150 g de cebolla picada*
- *150 g de apio[9] picado*
- *350 g de tomates[10] triturados*
- *80 g de puerro[11] picado*
- *2 dientes de ajo picados*
- *15 cc de aceite de oliva*
- *Vinagre*
- *Rocío vegetal*
- *Sal, pimienta*

Preparación

- Pelar y cortar las berenjenas en cubitos.
- Colocarlas en un colador y sazonar con sal y pimienta.
- Dejarlas escurrir sobre un plato alrededor de una hora.
- Rehogar la cebolla con agua en una sartén grande, sobre fuego mediano.
- Mover frecuentemente hasta que se dore, aproximadamente 8 minutos.
- Añadir el ajo y el apio, y dorar alrededor de 2 minutos más.
- Extraer, con las manos, la humedad de los trozos de berenjena y añadir a la sartén.
- Cocinar removiendo levemente con una cuchara de madera, hasta que la berenjena esté tierna, alrededor de 10 minutos.
- Retirar del fuego y dejar que la sartén se enfríe hasta que tome la temperatura ambiente.
- Añadir los tomates, el vinagre, el aceite y el puerro.
- Servir frío o a temperatura ambiente.

La calabaza contiene vitamina A y algunos minerales como hierro, potasio y magnesio.

6. PURÉ DE CALABAZA[12] Y MANZANA[13]

**Ingredientes
para 4 porciones**

- *500 g de calabaza*
- *400 g de manzanas rojas peladas*

Preparación

- Lavar y hervir ambos ingredientes en agua.
- Licuar en la procesadora y servir.

La manzana contiene sustancias que son ideales para la digestión de algunos alimentos ricos en grasas.

RECUERDE QUE...

... para que las berenjenas eliminen su sabor amargo una buena opción es cortarlas en cubos, colocarlas en un colador y espolvorearlas con sal. Luego de dejarlas reposar media hora, enjuagarlas y secarlas.

EQUIVALENCIAS

8. Berinjuelas.
9. Arracacha, panal, esmirnio.
10. Jitomate.
11. Ajo porro, porro.
12. Angola, zapallo, ahumaya, alcayota, cayote, ahuyamé.
13. Poma.

La calabaza, como la mayoría de los alimentos que poseen vitamina C, favorece la absorción del hierro contenido en el arroz.

EQUIVALENCIAS

1. Angola, zapallo, ahumaya, alcayota, cayote, ahuyame.
2. Casulla, palay.
3. Jitomate.
4. Caldillo, sopa, lahua, cahua.

7. CALABAZA[1] RELLENA CON ARROZ[2]

Ingredientes para 4 porciones

- *800 g de calabaza*
- *120 g de arroz integral crudo*
- *100 g de queso fresco descremado*
- *Condimentos*

Preparación

- Hervir 1/2 calabaza en abundante agua.
- Una vez cocida, retirar las semillas y ahuecar.
- Hacer un puré con parte de la calabaza que retiramos al ahuecar.
- Hervir el arroz en abundante agua.
- Mezclar el arroz con el puré de calabaza y condimentar.
- Colocar la preparación anterior en el orificio de la calabaza y disponer sobre esta el queso.

- Llevar al horno hasta que el queso se derrita.

8. POTAJE DE LEGUMBRES Y VERDURAS

Ingredientes para 4 porciones

- *200 g de legumbres*
- *80 g de cebolla*
- *150 g de tomate[3]*
- *150 g de acelga o espinaca*
- *200 g de carne*
- *300 cc de caldo[4] dietético*
- *Hierbas secas, ajo, sal*

Preparación

- Hervir las legumbres (previamente remojadas durante alrededor de 10 horas).
- En una sartén de teflón, colocar la cebolla picada y la carne cortada en cubitos.
- Agregar las hierbas secas y condimentar.
- Añadir la acelga cruda y picada.
- Incorporar el caldo y tapar el recipiente.
- Cocinar durante 10 a 15 minutos.

- Agregar las legumbres.
- Terminar la cocción sobre fuego directo durante 15 minutos más.

RECUERDE QUE...

... las infusiones después de la comida disminuyen la absorción del hierro presente en los alimentos. ¡Tomemos el cafecito al menos una hora después de comer!!

9. PURÉ DE LEGUMBRES

**Ingredientes
para 4 porciones**

- *300 g de lentejas[5]*
- *750 cc de caldo dietético*
- *250 g de cebolla*
- *2 dientes de ajo finamente picados*
- *Sal, jengibre*

Preparación

- Remojar las lentejas durante 12 horas.
- Lavar muy bien y desechar aquellas que floten. Escurrir.
- Calentar una sartén y dorar con rocío vegetal la cebolla, el ajo y el jengibre, hasta que la cebolla adquiera color dorado oscuro.
- Adicionar las lentejas y el caldo a la preparación anterior.

- Tapar y dejar cocinar alrededor de 15 minutos, hasta que las lentejas estén medianamente cocidas.
- Condimentar.
- Si la preparación queda muy líquida, retirar la tapa de la olla para facilitar la evaporación.
- Servir adornado con rebanadas de cebolla doradas.

EQUIVALENCIAS

5. Lantejas.
6. Preparación a base de claras de huevo batidas a punto de nieve a la que se añaden distintos ingredientes y que en la cocción adquiere un aspecto abuñuelado.

Las legumbres contienen gran cantidad de vitaminas y minerales, y carecen de grasas.

10. SOUFFLÉ[6] DE ACELGA

**Ingredientes
para 4 porciones**

- *800 g de acelga*
- *40 g de harina*
- *400 cc de leche descremada*
- *4 claras de huevo batidas*
- *Condimentos*

Preparación

- Hervir la acelga y pisarla hasta obtener un puré.
- Condimentar.
- Mezclar la harina con la leche descremada y unir con el puré de acelga.
- Batir las claras a punto nieve.
- Unir ambas preparaciones con movimientos envolventes.
- Cocinar en horno moderado.

RECUERDE QUE...

... las legumbres aportan tres veces más cantidad de hierro que las carnes, pero por el tipo de fibra que contienen se dificulta su absorción; por ello es recomendable acompañarlas con otros alimentos, que contengan vitamina C.

EQUIVALENCIAS

1. Setas, hongos comestibles.
2. Cebollín, cebolla de almácigo, cebollino.
3. Ají picante, charimbo.
4. Casulla, palay.
5. Salsa de tomate sazonada con especias que se vende preparada.
6. Lonja, loncha, chulla.
7. Jitomate.

11. ENSALADA DE CHAMPIÑONES[1]

Ingredientes para 4 porciones

- 250 g de champiñones frescos
- 100 g de rabanitos
- 90 g de cebollitas[2] de verdeo
- 80 g de ají morrón[3]
- 80 g de arroz[4] integral
- 40 g de queso untable descremado
- 20 g de ketchup[5]

Preparación

- Hervir el arroz en agua salada.
- Escurrir.
- Cortar los champiñones en finas rebanadas[6].
- Lavar bien los vegetales y filetearlos.
- Mezclar el queso con el ketchup y agregar los vegetales, los champiñones y el arroz.
- Servir frío.

12. ASADILLO DE LA HUERTA

Ingredientes para 4 porciones

- 600 g de ají morrón o pimiento rojo
- 400 g de tomate[7]
- 2 dientes de ajo
- 15 cc de aceite de oliva virgen
- Azúcar, sal

Preparación

- Asar los pimientos de 45 a 60 minutos en el horno, precalentado a 180 °C.
- Cuando estén listos, disponerlos en una olla y taparlos hasta que se enfríen.
- Dorar los tomates, desprovistos de piel y de semillas, con rocío vegetal.
- Añadir una cucharadita de azúcar y una cucharadita de sal.
- Pelar los pimientos, eliminar las semillas y cortarlos en trozos.
- Colocarlos en una cazuela de barro y añadir el tomate dorado.
- Añadir los dientes de ajo pelados y previamente machacados.
- Aderezar con el aceite de oliva.

A diferencia de los envasados, los champiñones frescos conservan mejor sus vitaminas y minerales originales.

PARA TENER EN CUENTA...

Si bien algunas de estas preparaciones contienen fibra, la cual disminuye la absorción del calcio, no podemos ni debemos dejar de comer frutas y verduras. Estas forman parte de una alimentación equilibrada.

13. ARROZ A LAS HIERBAS

Ingredientes
para 4 porciones

- 240 g de arroz
- 2 l de agua
- 200 g de zanahoria[8]
- 200 g de champiñones
- 180 g de garbanzos[9] cocidos
- Sal, pimienta
- Rocío vegetal
- 1 pizca de azafrán[10]

Preparación

- Cocinar el arroz en agua salada.
- Agregar el azafrán y la zanahoria cortada en tiras finas.
- Cocinar durante 20 minutos.
- Cortar los champiñones y rehogarlos en una sartén de teflón untada con rocío vegetal.
- Escurrir el arroz.
- Añadir al arroz los garbanzos previamente hervidos, y los champiñones.
- Remover y servir en una fuente.

EQUIVALENCIAS

8. Cenoura, azanoria.
9. Legumbre, gabriel, chícharo, leguminosa.
10. Condimento de color anaranjado. En España se usa para la paella y en Italia, para el risotto.
11. Caldillo, sopa, lahua, cahua.
12. Habichuelas, ejotes, judías, frijoles, ejote.
13. Ahumaya, zapallo, abóbora, ayote, pipiane.

14. PAELLA DE VERDURAS

Ingredientes
para 4 porciones

- 240 g de arroz
- 900 cc de caldo[11] dietético
- 125 g de porotos[12]
- 250 g de calabaza[13]
- 150 g de zanahoria
- 125 g de morrón rojo
- 125 g de morrón verde
- 750 g de tomate
- 100 g de champiñones
- 3 dientes de ajo
- Perejil, sal, azafrán
- Romero, pimentón

Preparación

- Rehogar en una paellera el tomate cortado en daditos y el ajo pisado.
- Añadir el morrón rojo y el morrón verde cortados en trozos muy pequeños.
- Agregar los porotos hervidos, los champiñones y las verduras cortadas en cubitos.
- Salpimentar.
- Añadir el caldo y llevar hasta el hervor, agregar el azafrán y el arroz.
- Cuando esté casi listo (18 minutos aproximadamente) poner el romero y un poquito de ajo rallado.
- Apagar el fuego y dejar reposar antes de servir.

Para enriquecer la paella de verdura puede verter un poco de caldo caliente a las verduras y cocer durante 20 minutos.

El alcaucil o alcachofa posee un alto valor nutritivo. Contiene vitaminas A, B6, C y numerosos minerales.

15. ENSALADA DE QUESO FRESCO, ANANÁ[1] Y NARANJA[2]

Ingredientes para 8 porciones

- 100 g de queso fresco
- 250 g de mijo
- 2 tallos de apio[3]
- 1 naranja
- 1 cebolla mediana
- 3/4 litro de caldo[4] vegetal
- 2 cdas. de jugo de limón[5]
- Aceite de oliva

Preparación

- Calentar dos cdas. de aceite de oliva en una sartén de acero inoxidable. Agregar el mijo y calentar hasta que el grano comience a hincharse.
- Verter el caldo vegetal y cocinar durante 20 minutos.
- Colocar el mijo en una fuente para horno y añadir aceite de oliva y el jugo de limón restante, dejándolo reposar durante 10 minutos.
- Agregar daditos de queso fresco, las verduras y las frutas cortadas en trozos medianos.

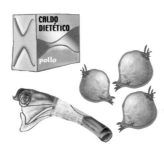

EQUIVALENCIAS

1. Piña, abaxi.
2. Toronja.
3. Arracacha, panal, esmirnio.
4. Caldillo, lahua, cahua.
5. Acitrón.
6. Alcachofa.

16. ENSALADA DE LIMÓN Y ALCAUCIL[6]

Ingredientes para 4 porciones

- 6 alcauciles
- 6 limones
- 150 g de almendra tostada
- Vinagre de vino blanco
- Aceite de oliva
- Sal

Preparación

- Hervir 4 limones con cáscara durante 25 minutos.
- Colocar los alcauciles en una cacerola y hervir en agua con vinagre durante 20 ó 30 minutos. Una vez cocidos, escurrirlos bien, cortar los tallos y apartar las hojas duras. Cortarlos por la mitad y colocarlos en una fuente.
- Despulpar los limones, cortarlos en trozos y mezclarlos con los alcauciles.
- Por último, agregar las almendras, una pizca de aceite de oliva y el jugo de los limones restantes.

17. ENSALADA DE CHAMPIÑONES[5], PALTA[6] Y ESPÁRRAGOS[7]

Ingredientes para 8 porciones

- 500 g de champiñón
- 1 paquete de espárragos
- 1 paquete de berro
- 3 paltas medianas
- 1 cdita. de semillas de mostaza[8]
- 1 limón
- Aceite de oliva
- Vinagre de vino
- Sal

Preparación

- Hervir los espárragos.
- Preparar la salsa mezclando 2 cdas. de vinagre, 4 cdas. de aceite de oliva, 1 cdita. de semillas de mostaza, sal y pimienta. Batir hasta que adquiera una consistencia cremosa.
- Mezclar las paltas trozadas y los champiñones cortados en láminas finas, rociar con jugo de limón y agregar las hojas de berro.

- Colocar la preparación en una fuente y cubrir con los espárragos y la salsa.

EQUIVALENCIAS

5. Setas, hongos comestibles.
6. Aguacate.
7. Turión, brote.
8. Jenabe.
9. Casulla, palay.

Los champiñones contienen selenio, un mineral con propiedades antioxidantes.

18. GRANIZADO DE LIMÓN

Ingredientes para 4 porciones

- 5 limones
- 190 g de melaza de arroz[9]
- 6 hojas de hierbabuena

Preparación

- Exprimir los limones.
- Rallar la cáscara de tres limones y colocarla en una cacerola con agua (3 tazas aprox.). Agregar la melaza de arroz y cocer a fuego lento durante 6 minutos.
- Retirar del fuego, agregar las hojas de hierbabuena cortadas en tiras finas, el jugo de los limones, y dejar enfriar.

- Colocar en el congelador. Retirar y remover con un tenedor varias veces antes de servir, para ablandar la preparación.

El limón no es sólo un alimento nutritivo, ayuda además a prevenir un gran número de enfermedades.

EQUIVALENCIAS

1. Poma.
2. Dulce elaborado con almendras tostadas y caramelo.
3. Acitrón.
4. Mantequilla.
5. Piña, abacaxi.

19. MANZANAS[1] CON CROCANTE[2]

Ingredientes para 6 porciones

- *3 manzanas verdes*
- *Ralladura de medio limón[3]*
- *Edulcorante*
- *Rocío vegetal*
- *Canela*
- *100 g de harina*
- *50 g de manteca[4] light*
- *Edulcorante apto para cocción*

Preparación

- Pelar y cortar las manzanas en cuadraditos, colocar en una sartén el rocío vegetal y dorar bien.
- Retirar y aromatizar con canela y ralladura de limón.
- Una vez frío, colocar edulcorante a gusto y reservar.
- Colocar todos los ingredientes en la procesadora y mezclar hasta que la preparación adquiera una consistencia arenosa.
- Colocar la preparación de manzanas en boles resistentes al calor y por encima colocar el crocante; llevar a horno fuerte hasta que quede dorado.
- Retirar y servir frío.

20. BUDÍN DE ANANÁ[5]

El ananá, muy utilizado en las dietas de bajas calorías, contiene vitamina C, tiamina, potasio y magnesio.

Ingredientes para 6 porciones

- *1 lata de ananá dietético*
- *4 cucharadas de edulcorante apto para cocción*
- *200 g de queso untable descremado*
- *2 huevos*
- *1 clara*
- *1 cucharadita de esencia de vainilla*
- *100 g de harina integral super fina*
- *50 g de harina leudante*
- *2 cucharaditas de polvo para hornear*
- *2 cucharadas de agua caliente*
- *Aceite*

Preparación

- Escurrir las rodajas de ananá y reservar el jugo. Disponerlas en un molde tipo savarín de 20 cm de diámetro, ligeramente untado con aceite.
- Mezclar 6 cucharadas del jugo del ananá con la mitad del edulcorante y verterlo sobre la fruta.
- Batir el queso untable con el resto del edulcorante.
- Añadir los huevos y la clara, y aromatizar con la esencia de vainilla.
- Integrar todos los ingredientes.
- Mezclar el polvo leudante con las dos harinas y el agua caliente, y agregar al resto de la preparación.
- Verter esta preparación en el molde y hornearla a 180º C entre 35 y 40 minutos.

El ananá contiene ciertas sustancias que facilitan la asimilación de las proteínas.

RECUERDE QUE...

...la manzana es muy rica en vitaminas y minerales, y tiene efectos desintoxicantes y refrescantes. Además, está indicada para la prevención y la cura de diversas dolencias.

21. BUDÍN DE PAN

EQUIVALENCIAS

7. Molla, migaja.
8. Cenoura, azanoria.
9. Durazno, melocotón.

**Ingredientes
para 6 porciones**

- 200 g de miga[7] de pan integral
- 150 cc de leche descremada caliente
- 50 g de higos desecados
- 20 g de pasas de uvas
- 50 g de zanahoria[8]
- 2 cucharadas de edulcorante líquido
- 15 g de queso untable descremado
- 2 cucharaditas de especias molidas
- 1 huevo
- Aceite

Preparación

- Remojar el pan en la leche caliente durante aproximadamente 30 minutos. Batir la preparación hasta obtener una textura homogénea.
- Revolver continuamente mientras se incorporan los higos picados, las pasas de uva, el edulcorante, el queso untable y las especias.
- Rallar la zanahoria finamente, e incorporarla a la preparación junto con el huevo batido. Batir hasta que se forme una mezcla ligera.
- Verter la preparación en un molde térmico previamente aceitado.
- Precalentar el horno a temperatura moderada y colocar la preparación. Mantener hasta que esté dorado y retirar.
- Dejar enfriar antes de servir.

Para desmoldar el budín debemos esperar a que se enfríe.

22. TARTA DE PELONES[9]

**Ingredientes
para 8 porciones**

- 1 taza de avena fina
- 2 cucharadas de harina
- 1/2 cucharadita de levadura en polvo
- 80 g de margarina light
- 1 clara de huevo
- 2 cucharadas de agua fría
- 3 cucharadas de edulcorante en polvo
- 8 pelones
- 2 limones exprimidos (el jugo)
- Rocío vegetal

Preparación

- Mezclar la avena con las dos cucharadas de harina y una cucharada de edulcorante.
- En el recipiente de la máquina procesadora, colocar esta combinación y agregar la margarina.
- Procesar e incorporar la levadura (previamente disuelta en agua) y la clara de huevo.
- Formar una masa homogénea. Es posible agregar más agua si fuera necesario.
- Humectar una tartera con rocío vegetal y enharinar.
- Disponer la masa en la tartera, estirándola con los dedos.
- Cortar los pelones en gajos y cubrirlos con jugo de limón para que no se oxiden.
- Ordenar los gajos de pelones prolijamente sobre la masa y espolvorear con el resto de edulcorante en polvo.
- Precalentar el horno a temperatura moderada y cocinar durante 35 ó 40 minutos.

Para incrementar la cantidad de calcio que contiene el budín de pan, se lo puede acompañar con queso blanco endulzado con esencia de vainilla y azúcar.

Por ser una fruta fresca que posee un alto valor alimenticio es un aliado indispensable en una dieta equilibrada y de bajo contenido de colesterol.

EL KIWI

• Características

Es una planta trepadora, caduca, procedente de las áreas subtropicales de China. Se cultiva especialmente en Oceanía (Nueva Zelanda), Italia, Chile y Brasil. Pertenece a la familia de las actinidiáceas, un conjunto de más de 300 árboles y lianas trepadoras que se desarrollan en regiones tropicales y subtropicales. Su nombre científico es Actinidia chinensis, pero en algunos idiomas mantiene su nombre originario. Aunque existen diversas variedades (Actinidia deliciosa, Abbot y MG-6), la más conocida provee un fruto de piel verde y pilosa, con una pulpa jugosa y comestible, y numerosas semillas negras, también comestibles.

Se cultiva en zonas de clima templado y necesita de suelos bien drenados y ricos en materia orgánica. Algunas variedades se adaptan más fácilmente que otras a los distintos tipos de suelos y a los cambios del clima, produciendo grandes rendimientos.

• Sus propiedades

Diversas investigaciones científicas indican que el kiwi es una destacada fuente de vitamina C.

Además, es rico en minerales como el potasio y el magnesio, y posee un alto contenido de fibra y ácido fólico. Un fruto de tamaño medio puede contener, aproximadamente, 90 mg de vitamina C, lo que supera con creces las necesidades diarias recomendadas (alrededor de 60 mg).

Una dieta rica en este tipo de sustancias químico-orgánicas ayuda a la hora de prevenir el cáncer de estómago, entre otros, gracias a su capacidad antioxidante. La vitamina C favorece, además, la absorción del hierro de los alimentos e inhibe el crecimiento de bacterias nocivas para el organismo. Los carotenoides y otros fitoquímicos también aportan efectos antioxidantes. Más recientemente, se ha indicado que la vitamina C puede influir en una serie de estados fisiológicos, como la supresión de la formación de nitrosamina en el intestino.

El nitrito, presente en los alimentos y en el agua, puede reaccionar con las aminas y producir nitrosaminas, cuyo carácter cancerígeno ha sido demostrado.

El magnesio contenido en el kiwi mejora el sistema inmunológico, posee un suave efecto laxante y mantiene el equilibrio energético del sistema nervioso.

Su carencia produce inestabilidad emocional, descoordinación muscular y apatía. El potasio contribuye al desarrollo de las funciones celulares y regulariza la cantidad de agua que necesita el organismo. La carencia de este mineral provoca debilidad muscular y distensión del estómago.

Otros síntomas son el estreñimiento, la irregularidad del pulso e incluso manifestaciones de insuficiencia cardíaca.

El kiwi es una fruta muy nutritiva, con poco valor calórico y una gran cantidad de propiedades beneficiosas para el organismo.

El kiwi es una planta trepadora de hojas grandes de color verde oscuro y forma acorazonada, perteneciente a la familia de las Actinidiáceas.

El kiwi ayuda a prevenir la aparición de ciertas enfermedades cardiovasculares.

EL AGUA: UNA ALIADA VITAL

El agua **es esencial para el metabolismo humano** y para la vida en el planeta. Conforma el 65 % del peso de una persona adulta y constituye el vehículo de distintas sustancias por todo el cuerpo. No obstante, este porcentaje varía según el sexo, el peso, y la edad. Es una sustancia esencial y de primerísima jerarquía para nuestro cuerpo, pues proporciona el equilibrio medio interno, condición indispensable para el funcionamiento del organismo. **Su ausencia provoca la deshidratación**. Estar sin beberla más de cinco o seis días significa poner en peligro nuestra vida. Debemos tener en cuenta que cuanto mayor cantidad de grasas contiene un organismo, menor es la cantidad de agua que posee. Por esta **razón, es recomendable beber entre 1 y 2 litros diarios de agua**.

Funciones del agua

El cuerpo humano tiene un 75 % de agua al nacer y cerca del 60 % en la edad adulta. Aproximadamente el 60 % de esta se encuentra en el interior de las células (agua intracelular). El resto (agua extracelular) es la que circula en la sangre y baña los tejidos.

Sus principales funciones son:

Como **componente principal de la sangre**, transportar nutrientes (grasas, vitaminas y minerales) desde nuestro intestino y lugares de almacenamiento hasta los tejidos de nuestro cuerpo, cuando estos los necesitan.

Transportar productos de desecho del metabolismo desde nuestras células hacia los riñones, para que los podamos eliminar por la orina. Previene la formación de cálculos renales.

Ayudar a mantener estable el calor corporal cuando la temperatura exterior aumenta.

Facilitar la digestión. El agua aporta el medio acuoso para que actúen las sustancias que conforman el proceso digestivo.

Regular la sed.

Mantener la piel hidratada.

En dónde encontrarla

Cierta cantidad proviene de los alimentos y líquidos que ingerimos, pero la mayor parte del agua que obtenemos procede de las bebidas que consumimos, como por ejemplo jugos[1], leche, infusiones y gaseosas[2], entre otros. Algunos alimentos sólidos que la contienen en cantidad son:

- Carnes: 60 %.
- Pan fresco: 20 %.
- Frutas y verduras: 80-90 %.

La pérdida de agua

Existen varios medios por los cuales eliminamos agua: orina, materia fecal, lágrimas y transpiración. **Las pérdidas y ganancias de agua deben estar equilibradas**, es decir, el ingreso de agua debe ser igual al egreso. Cuando una persona pierde agua –por estar expuesta mucho tiempo al calor, por una actividad intensa o por fiebre– y no repone líquido en la misma medida en que lo elimina, se deshidrata. En este caso, el metabolismo se altera, se pierden las sustancias nutritivas, y el volumen de sangre circulante disminuye peligrosamente. Los primeros síntomas son agotamiento, aparición de calambres musculares y mareos. Una prolongada deshidratación puede ocasionar un grave daño cerebral. **Tanto para los niños como para los ancianos es muy importante ingerir líquido**, sobre todo en épocas de mucho calor.

La mayor parte del agua que asimila el organismo proviene de los alimentos.

EQUIVALENCIAS

1. Zumos.
2. Refrescos.

El agua es más importante para la vida que los alimentos sólidos, ya que podemos sobrevivir sin comer más de un mes, pero sólo dos o tres días si tomar agua.

Cuando aumenta la temperatura corporal, tenemos sudoración, que es la evaporación de agua de la superficie de nuestro cuerpo. Si perdemos agua por la piel, estamos transpirando.

Las frutas son una importante fuente de agua.

EQUIVALENCIAS

1. Acitrón.
2. Laranja.
3. Poma.
4. Arracacha, panal, esmirnio.
5. Cenoura, azanoria.
6. Jitomate.
7. Toronja.
8. Plátano.
9. Fresa, morango.

Nuestro organismo no acumula agua por exceso de esta, sino por escasez.

La sed como señal

Nuestro cuerpo posee un mecanismo que regula y controla la cantidad de agua que necesita para mantenerse hidratado. **Cuando el nivel de líquidos es insuficiente, el sistema nervioso activa el estímulo de la sed y nos induce a reponer el agua que el cuerpo eliminó.** La sed aparece cuando perdemos un 0,5 % de agua y se intensifica a medida que supera ese valor. Cuando la deshidratación alcanza el 10 % comienzan a manifestarse algunos síntomas y trastornos severos. La sed es, entonces, la señal exterior que permite regular las cantidades de agua que requiere el cuerpo; si la señal falla, la deshidratación se vuelve irreversible. El estímulo se activa generalmente a través del hipotálamo cuando el organismo comienza a utilizar los depósitos de agua que se encuentran en las glándulas salivares. Esto explica que junto a la sensación de sed sintamos sequedad en la boca.

La cantidad de agua que debemos incorporar

Las personas que deseen mantener equilibrados sus nutrientes necesitan beber mucha agua todos los días. **El agua no sólo actúa como solvente para muchas vitaminas y minerales, sino que además es la responsable de transportar nutrientes** al interior y residuos al exterior de las células, consiguiendo así que el organismo funcione adecuadamente.

Por regla general hay que beber 100 gramo de agua por cada kilogramo de peso corporal, a menos que se realice mucha actividad física, en cuyo caso se deberá aumentar la ingestión de agua diaria en cas un 50 %. **Las necesidades corporales de líquido varían según la época del año.** Es más sencillo hidratar nuestro cuerpo en verano, ya que las altas temperaturas ocasionan que nuestro cuerpo pierda mucho líquido. En invierno, en cambio, el frío dificulta la absorción de agua. Así que para asegurar la hidratación y templar el cuerpo, podemos tomar bebidas calientes como caldos, sopas o infusiones.

Para mantenernos hidratados

Existen otras alternativas para mantenernos hidratados.
- Agua con esencia de limón[1], naranja[2] o manzana[3].
- Infusiones y tisanas con distintos aromas. Pueden ser manzanilla, tilo, poleo-menta, boldo, etc.
- Caldo de verduras y hortalizas.
- Licuados o jugos de frutas y verduras. Pueden ser apio[4], zanahoria[5], tomate[6], naranja, manzana, pomelo[7], banana[8], frutilla[9], etc.
- Helados de agua y batidos lácteos.
- Bebidas deportivas y energéticas.
- En este caso, además de incorporar agua tomamos sales y vitaminas imprescindibles, sobre todo si hemos realizado un ejercicio físico intenso.

ALGUNOS CONSEJOS PARA MANTENERNOS HIDRATADOS

- **Si realizamos algún tipo de ejercicio físico, debemos ingerir líquidos antes, durante y después de la actividad.** El cuerpo pierde más líquido de lo habitual durante el ejercicio físico.
- Es aconsejable **beber agua en los intervalos entre comidas**; en lo posible, una hora antes de las comidas y dos horas después de las mismas. De esta forma se mantiene la hidratación que requiere el cuerpo y se diluyen los jugos gástricos que provocan la aparición de la acidez estomacal.
- Se recomienda **beber un litro de agua por cada kilo de peso perdido.**
- Se recomienda beber no sólo cuando aparece la sed sino en intervalos regulares. **Una persona necesita aproximadamente 3 litros de agua diarios.**

2 BOTELLAS = 8 VASOS

LA SELECCIÓN DE LOS NUTRIENTES

Escoger los elementos que servirán de base para construir nuestra dieta no es una tarea fácil ni cómoda (aunque es obligatorio hacerla). Sin embargo, una vez que conozcamos la dinámica que ordena los alimentos, sus propiedades y cualidades, o cómo se asimilan en nuestro organismo ¡nada nos será imposible! Gracias a esta información podremos administrar con mesura y sabiduría la alimentación diaria de nuestra familia y la de nuestros seres más queridos. Veamos algunos consejitos para organizarnos y conocer un poco más…

CÓMO ELEGIR NUESTROS MEJORES ALIMENTOS

Cada uno de los nutrientes pertenece a un grupo con el que comparte propiedades. Reconocer sus características es fundamental para poder organizarlos coherentemente.

Todos los seres humanos necesitan consumir diariamente cierta cantidad y variedad de alimentos a fin de aportar al organismo la energía suficiente. Conozcamos cómo se agrupan según el contenido primordial de sus nutrientes. Para lograr una alimentación saludable, debemos elegir diariamente ingredientes que pertenezcan a los distintos grupos, y a su vez, variar el consumo de cada uno de ellos. En la actualidad, **los alimentos se clasifican en seis grupos diferentes** catalogados según su calidad y semejanza.

Grupo 1: las legumbres, los cereales y derivados

Incluye arroz, harinas integrales, harinas refinadas (trigo, maíz, etc.), pastas, panes, galletitas y legumbres (garbanzos, porotos, arvejas secas, lentejas). Los elementos de este grupo deben combinarse en cada una de las comidas, porque aportan **principalmente hidratos de carbono** complejos. Este tipo de alimento brinda la energía suficiente para que el organismo pueda realizar sus actividades con total normalidad y mantenga constante el calor del cuerpo. Además, contienen proteínas, hierro, vitamina B y fibra.

Es importante consumir entre cuatro y cinco porciones semanales de cereales y legumbres para cubrir las necesidades de hidratos de carbono complejos que requiere el organismo.

Grupo 2: verduras y frutas

Todas las frutas y las verduras contienen una importante cantidad **de vitaminas, minerales y fibra**. Además proveen una gran proporción de agua. Son imprescindibles para mantener el equilibrio del organismo, razón por la cual decimos que tienen una función reguladora, (a la que también podríamos llamar "función defensora") ya que consumiéndolas protegemos nuestro cuerpo. Está comprobado que ayudan a prevenir enfermedades del corazón, de las arterias y ciertos tipos de cáncer. Dentro de este grupo encontramos:

- **Vegetales A**: apio, acelga, achicoria[1], berenjena, berro[2], brócoli[3], coliflor, escarola, espárragos, espinaca, lechuga, hinojo, pepino, pimientos, rabanitos, radicha, radicheta[4], repollo[5], repollito de Bruselas, tomate y zapallito[6].
- **Vegetales B**: alcauciles[7], arvejas frescas, chauchas[8], cebolla, hongos frescos, nabo, nabiza, palmitos[9], puerro[10], remolacha, brotes de soja, zanahoria y zapallo[11].
- **Vegetales C**: patata (papa), batata, choclo y mandioca[12].
  Al hervir las verduras, muchas vitaminas y minerales pasan al agua de cocción, y la fibra pierde parte de sus propiedades; por lo tanto, debemos tratar de consumir al menos una porción de verduras crudas al día.
- **Variedad de las frutas:** ananá, banana, bergamota, cereza, ciruela, coco, damasco, durazno[13], frutilla, granada[14], higo[15], kaki, quinoto, kiwi, limón[16], mandarina[19], manzana[17], melón[18], membrillo, naranja, palta, pelón, pera, pomelo[20], sandía y uva[21].

EQUIVALENCIAS

1. Radicheta, lechuguilla, almirón, escarola, yerba amarga.
2. Agriao, poro, ajo poro.
3. Brécol. Parecido a la coliflor.
4. Achicoria, lechuguilla, almirón, escarola, yerba amarga.
5. Col, berza.
6. Ahumaya chica, calabacita, calabacín.
7. Alcachofa.
8. Judías verdes, porotos verdes, vainas.
9. Cogollo blanco de la palmera.
10. Ajo porro, porro.
11. Ahuyama, calabaza, abóbora, ayote, pipiane.
12. Yuca.

LOS VEGETALES

Los diferentes colores y tonos que nos brindan las verduras y frutas no solo permiten hacer platos mas atrayentes a la vista, sino que además, nos aseguramos de incorporar variedad en el tipo vitaminas y minerales que contienen. Cuanto más pigmentadas están las frutas y las verduras, más antioxidantes poseen.

Grupo 3: lácteos

Este grupo **aporta**, fundamentalmente, una importante **cantidad de proteínas de excelente valor nutritivo** y de calcio, además de **vitaminas A, D, B y fósforo**. Realizan una función plástica debido a que proporcionan las sustancias indispensables para favorecer la formación de músculos, huesos, piel, sangre y la cicatrización de heridas. De esta manera, favorecen el crecimiento y reparan los tejidos que se desgastan diariamente. Forman parte de este grupo: la leche, el yogur y los quesos en todas sus variedades.

Grupo 4: carnes y huevos

Está formado por diferentes tipos de carnes (y sus productos derivados) y las diversas variedades de huevos. Este conjunto **aporta** también **una importante cantidad de proteínas de excelente valor nutritivo** y de hierro altamente disponible, además de contener **zinc, vitaminas B12, B2, B6, niacina y magnesio**. Las carnes que se comercializan, por ejemplo, están constituidas por el músculo de animales terrestres. Son las partes comestibles del ganado bovino, ovino, porcino así como de las aves. Se han clasificado las carnes en carnes rojas y blancas. Estas categorías hacen referencia a su contenido mayor (rojas) o menor (blancas) en mioglobina, una proteína muscular que contiene hierro. Dentro de este grupo tenemos:

- **Carnes**: vaca, cerdo, cordero, conejo, equino y animales de caza en general.
- **Vísceras**: hígado, corazón y riñón.
- **Fiambres y embutidos**: chorizo[22], salame[23], salamín[24], jamón[25], salchicha[26].

- **Aves**: silvestres y de corral, pollo[27], gallina, pato, pavo, gallareta, etc.
- **Pescados**: pejerrey[28], merluza[29], brótola, dorado[29], atún, sardina, caballa y bagre[30].
- **Mariscos**: crustáceos y moluscos; mejillones[31], calamares, almejas[32], pulpo y camarones[33].
- **Huevos**: de todo tipo de ave, frescos o deshidratados.

El pescado azul

Este tipo de alimento merece un apartado especial ya que es una excelente **fuente de proteínas** (similar a la carne y al huevo), **grasas insaturadas** (oleico, linoleico y omega 3), **minerales** (yodo, hierro -algo menos que en la carne-, fósforo, magnesio y calcio -en las especies que se toman con espina-) y **vitaminas A, D y B12**. Pertenecen a este grupo: la sardina, el salmón, el atún blanco, el boquerón, la caballa, el estornino, la palometa, la lubina[34] y el besugo.
Los ácidos grasos omega 3, presentes en este tipo de pescado ostentan efectos saludables como: reducir los niveles de triglicéridos en sangre, bajar los niveles de presión arterial, disminuir el riesgo de trombosis y aumentar la vasodilatación arterial. Es decir, en el contexto de una dieta equilibrada, **contribuyen a disminuir el riesgo de enfermedades cardíacas**. Este pescado también es especialmente recomendable para deportistas y mujeres embarazadas. El consumo sugerido es: dos días por semana, pescado azul, y otros dos, pescado blanco.

EQUIVALENCIAS

13. Chichoca, chuchoca, orejones, descarozado, melocotón, durazno prisco, pelón.
14. Mingrana, ciñuela, milgrana.
15. Breva, albacora.
16. Acitrón.
17. Poma.
18. Melón de Agua.
19. Laranja, toronja.
20. Pamplermusa, toronja
21. Agracejo, agraz.
22. Butifarra, longaniza blanda, longaniza.
23. Salami.
24. Salami.
25. Pernil de cerdo, presunto.
26. Cecina, embutido, chorizos, intestinos rellenos.
27. Ave, frango.
28. Pez plateado.
29. Dorada.
30. Bardo de río.
31. Cholgas, choros.
32. Machas.
33. Crustáceo, gamba, quisquilla, esquila, carabinero, langosta.
34. Róbalo.

Se recomienda consumir entre dos y tres porciones diarias de algunos alimentos del grupo 3. Los lácteos poseen hidratos de carbono, proteínas, grasas, minerales y vitaminas.

Las grasas y los azúcares son necesarios para que un plan dietario sea completo, ya que aportan energía. Sin embargo, su consumo debe ser moderado.

MODERAR LOS DULCES

Cuando tenemos ganas de comer algo dulce, podemos reemplazar los alimentos del grupo de los azúcares por una fruta fresca.

Grupo 5: grasas

Forman parte de este grupo la grasa sólida (vacuna y cerdo), manteca[1], margarina[2], aceites vegetales, crema de leche, frutas secas, semillas de girasol, lino, zapallo[3] y sésamo, palta[4], aceitunas, mayonesa[5]. **Aportan fundamentalmente ácidos grasos esenciales y vitamina E, pero también muchas calorías**, razón por la cual debemos consumirlas con moderación y seleccionarlas muy bien. **El consumo excesivo** de grasas de origen animal **constituye un factor de riesgo para el corazón** y las arterias, por su alto contenido en colesterol; por eso siempre es preferible usar grasas de origen vegetal (aceites).

El consumo reiterado de alimentos con gran cantidad de azúcar puede generar sobrepeso.

EQUIVALENCIAS

1. Mantequilla.
2. Mantequilla de origen vegetal.
3. Calabaza, ahuyama.
4. Aguacate.
5. Mahonesa.
6. Sirop, miel.
7. Pasteles.

Grupo 6: azúcares

Este conjunto aporta gran cantidad de calorías con escasos nutrientes, y además, muchos de **estos alimentos contienen alta proporción de grasas**. El grupo está compuesto por azúcar común, miel, dulces compactos, mermeladas de frutas, dulce de leche, caramelos, jaleas, almíbar[6], helados, postres, tortas[7], facturas, masas, galletas dulces y gaseosas. De todos estos alimentos, sólo contienen azúcar puro: miel, mermelada, jalea, azúcar, gaseosas y almíbar. El resto contiene también grasas: postres, helados, masas, alfajores, tortas, facturas, dulce de leche, chocolate. Nunca está de más remarcar que estos dos últimos grupos (las grasas y los azúcares) **son indispensables para complementar la necesidad de energía** que tiene nuestro cuerpo, **pero deben ser consumidos en cantidades moderadas**, porque su exceso es dañino para la salud: a largo plazo pueden provocar enfermedades como hipertensión, aumento de las grasas en la sangre, problemas cardíacos, sobrepeso y obesidad, etc. Con frecuencia las personas con trastornos de alimentación recurren a los dulces para elevar el nivel de azúcar en sangre y combatir la fatiga y la depresión. Sin embargo, seguir una dieta equilibrada es preferible a mantener el dramático ciclo de altibajos que producen estas sustancias.

Las carnes blancas contienen menor cantidad de colesterol.

¿SABÍA QUE...

... la **vitamina E**, además de **excelente antioxidante**, es quizás uno de los nutrientes más completos que existen? Diversos estudios confirman su importante utilidad para combatir las enfermedades cardíacas, prevenir el cáncer, aliviar problemas respiratorios y reforzar la capacidad del sistema inmunológico. Para que el organismo pueda absorberla con total eficacia, debe ingerirse con una comida que contenga grasas. Por otra parte, no es recomendable combinarla con alimentos que posean gran cantidad de hierro, ya que este mineral la destruye sin darle tiempo a actuar.

ombinando los alimentos

asta aquí hemos visto la conformación
e los grupos más importantes para cubrir
das las expectativas alimenticias del
ganismo. Sin embargo, no es sólo saber
mo y por qué se dividen los alimentos
e esta manera, sino también saber cómo
e combinan logrando una dieta armonica.
ntonces: conocemos los alimentos,
s grupos a los que pertenecen, sus
racterísticas y su papel dentro de
s necesidades básicas de nuestro organismo.
hora **es necesario tener en cuenta que hay**
ncompatibilidades, y que muchas veces
mayoría de nosotros no somos concientes
e que pueden ser negativas o
erjudiciales para nuestra salud.
n general, las personas que mantienen
n cuerpo esbelto son las que se mantienen
lejadas de los excesos de grasa y el
obrepeso, pero sin matarse y sufrir
or lo que están haciendo. Y en este sentido,
s importante también entender que ningún
lan funcionará si constantemente estamos
adeciéndolo. Naturalmente, al principio
endremos que encontrar nuestro propio
quilibrio, pero luego nos iremos
rogresivamente adaptando hasta que
os resulte natural.

A pesar de que "estar bien alimentados" es, en esencia, un proceso que tiene que partir de nosotros, entendemos también que el medio en que generalmente nos desarrollamos (las ciudades) está constantemente bombardeado por infinidad de productos que afectan o trastornan procesos que, de vivir de otra manera, serían naturales. Aunque a veces no somos concientes, **la publicidad** (por sólo citar el más relevante) **nos alienta permanentemente a consumir cosas que nuestro cuerpo no necesita**. Por eso, es importante que estemos bien atentos a nuestro cuidado para evitar complicaciones que a la larga no serán productivas.

> *La combinación de los alimentos no es un secreto que deba mantenerse guardado. Por el contrario, es fundamental para entender cómo funcionan las relaciones entre ellos dentro de nuestro organismo.*

El predominio de un tipo de alimento sobre otros provoca una ruptura en el equilibrio nutricional de las personas.

El agua es un elemento esencial para que las sustancias nutritivas puedan asimilarse.

6 SIMPLES SUGERENCIAS PARA COMBINAR LOS ALIMENTOS

- **No combinar cereales**, legumbres, ni papas con huevos, carne pescado o queso.
- Las frutas se deben comer por la mañana, media hora antes del desayuno o por la tarde después de las cinco (nunca como postre de una comida variada a excepción de una piña o manzana). No conviene mezclar las frutas dulces con las ácidas.
- **Las verduras verdes no afectan a los alimentos**. Se recomienda entonces consumirlas acompañadas de proteínas y féculas.
- Si se encuentra excedido de peso no mezcle un plato de pastas con uno de frutos secos.
- La unión de queso con legumbres suele ser bastante difícil de digerir. Además, la cantidad de proteínas que aporta supera con creces los niveles recomendados.
- No es recomendable tampoco mezclar frutas con verduras en un mismo plato, porque los azúcares impiden la buena absorción de las sales minerales de las verduras.

LAS REGLAS BÁSICAS DE LA COMBINACIÓN DE LOS ALIMENTOS

Proteínas
Frutos secos
Semillas
Legumbres
Carne
Pescado
Lácteos
Huevos

INCOMPATIBLES

MALA COMBINACIÓN

Carbohidratos
Raíces
Remolacha
Zanahorias
Nabos
Pan
Harina
Galletas
Azúcar
Cereales

COMPATIBLES EXCELENTE COMBINACIÓN

Verduras
Verduras de hoja
Espinacas
Perejil
Apio
Germinados
Espárragos
Cebolla
Alcachofa
Setas
Pepino
Brécol

COMPATIBLES EXCELENTE COMBINACIÓN

TABLA DE COMBINACIÓN DE LAS FRUTAS

Frutas dulces
Higos
Pasas
Plátanos
Dátiles
Ciruelas secas
Fruta seca

INCOMPATIBLES

MALA COMBINACIÓN

Frutas subácidas
Mango
Manzana
Albaricoque
Melocotón
Pera
Ciruela
Membrillo
Uva
Níspero

COMPATIBLES EXCELENTE COMBINACIÓN

Frutas ácidas
Pomelo
Naranja
Limón
Piña
Granada
Tomate
Cereza
Fresa
Mandarina
Moras

COMPATIBLES EXCELENTE COMBINACIÓN

Leche
Tomela sola y
mejor vegetal

Melón o sandía
Tomelos solos

LOS ALIMENTOS INTEGRALES

Conservan intactas todas sus propiedades nutritivas. Esto los convierte en los más saludables para el organismo, ayudando a prevenir enfermedades gastrointestinales, cardíacas y ciertos tipos de cáncer.

Los más beneficiosos

Antes de ser ingeridos, la mayoría de los alimentos son sometidos a procesos de congelación, deshidratación, extracción y envasado, que reducen notablemente su valor nutritivo. Se estima que en esta fase de transformación pierden entre el 80 y el 95 % de los nutrientes, lo cual crea una escasez nutritiva que nos obliga a ingerir otros alimentos para compensarla. **Los compuestos integrales**, en cambio, **son los que se encuentran en su estado original**. Contienen las vitaminas, minerales, enzimas, aminoácidos, grasas, agua y carbohidratos necesarios para que al ser ingeridos se asimilen en forma total.

Las numerosas cualidades que poseen los convierten en los más saludables para el organismo. Sus principales beneficios son:

- **Reducen la absorción de grasas** en el intestino, previenen enfermedades cardiovasculares y ciertos tipos de cáncer.
- **Conservan su contenido de vitaminas** (especialmente vitamina E) y minerales como zinc, cobre, magnesio y fósforo.
- **Aportan proteínas y sustancias** protectoras (fitoestrógenos).
- Disminuyen la respuesta insulínica que inducen los alimentos refinados.
- La fibra que contienen aumenta el volumen de los productos alimenticios no digeribles mejorando su evacuación y favoreciendo la eliminación de sustancias cancerígenas.
- **Brindan sensación de saciedad**.
- Capturan sustancias que pueden resultar nocivas para el organismo, como toxinas y el colesterol «malo».

En la actualidad, la inusitada producción de alimentos industriales provoca que muchos de sus nutrientes naturales se vean afectados en pos de un mayor rédito económico. Esta es, quizá, la principal razón por la cual se recomienda elegir aquellos productos comestibles que mantengan intactos sus valores nutricionales. **A la hora de planificar una dieta se debe considerar que los alimentos integrales contienen más calorías que los refinados y pueden favorecer el aumento de peso**. Por eso, no se deben consumir indiscriminadamente.

Tendencias actuales

Como consecuencia de la manipulación que los alimentos reciben en la actualidad, en muchos países surgió una nueva tendencia alimenticia: consumir sólo nutrientes que no hayan sido alterados por algún tipo de proceso industrial. Estos países incentivan el desarrollo de **huertas orgánicas** que producen **alimentos sin conservantes industriales** o pesticidas que dañan las cualidades principales de los nutrientes. Si bien estos productos naturales requieren un tiempo y un costo mucho mayor que si fuesen procesados industrialmente, elevan la calidad de vida de las personas que los consumen.

Puede lograrse una dieta rica en vitaminas suplantando algunos alimentos industriales por aquellos con poco proceso de refinamiento.

Los alimentos integrales al estar libres de conservantes industriales y pesticidas generan una tendencia de consumo que beneficia la salud.

Debido a su composición, los alimentos integrales ayudan a eliminar y absorber toxinas del cuerpo.

¿SABÍA QUE....

... un plan alimenticio sin fibra puede traer complicaciones en el sistema digestivo? Debido a que poseemos una gran longitud de intestino, se recomienda que este tipo de nutriente esté siempre presente, ya que facilita el tránsito intestinal, impide la formación de productos cancerígenos provocados por bacterias y elimina el colesterol.

EL BERRO

El berro es una planta usada comúnmente en la preparación de ensaladas. A su valor alimenticio se agregan, además, beneficios preventivos y curativos para diversas enfermedades.

El berro pertenece a la familia de las crucíferas. Es una planta acuática vivaz, que crece espontáneamente en las orillas de ríos, arroyos y otros cursos de agua. Sus tallos son extendidos, gruesos y carnosos, y su altura varía entre 10 y 80 cm. Las hojas presentan segmentos ovales, con una terminal generalmente mayor. Las flores son blancas y pequeñas, dispuestas en racimos. Las semillas son muy finas y de color amarillo-rojizo.

Sus propiedades

El berro **posee diversas propiedades preventivas y curativas**.
Es un alimento **rico en vitaminas** (la provitamina A y la vitamina C, entre otras) y **minerales** (por ejemplo, yodo natural y hierro).
Por eso, está especialmente indicado contra enfermedades como el escorbuto, o para remineralizar el organismo.
Su jugo es depurativo, digestivo y diurético, de efecto **beneficioso para el hígado, los riñones, las vías urinarias** y el aparato digestivo.
Es útil contra la diabetes y el ácido úrico. Además, su jugo —solo o combinado— tiene valor desinfectante y antiséptico, especialmente para enfermedades de las vías respiratorias, y para contrarrestrar los efectos tóxicos de la nicotina.

Así le dicen

El nombre científico del berro cambia según la variedad de la que se trate. La más común es el *Nasturtium officinale*. En Brasil, se encuentra el berro de Pará o spilanto (*Spilanthus oleraceus*), y en Argentina, el berro silvestre (*Cardamine boneriensis*). En inglés se llama watercress; en francés, cresson; en italiano, crescione, y en portugués, agrião.

Para tener en cuenta

En su variedad acuática, se aconseja usar las plantas que crecen cercanas a las aguas corrientes y no las de aguas estancadas, ya que estas últimas pueden transmitir enfermedades.
En todos los casos, se deben lavar muy bien las plantas antes de consumirlas. Además, **es mejor comerlo crudo**, ya que hervido pierde muchas de sus cualidades naturales.

El berro es un alimento indispensable en las dietas ricas en hierro.

El berro actúa como depurativo y diurético, previniendo la formación de cálculos renales y mejorando la circulación sanguínea.

¿SABÍA QUE...

... el berro puede usarse también para aliviar el enrojecimiento de la piel, debido al sol y al viento? Para ello, mezclar 50 g de jugo con 10 g de almendras amargas, machacadas. Puede aplicarse antes o después de la exposición al aire libre.

Las proporciones de nutrientes en los alimentos

PRODUCTOS LÁCTEOS

ALIMENTOS	CALORÍAS	HID. DE CARBONO	PROTEÍNAS	GRASAS	FIBRAS	SODIO (EN ML)	CALCIO (EN ML)	HIERRO (EN ML)	VITAMINA A (EN ML)	VITAMINA B1 (EN ML)	VITAMINA B2 (EN ML)	NIACINA (EN ML)	VITAMINA (CIEN ML)
1- Leche condensada azucarada	316	55,8	8	8,2	–	90	*	*	*	*	*	*	*
2- Leche chocolatada	62	10	3	1,1	–	*	*	*	*	*	*	*	*
3- Leche descremada en polvo	353	51	35	1	–	*	*	*	*	*	*	*	*
4- Leche entera fluida	57	4,5	3	3	–	*	105	*	*	*	0,17	*	*
5- Leche entera en polvo	490	38	26	26	–	*	*	*	*	*	*	*	*
6- Leche parcialmente descremada	45	4,7	3,1	1,5	–	*	117	*	*	*	0,18	*	*
7- Yogur descremado con pulpa de frutas	32	4,5	3,2	0,15	–	*	*	*	*	*	*	*	*
8- Yogur descremado natural	34	4,3	4	0,1	–	*	130	*	*	*	*	*	*
9- Yogur entero con frutas	96	13,2	2,9	3,5	–	*	*	*	*	*	*	*	*
10- Yogur parcialmente descremado natural	50	5,2	3,4	1,7	–	*	*	*	*	*	*	*	*
11- Yogur parcialmente descremado con cereales	120	20,7	5,2	1,8	–	*	181	*	*	*	*	*	*
12- Leche cultivada descremada	32	4,3	3,6	0,1	–	*	*	*	*	*	*	*	*
13- Queso blanco untable	134	4	12,5	7,5	–	68	163	*	*	*	*	*	*
14- Queso blanco dietético	109	5	12	4,5	–	*	150	*	*	*	*	*	*
15- Queso cuartirolo	273	*	21	21	–	520	*	*	*	*	*	*	*
16- Queso crema	246	3,7	8,2	22	–	60	200	*	*	*	*	*	*
17- Queso fresco dietético	307	1	24	23	–	461	*	*	*	*	*	*	*
18- Queso gruyère	357	1	28	26	–	405	*	*	*	*	*	*	*
19- Queso mozzarella	244	1	24	16	–	*	*	*	*	*	*	*	*
20- Queso port salut	295	*	22	23	–	520	*	*	*	*	*	*	*
21- Queso ricota o requesón	185	2,5	14,5	13	–	143	*	*	*	*	*	*	*
22- Queso roquefort	364	*	20	31	–	840	*	*	*	*	*	*	*

Los nutrientes, la fibra, las vitaminas y los minerales indicados en las tablas corresponden a 100 g de alimento.
Los datos fueron extraídos de Cenexa   * : no hay información   – : no contiene

PESOS Y MEDIDAS DE LOS LÁCTEOS

1 taza para café con leche = 250 cc
1 cucharada sopera de leche en polvo = 15 g
1 pote de yogur = 200 g
1 cucharada sopera de queso untable = 15 g
1 cucharada tipo postre de queso untable = 10 g

1 cucharada tipo té de queso untable = 20 g
1 porción estándar de queso cuartirolo = 60 g
1 cucharada sopera de queso rallado = 10 g
1 cucharada sopera de queso rallado colmada = 15 g
1 cucharada de postre de queso rallado = 5 g
1 cucharada tipo postre de queso rallado colmada = 10 g
1 lonja de queso en barra = 15 g

HUEVOS

ALIMENTOS	CALORÍAS	HID. DE CARBONO	PROTEÍNAS	GRASAS	FIBRAS	SODIO (EN ML)	CALCIO (EN ML)	HIERRO (EN ML)	VITAMINA A (EN ML)	VITAMINA B1 (EN ML)	VITAMINA B2 (EN ML)	NIACINA (EN ML)	VITAMINA (CIEN ML)
1- Clara de huevo	55	0,7	10,8	0,2	–	170	11	0,2	–	0,02	0,32	0,09	0,3
2- Clara de huevo en polvo	381	8,1	75	0,1	–	1420	84	0,9	–	0,03	2,05	0,7	–
3- Huevo de gallina entero	167	0,7	12,5	10,6	–	144	56	2,1	220	0,1	0,31	0,08	–
4- Huevo de pata	198	0,7	12,6	13,7	–	100	63	2,7	*	0,16	0,53	0,13	–
5- Yema de huevo	377	0,3	15,6	30,3	–	51	140	7,21	550	0,29	0,4	0,06	–
6- Yema de huevo en polvo	714	2,1	30,7	56,3	–	91	282	3,8	1.060	0,50	0,66	0,10	–

CARNES

ALIMENTOS	CALORÍAS	HID. DE CARBONO	PROTEÍNAS	GRASAS	FIBRAS	SODIO (EN ML)	CALCIO (EN ML)	HIERRO (EN ML)	VITAMINA A (EN ML)	VITAMINA B1 (EN ML)	VITAMINA B2 (EN ML)	NIACINA (EN ML)	VITAMINA (CIEN ML)
1- Carne de vaca magra	198	–	19	13	–	69	9	1,8	*	0,05	0,14	*	–
2- Carne de vaca semigorda	256	–	17,8	20	–	*	9	1,8	*	0,05	0,13	*	–
3- Carne de vaca gorda	306	–	16,8	26	–	*	8	1,7	*	0,05	0,13	*	–
4- Hamburguesas	222	–	19,5	16	–	*	*	*	*	*	*	*	*
5- Carne de ternera magra	156	–	19,7	8	–	*	9	*	*	0,11	0,2	*	*
6- Carne de ternera semigorda	190	–	19,1	12	–	*	9	1,8	*	0,11	0,2	*	*
7- Carne de ternera gorda	223	–	18,5	16	–	*	9	1,8	*	0,10	0,2	*	*
8- Carne de cerdo magra	276	–	16,7	22,7	–	*	10	1,8	*	0,81	0,19	4,3	*
9- Carne de cerdo semigorda	308	–	15,7	26,7	–	*	9	2,5	*	0,76	0,18	4,1	*
10- Carne de cerdo gorda	346	–	14,6	31,4	–	*	8	2,3	*	0,71	0,17	3,8	*
11- Carne de cordero	127		20,2	3,5	–	67	3	2,2	*	*	*	*	*
12- Carne de oveja	235	–	17,1	15,8	–	10	10	1,6	45	0,17	0,17	5,4	1
13- Carne de armadillo o peludo	172	–	29	5,4	–	*	30	2,3	–	0,1	0,4	6	–
14- Carne de conejo	162	–	21	8	–	43	20	10,5	*	0,08	0,06	12.	*
15- Carne de liebre	124	–	20,9	2,9	–	50	9	1,3	*	0,09	0,06	8	*
16- Bondiola	266	–	24	18	–	4.000	*	2,4	*	*	*	8,1	*
17- Chorizo	276	–	22	20	–	800	*	*	*	*	*	*	*
18- Jamón cocido	177	–	24	9	–	2.000	*	*	*	*	*	*	*
19- Jamón crudo	195	2,5	18	13	–	4.000	*	*	*	*	*	*	*
20- Lomo de cerdo	172	–	25	8	–	2.000	*	*	*	*	*	*	*
21- Mortadela	233	3	19	24	–	800	*	*	*	*	*	*	*
22- Panceta ahumada	441	5	17	40	–	1.780	*	*	*	*	*	*	*
23- Paté (Leberwurst)	294	–	21	22	–	760	*	*	*	*	*	*	*
24- Paté de foie	195	*	14,7	13	–	800	*	*	*	*	*	*	*
25- Salame	391	*	22	32,3	–	1.200	*	*	*	*	*	*	*
26- Salchicha de Viena	295		13	27	–	*	*	*	*	*	*	*	*
27- Salchicha de Viena dietética	150		13,9	10,5	–	*	*	*	*	*	*	*	*

AVES

ALIMENTOS	CALORÍAS	HID. DE CARBONO	PROTEÍNAS	GRASAS	FIBRAS	SODIO (EN ML)	CALCIO (EN ML)	HIERRO (EN ML)	VITAMINA A (EN ML)	VITAMINA B1 (EN ML)	VITAMINA B2 (EN ML)	NIACINA (EN ML)	VITAMINA (CIEN ML)
1- Codorniz	120	–	21,7	2,2	–	47	15	*	*	0,13	0,17	9,9	*
2- Gallina	246	–	18,1	18,7	–	*	10	1,8	20	0,06	0,14	7,7	2
3- Ganso	364	–	15,2	29,5	–	86	12	1,9	65	0,12	0,26	6,4	*
4- Pato	243	–	17,6	16,3	–	*	11	2,1	*	0,3	0,20	3,5	*
5- Pavita	163	–	21,7	6,5	–	66	26	1,5	*	0,08	0,14	8	*
6- Pavo	231	–	19,6	14,3	–	63	25	1,4	13	0,10	0,18	10,5	*
7- Pollo	144	–	20	5,3	–	83	12	1,8	*	0,08	0,16	6,8	3

PESCADOS Y MARISCOS

ALIMENTOS	CALORÍAS	HID. DE CARBONO	PROTEÍNAS	GRASAS	FIBRAS	SODIO (EN ML)	CALCIO (EN ML)	HIERRO (EN ML)	VITAMINA A (EN ML)	VITAMINA B1 (EN ML)	VITAMINA B2 (EN ML)	NIACINA (EN ML)	VITAMINA (CIEN ML)
1- Abadejo	81	–	16,2	0,8	–	*	8	*	*	0,17	0,17	*	*
2- Anchoa	110	–	19,5	22	–	*	82	4,9	*	0,07	0,27	20	*
3- Arenque	249	–	17,6	16,9	–	117	34	1,1	38	0,04	0,22	3,8	–
4- Atún	242	–	20,9	14,7	–	43	40	1	450	0,16	0,16	8,5	*
5- Bacalao	82	–	17,2	0,4	–	72	24	0,4	10	0,05	0,04	2,3	2
6- Brótola	84	–	17,8	0,8	–	101	41	*	*	0,1	0,20	*	*
7- Caballa	195	–	18,11	11,3	–	95	12	1	100	0,13	0,36	7,5	–
8- Carpa	125	–	7,5	4,6	–	46	52	1,1	44	0,06	0,05	1,9	1
9- Corvina	100	–	20,8	1,2	–	*	38	1,1	50	0,04	0,14	3,1	1
10- Lenguado	79	–	16	0,7	–	92	27	0,54	10	0,22	0,21	3,4	11
11- Merluza	80	–	17,4	0,1	–	116	18	0,6	17	0,05	0,17	3,1	*
12- Pejerrey	87	–	18,8	0,8	–	*	105	0,7	*	0,01	0,05	4,5	–
13- Salmón	217	–	22,5	13,4	–	*	79	0,9	*	*	0,08	7,2	9
14- Sardina	135	–	18,81	4,9	–	100	85	2,4	20	0,02	0,25	9,7	*
15- Trucha	112	–	8,9	2,6	–	40	18	0,7	40	0,08	0,07	3,4	*
16- Calamar	78	–	16,4	0,9	–	*	12	0,5	*	0,02	0,12	1,4	*
17- Camarón	96	–	18	1,4	–	146	92	1,7	*	0,05	0,03	2,43	2
18- Cangrejo	70	–	14,6	0,4	–	253	43	2	*	0,15	0,10	2	*
19- Krill	98	–	14,5	3,2	–	320	160	2,7	150	0,03	0,1	7	*
20- Langosta	88	–	15,4	1,8	–	270	61	1	–	0,13	0,08	1,82	*
21- Langostino	91	1,3	16,7	1	–	182	68	1,3	20	0,01	0,08	3	2
22- Mejillón	56	–	9,5	1,3	–	296	27	5,1	20	0,16	0,22	1,6	3
23- Ostra	70	4,8	8,7	1,1	–	*	82	5,8	90	0,16	0,20	2,17	*
24- Pulpo	56	–	12,6	0,3	–	*	39	2,5	*	0,02	0,07	1,3	*

VEGETALES, HORTALIZAS Y LEGUMBRES

ALIMENTOS	CALORÍAS	HID. DE CARBONO	PROTEÍNAS	GRASAS	FIBRAS	SODIO (EN ML)	CALCIO (EN ML)	HIERRO (EN ML)	VITAMINA A (EN ML)	VITAMINA B1 (EN ML)	VITAMINA B2 (EN ML)	NIACINA (EN ML)	VITAMINA (CIEN ML)
1- Acelga	13	0,7	1,4	0,3	*	90	103	2,7	588	0,09	0,16	0,65	39
2- Achicoria	16	2,3	0,8	0,2	0,9	4	26	0,7	215	0,05	0,03	0,24	10
3- Ají, morrón o pimiento	20	3,2	0,8	0,3	1,7	2	11	0,8	33	0,06	0,05	0,3	139
4- Alcaucil	22	2,9	1,6	0,1	*	47	53	1,5	17	0,14	0,01	0,9	8
5- Apio	15	2,2	0,8	0,2	*	132	80	0,5	3	0,05	0,08	0,55	7
6- Arveja	84	12,6	5,1	0,4	2,1	2	24	1,8	63	0,3	0,2	2,4	25
7- Batata	137	31,3	1,2	0,5	1,9	4	35	0,9	*	0,06	0,05	0,6	30
8- Berenjena	17	2,7	0,8	0,2	0,9	4	13	0,4	5	0,04	0,05	0,6	5
9- Berro	17	2	1	0,3	0,8	12	180	3,1	447	0,09	0,17	0,65	51
10- Brócoli	26	2,8	2,1	0,2	1,5	13	105	1,3	317	0,09	0,21	1	114
11- Calabaza	24	4,8	0,7	0,1	*	1	22	0,8	327	0,05	0,06	0,5	12
12- Cebolla	30	5,8	0,9	0,2	0,9	9	31	0,5	5	0,03	0,03	0,2	9
13- Repollo	25	4,6	0,9	0,2	0,71	13	46	0,5	7	0,05	0,04	0,3	46
14- Repollito de Bruselas	35	3,8	2,9	0,3	3	7	31	1,1	67	*	0,14	0,7	114
15- Coliflor	22	2,5	1,6	0,3	1,1	16	20	0,6	6	0,11	0,10	0,6	73
16- Chaucha	34	5,3	1,9	0,2	1,5	2	57	0,8	55	0,08	0,12	0,6	20
17- Escarola	20	4,1	1,7	0,2	0,9	18	79	1,7	790	0,07	0,12	0,4	11
18- Espárrago	17	2,2	1,4	0,1	0,8	4	21	1	5	0,11	0,12	1	21
19- Espinaca	15	0,6	1,6	0,3	0,7	65	126	4,1	700	0,11	0,23	0,62	52
20- Hinojo	23	2,8	1,6	0,3	*	86	109	2,7	*	0,23	0,11	0,2	93
21- Lechuga	13	2,7	1	0,1	0,5	10	16	0,4	*	0,05	0,03	0,3	7
22- Palmito	26	5,2	2,2	0,2	0,6	*	86	0,8	*	0,04	0,09	0,7	17
23- Papa o patata	70	15,4	1,5	0,1	0,9	3	10	0,8	2	0,11	0,04	1,22	17
24- Pepino	12	2	0,4	0,2	0,4	9	15	0,5	28	0,02	0,03	0,2	8
25- Puerro	24	3,2	1,5	0,3	1,7	5	87	1	—	0,1	0,06	0,5	30
26- Rabanito	14	2,2	0,8	0,1	0,7	17	34	1,5	4	0,03	0,03	0,25	29
27- Remolacha	41	8,6	1,1	0,1	0,8	58	29	0,9	2	0,02	0,04	0,2	10
28- Soja (brotes)	58	5,9	4,1	1,1	*	30	42	0,9	4	0,19	0,15	1,8	16
29- Tomate	19	3,5	0,6	0,2	*	6	14	0,5	137	0,06	0,04	0,6	24
30- Zanahoria	25	5	0,7	0,2	1	60	41	2,1	2.000	0,07	0,05	0,5	7
31- Zapallito	18	2,1	1,1	0,4	0,8	*	30	1,5	58	0,5	0,09	0,4	16
32- Garbanzos	360	61	20,5	4,8	5	26	150	6,9	*	0,31	0,15	2	*
33- Lentejas	340	60,1	24,7	1,1	3,94	30	79	6,8	*	0,37	0,22	2	*
34- Porotos	340	61,3	22,3	1,6	3	19	144	7,8	*	0,65	0,22	2,4	*

PESOS Y MEDIDAS DE LAS LEGUMBRES

1 cucharada sopera de arvejas o lentejas cocidas = 15 g
1 cucharada sopera de garbanzos cocidos = 20 g
1 cucharada sopera de porotos cocidos = 25 g

PESOS Y MEDIDAS DE AZÚCAR

1 cucharada sopera = 10 g
1 cucharada tipo postre = 8 g
1 cucharada tipo té = 5 g
1 cucharada tipo café = 3 g
1 sobrecito = 6,25 g

FRUTAS FRESCAS, SECAS Y ENVASADAS

ALIMENTOS	CALORÍAS	HID. DE CARBONO	PROTEÍNAS	GRASAS	FIBRAS	SODIO (EN ML)	CALCIO (EN ML)	HIERRO (EN ML)	VITAMINA A (EN ML)	VITAMINA B1 (EN ML)	VITAMINA B2 (EN ML)	NIACINA (EN ML)	VITAMINA (CIEN ML)
1- Ananá	56	13,1	0,4	0,1	0,9	2	16	0,4	10	0,08	0,03	0,22	19
2- Banana	92	21,4	1	0,2	0,4	1	9	0,6	38	0,04	0,05	0,65	12
3- Cereza	55	11,7	0,8	0,5	*	2	*	0,6	50	0,05	0,06	0,4	12
4- Ciruela	50	11,4	0,5	0,2	0,2	2	14	0,4	35	0,07	0,04	0,4	5
5- Damasco	45	9,9	0,8	0,1	*	2	16	0,7	298	0,04	0,05	0,77	9
6- Durazno	42	9,4	0,6	0,1	0,8	1	8	0,5	73	0,02	0,05	0,8	–
7- Frutilla	33	6,5	0,7	0,4	1,5	3	26	1	8	0,03	0,05	0,5	64
8- Higo	61	12,9	1,1	0,5	0,8	2	54	0,6	8	0,04	0,05	0,4	3
9- Quinoto	64	14,6	0,6	0,3	*	*	16	0,6	35	0,08	0,08	0,5	38
10- Kiwi	53	10,8	0,8	0,6	2,4	4	38	0,8	62	0,01	0,05	0,41	71
11- Limón	29	8,1	0,6	0,6	0,6	1	41	0,7	5	0,06	0,02	0,1	51
12- Mandarina	46	10,1	0,6	0,3	*	1	33	0,3	57	0,6	0,3	0,2	30
13- Manzana	55	12,4	0,3	0,4	0,8	3	7	0,5	8	0,04	0,03	0,3	12
14- Melón	25	6,2	0,5	0,1	0,5	12	15	1,2	350	0,04	0,03	0,6	29
15- Membrillo	40	8,3	0,4	0,5	*	2	10	0,6	6	0,03	0,03	0,2	13
16- Naranja	43	9,2	0,9	0,2	0,9	1	42	0,4	15	0,07	0,04	0,3	50
17- Pera	55	12,79	0,4	0,3	0,8	2	10	0,3	5	0,03	0,04	0,22	5
18- Pomelo	40	8,3	0,5	0,1	0,3	2	18	0,3	3	0,04	0,02	0,24	44
19- Sandía	37	16,1	0,5	0,2	0,1	1	11	0,4	33	0,04	0,05	0,15	6
20- Uva	70	9,1	0,6	0,3	*	2	18	0,5	5	0,05	0,03	0,23	4
21- Almendra	623	11,4	14,6	48,7	*	*	252	4,1	20	0,22	0,62	4,18	*
22- Avellana	672	12,21	9,3	55,4	4,6	2	226	3,8	5	0,39	0,21	1,35	3
23- Maní	608	2,1	19,7	43,3	1,3	5	59	2,1	2	0,9	0,15	15,3	–
24- Nuez	694	20,2	11,2	56,3	2,5	2	87	2,5	8	0,34	0,12	1	3
25- Ananá en lata	84	16,5	0,3	0,2	*	1	13	0,3	7	0,07	0,02	0,2	7
26- Durazno en lata	68	19,4	0,4	0,1	*	3	4	0,3	45	0,01	0,02	0,5	4
27- Ensalada de frutas	75		0,3	0,1	*	1	8	0,3	–	0,01	0,03	0,6	2

GRASAS Y ADEREZOS

ALIMENTOS	CALORÍAS	HID. DE CARBONO	PROTEÍNAS	GRASAS	FIBRAS	SODIO (EN ML)	CALCIO (EN ML)	HIERRO (EN ML)	VITAMINA A (EN ML)	VITAMINA B1 (EN ML)	VITAMINA B2 (EN ML)	NIACINA (EN ML)	VITAMINA (CIEN ML)
1- Manteca	716	0,4	0,6	81	*	987	20	–	*	*	*	*	–
2- Crema de leche (20 %)	211	4,3	3	20,6	*	43	102	*	*	0,3	0,15	0,1	1
3- Crema de leche (40 %)	422	2,5	1,7	45	*	*	*	*	*	*	*	*	*
4- Margarina	746	0,4	0,2	76	*	101	*	0,03	3.500	*	*	*	*
5- Aceite de girasol	928	–	–	99,8	*	*	*	0,03	*	*	*	*	*
6- Aceite de maíz	930	–	–	100	*	1	15	1,3	*	*	*	*	*
7- Aceite de oliva	926	–	–	99,6	*	1	*	*	*	*	*	*	*
8- Mayonesa	721	1,4	1	79	*	656	*	*	*	*	*	*	*
9- Mostaza	756	6,4	4,7	4,4	1	1.252	84	2	*	*	*	*	*
10- Salsa golf	21	10,8	0,5	64	*	*	*	*	*	*	*	*	*

CEREALES Y DERIVADOS

ALIMENTOS	CALORÍAS	HID. DE CARBONO	PROTEÍNAS	GRASAS	FIBRAS	SODIO (EN ML)	CALCIO (EN ML)	HIERRO (EN ML)	VITAMINA A (EN ML)	VITAMINA B1 (EN ML)	VITAMINA B2 (EN ML)	NIACINA (EN ML)	VITAMINA (CIEN ML)
1- Arroz blanco	348	77,7	5,7	0,6	0,5	6	6	0,6	–	0,06	0,03	1,3	–
2- Arroz inflado	360	83	7	1	*	*	*	*	*	*	*	*	*
3- Arroz integral	353	75,8	8,7	1,7	1	*	20	*	*	0,29	0,06	2,96	*
4- Avena arrollada	394	64	13	*	2	*	50	4	*	0,60	0,14	1	*
5- Copos de maíz	390	86,3	8,7	1,1	0,9	370	8	2,3	*	*	*	*	*
6- Almidón de maíz	360	87,7	0,3	0,6	*	*	4	*	*	*	*	*	*
7- Polenta	343	70	11,3	2	*	*	12	2,6	*	*	*	*	*
8- Sémola	327	69	8,5	0,7	*	1	17	1	–	0,15	0,06	0,90	*
9- Fideos secos	380	77,3	15,9	0,8	*	8	6	2,8	*	0,12	0,03	1,3	*
10- Fideos de gluten dietéticos	354	46,6	40,3	0,7	*	*	*	*	*	1	0,5	7,5	*
11- Fideos de régimen	334	59,3	24,2	–	0,2	*	*	*	*	*	*	*	*
12- Pan de centeno	272	51	8,1	4	1,8	*	*	*	*	*	*	*	*
13- Pan de mesa tipo molde	250	53	7,6	1,7	0,2	720	22	*	*	*	*	*	*
14- Pan de salvado tipo molde	273	51	7	4,5	*	480	*	*	*	*	*	*	*
15- Pan francés	269	57,4	9,3	0,2	–	274	34	*	*	*	*	*	*
16- Pan lacteado	273	51	8,1	4	–	650	105	*	*	*	*	*	*
17- Medialunas	318	55	9,1	6,9	–	*	51	1,1	*	*	*	*	*
18- Panqueques	235	28,9	9,4	9,1	–	120	*	*	*	*	*	*	*
19- Scons	398	49,3	10,8	17,5	–	320	*	1,3	*	*	*	*	*
20- Bay-biscuit o bizcochos secos	392	83,3	8,6	2,7	–	171	*	1,6	*	*	*	*	*
21- Bizcochos	412	74	12,9	7,1	–	20	*	1,7	*	*	*	*	*
22- Bizcochos de gluten	369	47	44	0,5	*	*	16	*	*	*	*	*	*
23- Galleta marinera	361	75,9	12,8	0,7	*	30	*	*	*	*	*	*	*
24- Galletas con salvado dietéticas	310	59,2	13	2	*	1.093	*	*	*	*	*	*	*
25- Galletas dulces con salvado	465	67	11	17	*	500	*	0,1	*	*	*	*	*
26- Galletas tipo agua	460	70,1	10,2	15,4	4	193	*	*	*	*	*	*	*
27- Galletas dulces simples	451	76,1	7,2	13,1	1	*	*	1,3	*	*	*	*	*
28- Grisines	342	72,6	12,5	0,2	*	628	*	*	*	*	*	*	*
29- Grisines de Graham	341	63,3	15	3,1	*	*	*	*	*	*	*	*	*
30- Vainillas	388	81,6	7,8	3,4	*	111	*	*	*	*	*	*	*

PESOS Y MEDIDAS DE LOS CEREALES Y SUS DERIVADOS

1 taza tipo café de arroz cocido = 70 g
1 cucharada sopera colmada de arroz crudo = 20 g
1 cucharada sopera de fécula de maíz o maicena = 15 g
1 cucharada sopera de sémola de trigo = 20 g

1 plato hondo de fideos tipo cinta cocidos = 300 g
1 taza grande de fideos tipo cinta cocidos = 180 g
1 taza tipo café de fideos tipo cinta cocidos = 65 g
1 rebanada de pan lactal o de molde = 25 g
1 galleta "de agua" mediana = 5-6 g
1 galleta dulce simple = 6-8 g

BEBIDAS E INFUSIONES

ALIMENTOS	CALORÍAS	HID. DE CARBONO	PROTEÍNAS	GRASAS	FIBRAS	SODIO (EN ML)	CALCIO (EN ML)	HIERRO (EN ML)	VITAMINA A (EN ML)	VITAMINA B1 (EN ML)	VITAMINA B2 (EN ML)	NIACINA (EN ML)	VITAMINA (CIEN ML)
1- Bebida a base de soja	46	10,4	0,6	–	*	*	*	*	*	*	*	*	*
2- Gaseosa cola	42	10,5	–	–	*	*	*	*	*	*	*	*	*
3- Jugo de manzana	44	11	–	–	*	*	*	*	*	*	*	*	*
4- Gaseosa de naranja	52	13,1	–	–	*	*	*	*	*	*	*	*	*
5- Gaseosa de lima-limón	38	9,5	–	–	*	*	*	*	*	*	*	*	*
6- Gaseosa cola dietética	1	–	–	–	*	*	*	*	*	*	*	*	*
7- Gaseosa de lima-limón dietética	2	–	–	–	*	*	*	*	*	*	*	*	*
8- Jugo dietético para diluir	7	1,4	0,06	0,01	*	*	*	*	*	*	*	*	*
9- Jugo dietético en polvo	5	1,3	–	–	*	*	*	*	*	*	*	*	*
10- Cerveza blanca	45	2,8	0,2	–	*	4	1	*	*	*	*	*	*
11- Sidra	72	9,1	–	–	*	*	*	0,6	*	*	*	*	*
12- Cognac	243	–	–	–	*	2	*	0,9	*	*	*	*	*
13- Vino blanco	70	–	0,1	–	*	2	*	*	*	*	0,1	0,1	*
14- Vino tinto liviano	65	–	0,2	–	*	3	*	*	*	*	*	*	2
15- Oporto	130	6	0,3	–	*	*	*	*	*	*	*	*	*
16- Daiquiri	122	5,2	0,1	0,1	*	*	9	*	*	*	*	*	*
17- Whisky	184	10,3	0,3	0,3	*	1,3	7	*	*	*	*	*	*
18- Café soluble en polvo	124	31,1	–	–	*	*	*	*	*	*	*	*	*
19- Café torrado en polvo	183	1,5	5,6	11,5	*	4	146	16,8	*	0,07	0,18	13,8	*
20- Infusión de café	1	*	*	*	*	1	2	0,1	*	–	*	0,3	*
21- Infusión de té	2	*	*	*	*	*	*	*	*	*	0,01	*	*
22- Yerba mate	206	24,8	11	7	*	3	668	2,9	*	0,22	0,4	6,9	6

AZÚCARES Y DULCES

ALIMENTOS	CALORÍAS	HID. DE CARBONO	PROTEÍNAS	GRASAS	FIBRAS	SODIO (EN ML)	CALCIO (EN ML)	HIERRO (EN ML)	VITAMINA A (EN ML)	VITAMINA B1 (EN ML)	VITAMINA B2 (EN ML)	NIACINA (EN ML)	VITAMINA (CIEN ML)
1- Azúcar impalpable	385	99,5	–	–	–	1	–	0,1	*	*	*	*	*
2- Azúcar morena	373	96,4	–	–	–	30	85	3,4	*	0,01	0,03	0,2	*
3- Azúcar refinada	385	99,5	–	–	–	1	–	0,1	*	*	*	*	*
4- Edulcorante	–	–	–	–	–	*	*	*	*	*	*	*	*
5- Dulce de batata	263	64,7	0,9	0,1	0,3	0,3	24	0,7	*	*	*	*	*
6- Dulce de leche	361	61,9	8,1	9	–	–	322	0,3	*	0,02	0,9	*	*
7- Dulce de membrillo	236	59	0,2	–	–	–	*	*	*	*	*	*	*
8- Jaleas	273	70,6	0,1	0,1	–	–	21	1,5	*	0,01	0,03	0,2	4
9- Mermeladas	272	70	0,6	0,1	1	1	20	1	*	0,01	0,03	0,2	2
11- Miel de abejas	302	75,1	0,3	–	*	*	5	1,3	*	–	0,05	0,13	2
12- Dulce de batata dietético	114	28	0,4	0,1	*	*	*	*	*	*	*	*	*
13- Dulce de leche dietético	154	15	10	0,2	*	*	250	2	*	*	*	*	*
14- Dulce de membrillo dietético	101	24,6	0,4	0,2	*	*	*	*	*	*	*	*	*
15- Mermelada dietética	116	28,4	0,4	0,1	*	*	*	*	*	*	*	*	*

FUENTES DE ENERGÍA Y SALUD

El funcionamiento de nuestro organismo depende del tipo de alimentos que ingerimos a lo largo de nuestra vida. Cada uno de ellos contiene una determinada cantidad de nutrientes que el cuerpo no produce sino que debe incorporar. Estas sustancias son fundamentales para mantener nuestra salud y evitar complicaciones.

MICRONUTRIENTES

Se encuentran en los alimentos en menores cantidades que las macronutrientes pero son indispensables para el buen funcionamiento del organismo. Su carencia afecta seriamente el desarrollo de las funciones bioquímicas y metabólicas.

Vitaminas

Son sustancias químico-orgánicas ampliamente distribuidas en una gran cantidad de alimentos de origen animal y vegetal. Cada vitamina cumple una función particular y todas son necesarias para el funcionamiento del organismo.

Funciones básicas
- Intervienen en la asimilación de la energía (vitaminas B1, B2, B3, biotina).
- Son fundamentales para el desarrollo celular (vitaminas A, D, E, K, grupo B, ácido pantoténico).
- Favorecen la circulación sanguínea (vitaminas E, K, B1, B3, ácido pantoténico, B6, B12, ácido fólico)
- Regulan el metabolismo de algunos minerales (Vitaminas D, ácido pantoténico, B6, biotina, C)
- Contribuye al funcionamiento de los órganos (vitaminas A, E, grupo B, ácido fólico).

¿Dónde encontrarlas?
En carnes y productos de origen animal, lácteos, frutas y hortalizas, frutos secos, semillas, cereales y legumbres.

Minerales

Se encuentran difundidos en una gran cantidad de alimentos y cumplen funciones esenciales, relacionadas con el metabolismo. El organismo necesita pequeñas cantidades de algunos de ellos, básicamente de hierro, yodo, cinc, cobre, cromo, flúor, selenio, manganeso, y más de otros, tales como magnesio, fósforo, sodio, cloro y potasio.

Funciones básicas
- Intervienen en la formación de los tejidos.
- Son vitales para el funcionamiento de los sistemas nervioso y circulatorio.
- Actúan en la regulación del metabolismo.

¿Dónde encontrarlos?
En carnes, cereales, lácteos, frutas y hortalizas, frutos secos, semillas y legumbres.

MACRONUTRIENTES

Proporcionan las sustancias necesarias para el crecimiento y la renovación de las células. Son las que aportan la energía necesaria para el funcionamiento del organismo.

Proteínas

Son macromoléculas compuestas por aminoácidos.

Funciones básicas
- Proporcionan energía (4 calorías por gramo).
- Ayudan a mantener sanos nuestros tejidos.
- Aportan sustancias que son vitales para el desarrollo de algunos procesos químicos.
- Intervienen en la formación y el mantenimiento del sistema inmunológico.
- Son necesarias para el buen funcionamiento de nuestros órganos vitales.

¿Dónde encontrarlas?
Principalmente en todo tipo de carnes, lácteos, huevos, cereales, legumbres, frutas secas y semillas.

Hidratos de carbono

Son sustancias compuestas por hidrógeno y oxígeno. Algunos reciben el nombre de glúcidos.

Funciones básicas
- Aportan energía (4 calorías por gramo), ahorrando proteínas para el desarrollo de otras funciones.
- Protegen y proporcionan combustible celular a los órganos que componen el sistema nervioso.
- Regulan los efectos negativos que poseen las grasas sobre el organismo.
- Actúan sobre el metabolismo, facilitando su regulación y equilibrio.

¿Dónde encontrarlos?
En cereales y legumbres, algunas frutas y hortalizas, y azúcares.

Las fibras

Son un conjunto de sustancias de origen vegetal. Nuestro organismo carece de las enzimas necesarias para asimilarlas, sin embargo, son fundamentales para su funcionamiento.

Funciones básicas
- Eliminan el estreñimiento y aceleran el tránsito intestinal.
- Regulan el nivel de azúcar en la sangre.
- Ayuda a eliminar sustancias cancerígenas.
- Disminuyen los niveles de colesterol.
- Ayudan a prevenir ciertas enfermedades.

¿Dónde encontrarlos?
- **Fibras solubles:** en cítricos y otras frutas, salvado de avena, legumbres.
- **Fibras insolubles:** en cereales, frutas y hortalizas, semillas comestibles.

Grasas

Las grasas o lípidos constituyen la principal fuente de energía. La mayoría de las grasas que consumimos están compuestas por triglicéridos y ácidos grasos saturados e insaturados.

Funciones básicas
- Constituyen la principal fuente de energía (9 calorías por gramo).
- Forman las membranas celulares de los tejidos y órganos.
- Actúan como aislantes y separadores.
- Ayudan en la absorción de las vitaminas liposolubles.
- Se encargan del transporte de ciertas proteínas.

¿Dónde encontrarlas?
- **Grasas saturadas:** principalmente en carnes rojas y blancas.
- **Grasas insaturadas:** en aceites vegetales, legumbres, pescados de mar y mariscos.

7 PUNTOS ESENCIALES PARA UNA NUTRICIÓN EQUILIBRADA

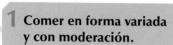

1 **Comer en forma variada y con moderación.**

Permite controlar nuestro peso y nos asegura la incorporación de los nutrientes necesarios para mantenernos en buen estado de salud.

2 **Disminuir el consumo de grasas, en especial las de origen animal: huevos, carnes grasas, manteca, lácteos enteros y queso maduros.**

Previene el riesgo de enfermedades cardíacas y evita que nos excedamos en el peso.
Es conveniente consumir lácteos descremados y elegir cortes de carne pobres en grasa.

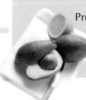

3 **Consumir verduras y frutas en cantidad abundante.**

Aportan vitaminas, minerales y fibras, necesarios para el buen funcionamiento del organismo.

4 **Aumentar el consumo de cereales y legumbres.**

Aseguran la energía diaria imprescindible para realizar las actividades cotidianas.

5 **Moderar el consumo de azúcar y sal.**

El abuso de sal está directamente relacionado con un aumento de la presión arterial, y el de azúcar, con la obesidad.

6 **Tomar abundante cantidad de líquido.**

El agua es importante, ya que forma parte de más de la mitad de nuestro organismo; se debe mantener esa cantidad para evitar que nos enfermemos. Se aconseja consumir como mínimo dos litros diarios.

7 **Moderar el consumo de alcohol.**

El alcohol aporta 7 calorías por gramo, que se depositan en forma de grasa y nos hacen aumentar de peso. Además, es un factor de riesgo para distintas enfermedades (por ejemplo, cirrosis).

¿SABÍA QUE..

... además de estos siete consejos existe uno más, de carácter general, que debe necesariamente respetarse para que los puntos anteriores adquieran toda su relevancia: "mantener nuestro cuerpo en movimiento"? Veámoslo así: si seguimos al pie de la letra estas recomendaciones pero no movemos nuestro cuerpo **no tendrá forma de canalizar la energía que entra** por lo tanto el plan no funcionará como es debido.

CLAVES DE LA ALIMENTACIÓN

Además de saber cuáles son los alimentos que más nos benefician y cuáles nos perjudican, debemos conocer también la forma de organizarlos y combinarlos, es decir, cómo armar nuestro propio plan dietario. Pero no se desanime, no es ningún plan secreto, ni una cadena ininterrumpida de prohibiciones y tabúes. Por el contrario, sólo son consejos y recomendaciones para beneficiar nuestra salud. Veamos…

EL ARTE DE CUIDARSE Y ESTAR EN FORMA

El hambre y el apetito se encuentran regulados por distintos factores. Mientras que el primero es un estado primario, el segundo puede ser controlado voluntariamente de acuerdo con nuestros gustos y preferencias.

En nuestro sistema nervioso, existen células especializadas en regular el hambre y la saciedad. Estas células no responden a nuestra voluntad, pero sí a determinados factores o estímulos. En cambio, el apetito puede manejarse voluntariamente. Veamos las diferencias...

El hambre

Para poder mantener la vida, hay que consumir combustible; y **la actividad que conduce a buscar e ingerir alimentos** procede de un impulso fundamental, que **es el hambre**. **Es un instinto indispensable para la conservación de la vida**, que tenemos todos los seres vivientes desde que nacemos.

Responde, en condiciones normales, únicamente a las necesidades del organismo. Se manifiesta como una sensación dolorosa a nivel del estómago y obedece a la falta de ingesta, generalmente prolongada, que desaparece cuando son ingeridos los alimentos. En general, el hambre puro en el ser humano se da en circunstancias extremas de falta de comida, en situaciones de pobreza, guerra, catástrofe, etcétera.

El apetito

Es característico del ser humano y **está influenciado por el medio social** (hábitos alimentarios, modas, tabúes, religión, prejuicios), que nos lleva a que hagamos una selección determinada de los alimentos.

¿CÚALES SON LAS PRINCIPALES DIFERENCIAS ENTRE HAMBRE Y APETITO?

HAMBRE	APETITO
• Es un instinto primario, se nace con él.	• Instinto condicionado que se desarrolla cuando aprendimos a ingerir ciertos alimentos. Se modifica durante toda la vida.
• No es selectivo.	• Es selectivo, elegimos qué comer.
• Es inconsciente.	• Es inconsciente.
• Se manifiesta con dolor.	• No se manifiesta con dolor.
• No es modificado por estímulos ambientales.	• Es modificado por estímulos ambientales y sociales.

Es una sensación que se va adquiriendo con el tiempo y que puede ser dominada; no es dolorosa y se manifiesta cada vez que olemos, vemos o degustamos aquellos alimentos que nos resultan gratos al paladar. Cuando sentimos estos estímulos, se genera en nuestra boca una mayor secreción de saliva.

Regulemos nuestra ansiedad

Normalmente **una persona mantiene su peso** porque **logra un equilibrio** entre lo que necesita ingerir, el gasto producido por su metabolismo y su actividad física cotidiana. **En la obesidad, este mecanismo regulador se encuentra alterado o en franco desequilibrio.** Puede suceder que no funcione correctamente el estímulo que inhibe las ganas de comer y no se produzca, entonces, la sensación de saciedad que impide que sigamos comiendo y comiendo. **Las personas que padecen este trastorno comen de más y engordan, y, deben ser controladas para regular este problema.**

A diferencia del hambre, el apetito se relaciona con los hábitos alimentarios. Estos hábitos pueden ser sociales, socioculturales o económicos.

El volumen de las comidas

Las comidas de gran volumen producen mayor saciedad. Por ejemplo, si consumimos verduras crudas, éstas tienen mayor volumen que si las consumimos hervidas. Por esto se recomienda que, por lo menos una vez al día, consumamos un plato de verduras crudas.

En nuestro cerebro, existe una zona (hipotálamo) donde hay núcleos que regulan el deseo de comer (hambre) y el de dejar de comer. Este último deseo se manifiesta a través de la saciedad, es decir, la sensación que tenemos de estar satisfechos después de haber ingerido una comida.

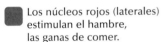 Los núcleos rojos (laterales) estimulan el hambre, las ganas de comer.

Los núcleos amarillos (ventro mediales) inhiben el hambre, porque frenan la acción de los núcleos rojos.

Entonces, se produce la sensación de saciedad y se pierde el deseo de ingerir alimentos.

1. **Ganas de comer**
2. **Ganas de dejar de comer**

REGULADORES DEL HAMBRE

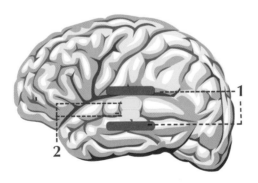

La sensación de saciedad se relaciona con la calidad y la cantidad de los alimentos.

¿SABÍA QUE...

... la sensación de saciedad se opone a la de apetito y esta depende de que el núcleo amarillo (ventromedial) inhiba la acción del núcleo rojo que es el responsable de estimular las ganas de comer? Los factores que producen saciedad son varios y más adelante veremos cómo podemos utilizarlos en un plan de alimentación hipocalórico para favorecer el descenso de peso.

La temperatura de los nutrientes

Las comidas calientes producen mayor saciedad que las comidas frías. Por ello se recomienda la ingestión de un caldo antes de cada comida principal, para disminuir de esta forma las ganas de comer y activar los mecanismos de saciedad. También **se recomienda la ingestión de infusiones** (té, mate cocido, café, etcétera) durante las colaciones, para promover la sensación de estar satisfechos. Un plato caliente, de verduras con carne, produce mayor saciedad que una rebanada de carne fría con una ensalada.

La fibra y el apetito

La fibra **aumenta la sensación de saciedad**; por ello conviene elegir preferentemente las frutas y verduras crudas, los cereales integrales (pan, arroz). Incluso podremos agregar a las preparaciones salvado de trigo para lograr este efecto.

Los alimentos sólidos producen mayor sensación de saciedad que los líquidos.

Alimentarnos sacia el hambre y aporta al organismo los nutrientes necesarios para un desarrollo adecuado.

La alteración de los mecanismos que regulan el apetito puede producir desequilibrios en el peso.

¿QUÉ ESTÍMULOS REGULAN EL APETITO?

Cuando el mecanismo que regula el apetito funciona correctamente, los estímulos que actúan en nuestro cerebro son:

INHIBIDORES DEL APETITO

Tensión emocional

Estrés

Sensaciones desagradables: mal aspecto de las comidas, olor putrefacto, feo sabor o gusto de los alimentos.

ESTIMULANTES DEL APETITO

Cuando baja el azúcar (glucosa) en la sangre, es decir, cuando se produce hipoglucemia.

Sensaciones agradables: olores atrayentes, aromas agradables, platos apetitosos, sabor de un rico alimento.

Desde pequeños aprendemos a regular nuestro apetito.

EL CEREBRO Y EL APETITO

El proceso interno de la nutrición

Un grupo de científicos argentinos que trabajaba en Estados Unidos desarrolló (a partir de una droga que ya había sido utilizada para controlar las ganas de comer) un compuesto llamado fenfluramina. Este derivado de la anfetamina salió al mercado en el año 1992; pero hacia 1997, tras haberse reportado 24 casos de mujeres que habían desarrollado una extraña afección cardíaca, la Administración de Alimentos y Drogas de los Estados Unidos retiró el producto de los circuitos farmacéuticos. Sin embargo, y a pesar de los efectos negativos, el medicamento abrió toda una serie de investigaciones sobre el proceso químico/cerebral que realizaba la comida en la mente. Mediante la ingestión de la fenfluramina se producía en el cerebro la liberación de un compuesto llamado serotonina que activaba las neuronas situadas en una parte del cerebro llamada tallo encefálico. Explicado en palabras más simples: la droga disparaba un compuesto que permitía el paso de los impulsos eléctricos entre las neuronas del cerebro. Hasta ese momento, se desconocía cuál era exactamente la vía de acción neuronal que se desencadenaba después de comer y esta droga ayudó a conocer el proceso.

Los primeros estudios

Joel Elmquist, un joven anatomista, detectó que cuando se administraba cierta dosis de fenfluramina en ratas de laboratorio, se activaban también las células nerviosas situadas en el hipotálamo. Esto se pudo descubrir gracias al aporte del científico Marcelo Rubinstein, quien diseñó y produjo ratones transgénicos que llevan en su interior una proteína verde fluorescente que permitía seguir la activación y el funcionamiento de estas neuronas.

Siguiendo este proceso, se pudo conocer la cadena de conexiones celulares que permite a la fenfluramina generar la sensación de saciedad. Es decir, se comprobó cómo el fármaco despierta a las neuronas del tallo encefálico y luego a las situadas en el hipotálamo para hacer que el organismo sienta la sensación de satisfacción.

Los nuevos tratamientos farmacológicos deben ser indicados por los especialistas. No se debe recurrir a ellos sin prescripción médica.

Herramientas farmacológicas

Al margen de los resultados (que todavía se hacen esperar) este trabajo es un buen ejemplo de cómo la biología y la genética molecular aportan herramientas a la farmacología para uso humano. Sin ellas, no se podría avanzar en el conocimiento de los fármacos que es preciso desarrollar para el tratamiento de estos casos. Hasta el momento, lo que se pudo demostrar es que hay un camino molecular hacia la saciedad; pero la droga, por el momento, sigue prohibida hasta que se reviertan sus efectos adversos. El verdadero descubrimiento reside en que ahora se sabe exactamente cuál es el blanco sobre el que actuar.

En el cerebro existen transmisores que pueden inhibir las ganas desmedidas de comer.

Algunas funciones cerebrales están íntimamente realacionadas con el apetito.

Algunos fármacos son útiles para controlar la obesidad.

Los alimentos de estación son la base de toda dieta nutritiva y equilibrada.

LOS MEJORES ALIMENTOS SEGÚN LAS ETAPAS DEL AÑO

Cada una de las etapas del año tiene su propia característica que nace de una armoniosa conjunción entre clima, temperatura y energía. Los ciclos del planeta se presentan año tras año conformando a su vez los ciclos de la vida. Los animales salvajes y las plantas adquieren diferentes actitudes según las características de cada época, mientras que los colores y el paisaje también se transmutan. Aunque con frecuencia lo olvidemos, en nuestro cuerpo también sucede lo mismo, quizás con la misma fuerza y la misma intensidad. Nuestra parte instintiva reacciona (a veces jugándonos bromas pesadas) y avisa a nuestro metabolismo que una nueva estación se está acercando. En las grandes concentraciones urbanas, por distintos motivos, esta descripción que parece tan simple y natural, suele ser olvidada por la mayoría de las personas.

Sin embargo, los antiguos eran absolutamente concientes de todos estos avatares que se dan con el correr de los ciclos. Ellos descubrieron que nuestros órganos poseían una relación muy específica con los cambios climáticos y los alimentos. Por ejemplo, el hígado, que normalmente se bloquea por comer en exceso grasas saturadas, aceites y fritos, puede depurarse y desbloquearse más fácilmente durante la primavera con verduras que crecen en esta estación. Los riñones, que se debilitan con el clima húmedo y frío, se pueden reforzar con alimentos ricos en minerales, algas y verduras de raíz, fácilmente obtenibles en el invierno. El estómago encuentra más fácilmente su equilibrio entre finales del verano y principios del otoño durante la época de la recolección, cuando la naturaleza nos ofrece todos sus frutos y verduras más dulces.

La mayoría de las verduras y frutas que consumimos son alimentos de estación.

Una aclaración pertinente: además de elegir los alimentos que mejor se adaptan a cada etapa, es necesario también respetar los distintos modos de cocción. En la unión de estos dos simples consejos nacerá la síntesis dietaria justa para cada estación.

Las estaciones climáticas alteran el paisaje natural e influyen sobre todos los seres vivos, incluyendo al hombre.

Los guisantes y estofados consumidos en invierno ayudan a compensar los gastos excesivos de energía.

toño

ara esta etapa es necesario **incluir gran ntidad de cereales integrales** (arroz rincipalmente), pequeñas leguminosas entejas), **verduras de raíz** (zanahorias, bollas, nabos) y también redondas de hoja. **Sopas calientes**, con algunas gas que aporten minerales. También necesario aumentar la cantidad utilizada e aceite y sal en nuestra cocina diaria. o obstante, lo que caracterice a este omento estará marcado por las formas e preparación. Estos estilos son los que s generarán los efectos deseados para rontar este período. Además, utilizaremos n más frecuencia llama lenta y más empo de cocción: **estofados largos, fritos lteados largos, presión, horno**. a el caso de las frutas es recomendable nsumirlas preparadas en compota o puré. por supuesto, para adquirir energía, **tilizar fruta seca**. El sabor picante s el que se relaciona con este período n especial aquellos que calienten como jengibre, la canela, la nuez moscada el clavo de olor.

vierno

s la estación de la concentración, naturaleza se repliega y por ende todos s integrantes. **Cereales integrales e consistencia seca** (arroz de grano, mijo, go, avena), **sopas mineralizadas n algas**, y **caldos de verdura**. na recomendación importante: **incorporar ás cantidad de proteínas** cocinadas e forma reforzante y nutritiva (es decir, n estofados, al horno o fritos). Elegir s verduras de raíz (cebollas y papa).

Primavera

La imagen que resume al período es la de un árbol renaciendo. Con nuestro cuerpo sucede lo mismo. Debe reducirse la ingesta de proteínas e ir reemplazándola para depurar y abrir el organismo. Se recomienda verduras de toda clase pero sobre todo las más amargas (berro, puerro, dientes de león). **Debe aumentarse el consumo de cítricos** y, sobre todo, mutar el sistema de cocción (hervir, cocinar al vapor).

Verano

En esta estación es necesario aumentar, en mayor medida, las **raciones de cereales**. Ensaladas con **arroz de grano largo, cebada o pasta integral** son una excelente opción. A pesar de que en nuestra cabeza sea difícil pensarlo, las sopas deben estar presentes. Si se las toma frías, estos preparados aumentan y fortalecen el proceso digestivo. **La ingesta de proteínas debe tener un matiz más vegetal** (soja, legumbres, etc.). Sin embargo, la parte animal puede cubrirse con **pescados y frutos de mar**. Pero las vedettes de esta temporada son las verduras y las frutas. Las mismas deben ser incorporadas preferentemente crudas o con muy poco proceso de cocción. Esta situación nos proveerá de una gran cantidad de energía, imprescindible para afrontar los duros calores que caracterizan al estío.

En primavera son ideales los alimentos livianos y refrescantes, que no requieran cocción ni la adición de condimentos salados.

La primavera y el verano son momentos ideales para reducir el consumo de sal y condimentos salados, moderar el uso de aceites para frituras y evitar los preparados con harinas y las comidas horneadas. Durante estos períodos podemos aprovechar para incorporar a nuestra dieta una gran cantidad de frutas y verduras frescas, ricas en minerales y vitaminas. El consumo de condimentos salados, aceites y comidas horneadas puede aumentar en otoño e invierno, reduciendo simultáneamente el consumo de comidas y bebidas frías. Durante estas estaciones nuestra dieta debe ayudar a reforzar el sistema inmunológico, previniendo la aparición de aquellas enfermedades que se relacionan con el frío y las bajas temperaturas.

A medida que aumenta el frío conviene reducir el consumo de verduras y frutas crudas.

EN BUSCA DEL PESO IDEAL

El sobrepeso suele ser una de las principales causas de preocupación para la mayoría de las personas. Sin embargo, la idea de **adelgazar no sólo está relacionada con una cuestión estética sino también con** el cuidado de la salud y **la calidad de vida**.

Un plan armónico

Existen **tres factores fundamentales** que es necesario tener en cuenta cuando se quiere perder algunos kilos y llegar al peso ideal.
Por ejemplo:
1- Una dieta baja en calorías.
Resulta imprescindible para que nuestro cuerpo utilice las reservas que tenemos en el tejido adiposo, es decir, **la grasa acumulada**, A su vez, la dieta
Debe cumplir con una serie de requisitos:
• Cantidades suficientes de nutrientes.
• Proporción armónica de hidratos de carbono, proteínas y grasas.
• Calidad de los nutrientes.
• Adecuarse a nuestros gustos, hábitos y actividades.
2- Un delicado equilibrio entre la actividad física y los alimentos.
La actividad física resulta un recurso importantísimo, ya que se complementa con la dieta en la lucha contra los kilos de más y hace que las reservas de grasa de nuestro cuerpo se utilicen más rápidamente, permitiéndonos adelgazar. Pero, además, este equilibrio ayuda a mantener un nivel de salud satisfactorio. Es beneficiosa para el sistema respiratorio y circulatorio, para el sistema muscular y esquelético, e incluso favorece al sistema nervioso y glandular.
En general, las actividades que desarrollamos –y en especial las que demandan esfuerzo o trabajo físico– son factores importantes a la hora de establecer el consumo de calorías diarias.

La buena información es el punto de partida para comenzar una dieta baja en calorías.

Para que el ejercicio físico provoque el efecto deseado, se debe combinar con una dieta adecuada.

Si una persona mide 1,55 m y pesa 70 kg, su Índice de Masa Corporal será de 29,13.

Por ejemplo:
• **1000 calorías diarias** son suficientes para mujeres que tienen una actividad física moderada y desean realizar una dieta hipocalórica y bajar de peso.
• 1000 a **1500 calorías diarias** son suficientes para **personas que no** desarrollan actividades fuertes, es decir, que están en reposo.
• 2000 a **2500 calorías** diarias necesitan las **personas que tienen actividades sedentarias**, es decir, de escaso trabajo físico, como empleados de oficinas, comercios, y todos los que desempeñan tareas intelectuales.
• 3000 a **3500 calorías** diarias requieren quienes realizan **trabajos de cierto esfuerzo físico**, como obreros de fábricas, carpinteros, albañiles, etc.
• **5000 calorías** diarias precisan algunos **deportistas**, en especial aquellos que practican "deportes fuertes", de gran esfuerzo físico.
El consumo de calorías no es el mismo para todas las personas. Además, cabe destacar que el desgaste de calorías no es estable: depende del trabajo físico. Por ello, los sábados y domingos, días que en general desarrollamos escaso esfuerzo muscular, se impone una ingesta de calorías menor que la de los días de la semana.

Control del sobrepeso y exceso de masa. Para ello, debemos conocer nuestro peso actual, es decir el peso que tenemos al momento de establecer la comparación, y nuestra estatura, es decir la altura. Según la **fórmula de Índice de Masa Corporal (IMC)** podemos determinar si tenemos sobrepeso u obesidad. Si bien existen otros métodos y fórmulas para diagnosticarlo, esta forma es la más práctica y utilizada por los profesionales:

$$IMC = \frac{\text{Peso actual (kg)}}{\text{Altura}^2 \text{ (m)}}$$

Una vez que obtenemos el resultado, lo comparamos con los siguientes parámetros:

IMC	Determinación
< 18,5	Bajo peso
18,5 - 24,9	Peso normal
25 - 29,9	Sobrepeso
30 - 39,9	Obesidad
> 40	Obesidad grave

Factores genéticos

Los factores genéticos o constitutivos **marcan una mayor facilidad para formar grasa** y, por lo tanto, aumentar el tejido adiposo. Si un niño nace de padres flacos, la probabilidad de ser obeso es del 5%; si uno de los padres es obeso, la probabilidad aumenta a un 40%; y, obviamente, si ambos padres son obesos, la probabilidad se incrementa a un 80%.

Problemas hormonales

Generalmente se justifica el exceso de peso aludiendo a "un problema de tiroides", pero la realidad demuestra que un porcentaje muy bajo de las personas con esta afección tiene problemas con esa glándula. La única alteración hormonal observada frecuentemente es el aumento de insulina, presente en algunos obesos que, a través de diferentes mecanismos producidos dentro del organismo, facilita y favorece una mayor formación de grasa.

El papel de las hormonas en la distribución de la grasa

La distribución de la grasa en el cuerpo depende de los niveles hormonales que hay en los distintos sexos. En la mujer va variando según los momentos biológicos. El nivel de la hormona femenina (estrógeno) está aumentado durante la edad fértil. Esto favorece la formación de grasa en glúteos, muslos y cadera, y es justamente en estos sitios en donde se ve disminuido el aprovechamiento de las grasas por parte del organismo razón por la cual resulta más difícil tratarla.
Pero hay una ventaja... El nivel de hormonas femeninas (estrógenos) antes de la menopausia representa un factor preventivo en el riesgo de padecer enfermedades cardíacas. **Cuando una mujer entra en el periodo menopáusico, disminuyen los niveles de la hormona femenina, y la grasa se redistribuye**, localizándose a nivel abdominal o en forma difusa. Pasa a tener, entonces, obesidad superior o difusa. Es por eso que observamos que las mujeres se vuelven un poquito "panzonas".

Factores endógenos

La palabra "endógeno" hace referencia a los **procesos que se generan en nuestro organismo**. Por ejemplo, la insulina fabricada en el páncreas se denomina insulina endógena, mientras que la fabricada sintéticamente en laboratorios es exógena porque proviene del exterior. **En algunas personas obesas estos mecanismos endógenos están alterados**. Suele suceder que este tipo de individuos no pueden registrar cuándo están satisfechos, ni tampoco las sensaciones de saciedad, porque sus órganos alimenticios están descompensados.

El sedentarismo y la ingesta de alimentos calóricos producen el aumento de los depósitos de grasa en el cuerpo.

Los factores endógenos, en algunos casos, pueden influir en el aumento del peso corporal.

La obesidad puede ser el resultado de factores genéticos.

En lugar de ingerir cierta cantidad de un alimento que contenga alto valor en grasas, ingresemos a nuestro organismo esa misma cantidad pero de un alimento de alto valor proteico. Para ello es importante conocer la composición de los alimentos en sus valores calóricos, y hacer una inteligente selección.

La obesidad no depende únicamente del tipo de alimentación. Su aparición también se relaciona con los hábitos sedentarios y las características genéticas de cada persona.

Falta de actividad física

El sedentarismo es un común denominador entre la mayoría de las personas obesas. La falta de actividad física, al ir acompañada de una ingesta alta en calorías, se traduce en exceso de grasa. Es posible incorporar una mayor actividad física a nuestra rutina habitual. ¿Cómo?

La cantidad de calorías que deben consumirse está directamente relacionada con la actividad física que se realiza diariamente.

Éstas son algunas sugerencias.

- **Evitar los ascensores**; subir y bajar por escaleras.
- No mirar demasiadas horas de televisión.
- Descender de los medios de transporte una parada antes y finalizar el trayecto a pie.
- Si solemos viajar en automóvil, estacionarlo a varias cuadras del lugar a donde debemos ir.

Conclusiones

El consumo de energía o de calorías no es el mismo para todas las personas. Además, cabe destacar y tener en cuenta que **el desgaste de calorías no es estable, depende del trabajo físico**. Por ello, los sábados y domingos, días que en general desarrollamos escaso esfuerzo muscular, se impone una ingesta de calorías menor que la de los días de la semana. Sin embargo, comúnmente no ocurre así y desestabilizamos la dieta normal por descontrolarnos en alguna "comilona dominguera". ¡Tengámoslo presente!, y los fines de semana propongámonos practicar actividades físicas o restrinjamos el aporte de alimentos calóricos.

CANTIDAD DE CALORÍAS DIARIAS

de 1000 a 3000 calorías:

personas que tienen escaso trabajo físico, aquellos que desarrollan actividades intelectuales o realizan actividad física moderada.

de 3000 a 5000 calorías:

personas que realizan trabajos de gran esfuerzo físico, deportistas que desempeñan actividades que requieren fuerza y entrenamiento.

RECUERDE QUE...

... las **anfetaminas** (recetadas o no), son drogas tóxicas que causan **efectos nocivos en nuestro organismo**. Provocan acostumbramiento y dependencia, además de innumerables **desequilibrios glandulares y nerviosos** de gravísimas consecuencias.

EL EXCESO DE GRASA
Y SUS EFECTOS EN EL ORGANISMO

Disminuir el consumo de grasas no sólo cambia la imagen corporal sino también mejora la calidad de vida.

La obesidad es el almacenamiento excesivo de tejido adiposo. Antes, era considerada sólo un problema estético; hoy, en cambio, se sabe que aumenta las posibilidades de padecer serias complicaciones de salud.

Debemos evitar el consumo de alimentos con elevados niveles de grasas y azúcares.

Los riesgos

La obesidad es un incremento del depósito corporal de grasas que se debe a una alteración entre el ingreso de energías a través de los alimentos y su consumo. Las personas que padecen esta afección tienen un ingreso de energías (calorías) que supera ampliamente su posibilidad de gastarlas.

Disminuye, además, **la calidad de vida** y actúa como un factor de riesgo en la aparición y desarrollo de distintas enfermedades. Además de los trastornos que se producen a nivel corporal, esta afección ocasiona también diversas complicaciones relacionadas con la salud tanto psíquica como social.

Tipos de obesidad

Obesidad armónica
Es aquella donde el exceso de grasa se suele distribuir en forma proporcional, es decir, armónicamente en todo el cuerpo: abdomen, caderas, muslos, brazos y piernas.

Obesidad inferior
También se la denomina comúnmente "obesidad en forma de pera", dado que la grasa se suele localizar en muslos, caderas y glúteos.

Tiene la desventaja de que es muy difícil de tratar y provoca, cuando la obesidad es importante, serios problemas en las articulaciones debido al exceso de peso que éstas deben soportar. Puede producir artrosis en las rodillas, en la columna dorso-lumbar y problemas a nivel de la cadera. Este tipo de obesidad, si bien se puede presentar en los hombres, es característica de la mujer.

- **Obesidad superior o abdominal**
Es el clásico hombre con "panza". Este tipo de obesidad suele conocerse como "obesidad en forma de manzana", dado que el exceso de grasa se localiza en abdomen y vísceras, presentando como consecuencia los típicos "rollitos". **Si bien es más frecuente en los hombres, también se presenta en mujeres** en la edad premenopáusica y menopáusica. Tiene la ventaja de que, con tratamiento adecuado, puede erradicarse con más facilidad que la anterior. Pero su mayor desventaja es que presenta mayores riesgos de enfermedades cardiovasculares.

La obesidad superior o abdominal favorece la hipertensión y los problemas cardíacos. También aumenta el riesgo de diabetes y arterioesclerosis.

RECUERDE QUE...

... durante mucho tiempo los trastornos emocionales fueron definidos como agentes generadores de obesidad. Hoy, en cambio, se los considera sólo como reacciones defensivas frente a los prejuicios sociales.

El sobrepeso ocasiona trastornos físicos y genera alteraciones a nivel psicosocial.

El problema de subir y bajar de peso

Subir y bajar de peso en forma continua y reiteradamente **no es aconsejable** ni saludable: es absolutamente dañino, tanto a nivel orgánico como a nivel emocional y también estético. Muchas graves depresiones y alteraciones del sistema nervioso son precisamente consecuencias de las reiteradas oscilaciones del peso corporal. Y ni hablar del impacto que ello les causa a nuestros tejidos y fibras musculares: gradualmente vamos perdiendo tonicidad y elasticidad por las fluctuantes variaciones de peso. Entonces, la flaccidez y atonía muscular se convierten en un problema difícil de vencer, aun con gimnasia. En el caso de las mujeres pueden presentarse otros signos preocupantes como las estrías y la celulitis.

El abdomen, las piernas y los glúteos son la zonas más propensas para los depósitos de grasa. Por eso, para moldear la silueta además de una dieta hipocalórica, es necesario realizar gimnasia localizada.

La obesidad inferior depende de la edad, ya que en la premenopausia y en la menopausia el cuerpo experimenta cambios bruscos.

La obesidad deteriora la salud, desencadenando una gran cantidad de trastornos secundarios.

LOS RIESGOS DE LA OBESIDAD

A nivel de las articulaciones
Problemas de articulación en rodillas y columna, dolor dorso-lumbar.

A nivel del corazón y del pulmón
Hipertensión arterial, enfermedades coronarias, trombos en miembros inferiores, problemas respiratorios.

A nivel del hígado y la vesícula
Aumento de la grasa en el hígado, cálculos en la vesícula.

A nivel hormonal
Diabetes, dislipemias (alteración de las grasas en sangre). Alteración en ácido úrico en sangre.

En la mujer
Ciertos tipos de cáncer: mama y endometrio. Alteraciones en la fertilidad. Complicaciones en el embarazo y el parto.

Riesgos quirúrgicos
Aumenta el riesgo al someterse a anestesias. Mayor probabilidad de infecciones. Posibilidad de complicaciones en una cirugía.

Trastornos psicosociales
Aislamiento social. Discriminación laboral. Sentimiento de inferioridad.

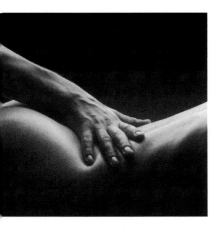

La celulitis suele aparecer en la adolescencia y si no la tratamos nos acompañará toda la vida

strías

as oscilaciones continuas de peso y los **escensos rápidos** constituyen una de las rincipales **causas de las estrías**, ècnicamente denominadas "vergeturas". stas suelen aparecer principalmente n los muslos, el abdomen, el busto la cadera. Se producen por efecto de tensión a la que la piel es sometida por n excesivo sobrepeso y por la posterior stensión que sufre la piel tras un descenso ápido. **El tejido epidérmico sufre aivenes de tal** magnitud que el campo melánico" —o sea la capa de la piel onde se inicia la pigmentación— sufre una lteración prácticamente irreparable. ctualmente, la medicina busca paliar sta afección a través de diversos métodos, ntre los que sobresale la aplicación de ser; pero resultan bastante costosos. or eso, mejor prevenirlos evitando los ontinuos vaivenes de peso y usando remas nutritivas en las áreas propensas.

Celulitis

Digamos que la celulitis se trata realmente de una excesiva infiltración de grasa en el tejido conjuntivo.

Pues podríamos definir tejido conjuntivo como una especie de acolchado subcutáneo, encargado de brindarle a la mujer sus características "líneas femeninas", suavizando y disimulando esa musculatura típica del hombre. De ahí que este problema impacte a la mujer, prácticamente en forma exclusiva.

Las dietas y la obesidad

Muchas veces alguna revista de actualidad promociona un **plan dietario que se vuelve popular** y que promete conseguir una bella figura en sólo un par de semanas. **Es un error adoptar este tipo de dietas sin consultar con nuestro médico o nutricionista**, ya que nos exponemos a grandes trastornos alimenticios. Si no controlamos con debido cuidado todos los nutrientes que ingerimos, corremos el riesgo de escatimar en nuestra dieta alimentos importantísimos como las frutas, las verduras y los productos lácteos. Según la mayoría de los estudios sobre este tema, estos planes (que generalmente se basan en reducir o aumentar el consumo de proteínas, hidratos de carbono y grasas, ver pág. 145) provocan un gran déficit de vitaminas y minerales importantes, en particular de vitaminas A y C, hierro y calcio. **Cuando se trata de perder peso, seleccionar los alimentos es un verdadero truco de equilibrismo**. Hay que eliminar parte de los productos habituales y añadir otros que pueden resultar novedosos.

> *Una vez que logramos bajar de peso, hagamos todo lo posible para mantenernos en forma, ya que oscilar constantemente es perjudicial para nuestra salud.*

Algunas esencias y emulsiones aromáticas nos ofrecen un adecuado cuidado de nuestra piel.

SABÍA QUE...

… la elastina es una de las proteínas más importantes para combatir las alteraciones de la piel? Además de realizar tareas en la mayoría de los tejidos de órganos internos, esta sustancia forma parte del tejido conjuntivo de la piel, donde genera redes elásticas y de textura gomosa. Esta asombrosa propiedad, ha hecho de la elastina un objeto de estudio muy frecuentado por los nutricionistas. A través de numerosos experimentos y pruebas en laboratorios se ha demostrado que las pieles alteradas (como sucede en el caso de las estrías y la celulitis por ejemplo), tratadas con emulsiones a base de elastina, recuperan su elasticidad, a la vez que se alisan las arrugas y surcos de la piel.

EL CONTROL DE NUESTRA CONDUCTA ALIMENTICIA

Debemos moderar el consumo de dulces ya que poseen una gran cantidad de azúcares y grasas saturadas.

C ada uno tiene una relación diferente con los alimentos. Ésta marca con el correr del tiempo, se convierte en nuestra conducta alimentaria. Es una manera de actuar que hemos aprendido, pero es posible modificarla. ¿Cómo lo hacemos? Veamos...

Antes de comer

- **Planifiquemos los horarios de las comidas del día**. Debemos realizar por lo menos 4 comidas diarias y, si es posible, colaciones o ingestas entre ellas. Las **comidas fraccionadas** nos evitan comer excesivamente y además nos ayudan a **quemar calorías**.
- No posterguemos el horario de la comida por otra actividad.
- **Usemos platos chicos para servir la comida**. Nos dan la sensación de que estamos comiendo más. En cambio, al usar platos más grandes, solemos servirlos completos, doblando quizás la cantidad que debemos consumir.
- No comer mientras cocinamos.
- Llevar a la mesa la comida servida en los platos.

Los malos hábitos a la hora de comer pueden llevarnos a consumir, sin darnos cuenta, más calorías que las indicadas.

No utilicemos la comida como estímulo y gratificación, busquemos para ello otras alternativas que no sean comestibles. Tratemos de encontrar placer en salir a caminar o realizar una actividad física que nos ayude a quemar calorías.

- **No comprar alimentos que están fuera de nuestro plan de alimentación**: chocolates, golosinas, confituras, etcétera.
- Cuando llegue a su casa, espere al menos 15 minutos antes de comer, ya que, cuando uno está cansado y hambriento, es fácil comer en forma compulsiva.

Es conveniente fraccionar las comidas, evitando las raciones abundantes.

CONSIDERACIONES SOBRE EL EJERCICIO

Es cierto que **la gimnasia no obra milagros**, pero ayuda en nuestra lucha contra el sobrepeso. Es una opción inteligente que le **brinda innumerables beneficios** a nuestro organismo. Además, está comprobado que reduce el tejido adiposo y transforma a una persona pesada en ágil y flexible, por lo cual constituye una ayuda indiscutible. En especial, en el caso de "sobrepeso por exceso de grasa". En el caso de "sobrepeso por exceso de agua", **el ejercicio debe ser progresivo y estar acompañado de la supervisión de un profesional** que evalúe qué tipo de ejercicios son los apropiados, considerando las causas del problema. Por otra parte, para este tipo de exceso de peso, **el ejercicio físico no debe provocar fatiga** y, siempre que sea posible, resulta muy indicado guardar reposo de día completo, una vez por semana. También es muy eficaz el masaje de las zonas problemáticas.

Durante la comida

Concentremos la atención en la comida; las distracciones nos pueden hacer perder el control. **Evitar realizar actividades agregadas como mirar televisión, leer**. Mastiquemos cada bocado 30 veces o pongamos un tiempo mínimo para realizar cada comida. Por ejemplo, le podemos dedicar 10 minutos al desayuno y 20 minutos al almuerzo o cena.

Dejemos los cubiertos en el plato luego de cada bocado.

Degustemos cada bocado concentrándonos en lo que comemos. No "picoteemos", consumamos comidas elaboradas. Al "picotear", es fácil engañarse y comer algunas cosas de más.

• Comamos siempre sentados, nos ayudará a crear un hábito y evitaremos "picotear".

• **No comamos directamente de los envases**, sirvámonos una porción y guardemos el resto.

Después de comer

• Realicemos **actividad física para quemar calorías**.

• Llevemos un registro de las comidas que hacemos diariamente, para controlar lo que comemos.

No hay que saltearse las comidas. Lo ideal es hacer cuatro diarias, y además, intercalar colaciones entre ellas. Posponer comidas, saltearse alguna de ellas y comer a deshoras son conductas que debemos evitar. Además de que no nos dejan adelgazar, promueven más tarde los conocidos "atracones" de comida.

CAMBIOS DE CONDUCTAS Y HÁBITOS ALIMENTARIOS

Es un proceso lento y que suele presentar altibajos; pero, a la larga, es seguro y efectivo, porque no sólo nos permitirá bajar de peso, sino que, además, aprenderemos a comer correctamente. Esto facilitará la etapa de mantenimiento. Si no se logra este cambio de actitud, a la larga el peso corporal se recupera.

MODELO DE REGISTRO SEMANAL DE COMIDAS

	LUNES	MARTES	MIÉRCOLES	JUEVES	VIERNES	SÁBADO	DOMINGO
Desayuno							
Almuerzo							
Merienda							
Cena							
Colación 1							
Colación 2							

Este registro nos ayudará a evaluar si nos desviamos de nuestro plan de alimentación.

Cuando comemos fuera de casa

Cuando comemos una o varias comidas fuera de casa, no disponemos del tiempo suficiente, o del dinero, para consumir una comida elaborada en un restaurante. **Por ello, solemos hacer comidas rápidas**. Dentro de las posibilidades que estos lugares nos ofrecen, elijamos las mejores para nuestro plan de alimentación hipocalórico.

- **Evitar las comidas rápidas**: panchos, hamburguesas, empanadas, patatas fritas, aros de cebolla, sándwiches, etcétera.
- **Evitar los restaurantes conocidos como "tenedores libres"** pero, si debemos comer allí, elegir preparaciones como ensaladas de vegetales, carnes a la parrilla (a la que podamos sacarle toda la grasa visible), pollo al horno (sacándole la piel), pastas simples condimentadas sólo con aceite, sin salsas ni aderezos.
- **Evitar las galletas y el pan durante las comidas**. Pidamos que retiren la panera de la mesa para no tentarnos.
  - Evitar los alimentos fritos y grasosos.
  - Evitar las golosinas y confituras.
  - Consumir una fruta fresca o un yogur descremado.
  - Desayunar con abundante alimentos antes de salir de casa.

La erradicación de los malos hábitos alimentarios es un requisito indispensable para mantenernos en el peso ideal.

Cuando compramos alimentos

- Hacer una lista de los que necesitamos y no comprar otros.
- No tentarse. **Evitar las góndolas donde están los productos que no debemos consumir porque engordan** excesivamente: galletitas dulces, chocolates, golosinas, productos de copetín, etc.
- Leer bien las etiquetas de los envases.
- Evitar los alimentos procesados: enlatados, embutidos, deshidratados y congelados; ya que a menudo contienen muchas calorías, grasas y sodio.
- No ir a comprar con el estómago vacío, porque esto facilita que uno se tiente con todo lo que ve.

Se recomienda evitar el consumo de alimentos deshidratados, congelados y enlatados.

EQUIVALENCIAS

1. Salami.
2. Cesina.
3. Queso azul.
4. Mahonesa.
5. Mantequilla.

Las "comidas rápidas" deben ser eliminadas de nuestros hábitos alimentarios.

PRECAUCIÓN CON ALGUNOS ALIMENTOS RICOS EN GRASAS

Antes de salir de casa, es primordial que nos preparemos un gran desayuno que contenga todos los alimentos necesarios para realizar nuestras actividades.

EMBUTIDOS	QUESOS	CARNES GRASAS	ADEREZOS	OTROS
jamón cocido, mortadela, salame[1], bondiola, salchicha[2], etc.	cheddar, roquefort[3], brie, sardo, untables con crema.	costillas de cerdo, carne picada común, falda, etc.	salsa golf, ketchup, mostaza, mayonesa[4].	Bizcochos de grasa, manteca[5] y margarina, aceite como medio de cocción.

Consejos para mantenernos en el peso ideal

Una vez que llegamos al peso deseado, es necesario controlar nuestra ingesta diaria para no volver a engordar. Para ello, además de ir incorporando alimentos y cambiar el plan de alimentación (pasar del de 1.200 calorías al de 1.500, y luego al de 1.800 (ver pág. 141), **es bueno recordar algunas pautas que nos ayudarán a mantenernos** alejados de los antiguos malos hábitos.

Pesarnos regularmente.
No le tengamos miedo a la balanza (ni odio, ni rencor). Ella será nuestro punto de referencia para saber si vamos bien. No tengamos demasiado en cuenta las pequeñas variaciones de peso: hoy subimos unos gramos, pasado mañana seguramente los bajaremos. El peligro existe cuando notamos que estamos aumentando gradualmente. Entonces sí, a los 2 kilos de más, ¡Alerta rojo, a bajarlos enseguida! Para ello, deberemos recurrir nuevamente al plan de alimentación hipocalórico de 1.200 (ver pág. 141) calorías hasta volver al peso ideal.

Tomar un buen desayuno.
Recordemos que el desayuno es importantísimo, jamás debemos obviarlo. Podemos planificarlo a gusto; 1 yogur, 2 tajadas de jamón con un huevo duro o revuelto, 1 rebanada de pan integral, 1 rebanada de queso magro, 1 café liviano con leche descremada son alimentos permitidos (desechar por completo las galletas, las tostadas, la manteca y el azúcar).

Almorzar liviano.
Es bueno almorzar liviano para no sentirnos pesados durante las horas de la tarde. Pero nunca, debemos dejar de hacerlo.

Comer con frecuencia.
Es común cometer el error de saltearnos alguna comida, porque pensamos que de esa manera estamos adelgazando.

Pero comidas "voluminosas" separadas por largos períodos de tiempo provocan una afluencia de glucosa, aumentando así la liberación de insulina, que precisamente estimula el crecimiento de las reservas adiposas (grasas). Se ha comprobado que, cuando la alimentación se fracciona en pequeñas porciones distribuidas a lo largo del día, las proteínas son mejor aprovechadas.

• Cocinar "a lo flaco".
Cocinemos al vapor, en olla de presión, con grill, con recipientes antiadherentes o en microondas.

• Evitar las bebidas alcohólicas y las gaseosas azucaradas.
Si estamos en una fiesta o en una reunión y queremos darnos un "permiso extra", es recomendable tomar 1 vaso de vino antes que cerveza.

• Ser moderados con el pan.
Démosle preferencia al pan integral (porque es rico en fibras) y tengamos presente que, si un día comemos algún sándwich extra, una masita o una porción de pastel, al día siguiente, suprimiremos el pan y cualquier carbohidrato.

• Consumir sal con moderación.
La sal estimula el apetito. Usémosla moderadamente, pero no la suprimamos totalmente, salvo indicación médica.

• No repetir el plato.
Si tenemos tendencia a repetir el plato, el mejor consejo es comer en platos de postre. Como son más chicos, la porción también será menor y así, al repetir, no estaremos cometiendo un exceso.

• Estar "sujetos por dentro y por fuera".
Esto tiene que ver con la ropa que usamos: gratifiquémonos usando el talle que nos corresponde, y no uno o dos talles más grandes "por si engordamos". Basta de ropa demasiado floja, usemos lo que nos gusta y antes no podíamos usar.

Restrinjamos el consumo de frituras y las grasas. Se recomienda cocinar al vapor o al horno.

Debemos controlar nuestro peso periódicamente. La balanza nos indicará si estamos fuera de peligro o, si por el contrario, debemos reforzar la dieta hipocalórica para volver al peso ideal.

LOS **SÍ** QUE AYUDAN A CUMPLIR UNA DIETA

SÍ...

a la costumbre de tomar un líquido caliente antes de comer (caldo desgrasado o té).
Bajará el nivel de ansiedad y aportará una sensación de saciedad que hará disminuir la cantidad de la ingesta.

SÍ...

a tener siempre preparados en la heladera tronquitos de apio, zanahorias o hinojos, listos para masticar frente a un ataque de hambre.

SÍ...

a la costumbre de no preparar "comida de más".
Si hay más comida, es probable que comamos más de lo debido, "para no tirarla". O se convertirá en un resto en la heladera, al que "atacaremos" en cuanto comience a avanzar el hambre al día siguiente.

SÍ...

a preparar comidas en porciones individuales (en flaneras, compoteras o cazuelitas); son muy útiles para reducir el tamaño de la porción que vamos a comer.

SÍ...

a tener en la heladera aderezos de bajas calorías y preparados como jugo de limón, jugo de tomate, hierbas, vinagre.

SÍ...

a la costumbre de "lavar" en un colador, y bajo el chorro de agua de la canilla, los pescados enlatados que vienen en aceite. De esta manera les restamos valor calórico.

SÍ...

a matar los ataques de hambre con un buen vaso de agua fría.

LOS **NO** QUE AYUDAN A CUMPLIR UNA DIETA

NO...

a comer en la cocina, de pie (mientras esperamos la hora de la comida). Ni siquiera antes del desayuno, porque de esa manera no registramos las ingestas como comidas.

NO...

a tentarnos con manteca o margarina recién sacada de la heladera. Porque, si bien son materias grasas muy engordantes en todas sus formas, al estar frías no podremos estirarlas y consumiremos una mayor cantidad que si están blandas.

NO...

a servirnos directamente galletas de un recipiente o del paquete, ni mermelada del frasco.
Sirvámonos una porción en un pequeño platito, como lo haríamos con un invitado.

NO...

al alcohol en todas sus formas.
¡Un vaso de vino tiene 150 calorías!

NO...

a consumir trozos de queso entre horas, pensando que no engorda. Pueden consumirse dentro del plan de alimentación hipocálorica sólo en las cantidades indicadas.

NO...

a pensar que basta con hacer dieta 5 días por semana y tener vía libre los 2 restantes.
Aumentar y disminuir la ingesta permanentemente no nos permitirá obtener resultados positivos, nos cansaremos y abandonaremos la dieta.

NO...

a comer leyendo o mirando televisión.
Son trampas que no nos dejan tomar conciencia de lo que comemos o tomamos.

EXAMINEMOS LAS ETIQUETAS DE LOS ALIMENTOS ENVASADOS

Leer las etiquetas de los productos alimenticios envasados nos permite saber cuáles poseen bajo contenido calórico.

Leer atentamente los envases y las etiquetas de los alimentos ayuda a obtener información acerca de su contenido. Los productos dietéticos, son aquellos en los que **se ha modificado la composición durante la fabricación.**

Productos dietéticos bajos en sodio

Aportan igual cantidad de calorías reduciendo sólo el contenido de sal. Están indicados para personas que sufren de alta presión, o problemas cardiovasculares.

Productos dietéticos para celíacos

Aportan igual o mayor cantidad de calorías. **No utilizan en su elaboración cereales** como trigo, avena, cebada o centeno, ya que están contraindicados para quienes padecen esta enfermedad.

Productos dietéticos para diabéticos

Aportan igual o mayor cantidad de calorías. No utilizan en su elaboración hidratos de carbono simples (azúcar), los cuales son reemplazados por edulcorantes y otras sustancias.

Productos dietéticos bajos en calorías

Aportan menor cantidad de energía, pero esto no quiere decir que se puedan consumir indiscriminadamente.

Un error frecuente que se suele cometer al adquirir estos alimentos consiste en pensar que no provocan ningún aumento calórico.

Sales modificadas y dietéticas

Las sales modificadas son de fabricación comercial (es decir tienen una marca definida y patentada).
Fíjate en tu país cuáles son las existentes y verifica en el envase la cantidad de sodio que contienen: **ten cuidado algunas contienen sodio**, aunque en pequeñas cantidades. Generalmetne, como se elaboran a base de cloruro de amonio y cloruro de potasio, **no las pueden consumir las personas con problemas renales o hepáticos**. Estas sales se agregan a la comida ya preparada, en el plato, pues al calentarlas producen un sabor desagradable, similar al del metal.

No se deje engañar por los envases vistosos o con grandes estrategias de venta: lea siempre la información nutricional del producto.

En la góndola, algunos productos pueden parecer dietéticos, gracias al color de su envase.

UN LOGO ES LA GARANTÍA

Existe un logo para aquellos productos elaborados sin el agregado de proteínas que puedan llegar a ser tóxicas para personas celíacas y con intolerancia al gluten. Los alimentos que poseen este símbolo (una espiga de trigo dentro de un círculo) pueden ser consumidos sin problemas por las personas que padecen estas afecciones. Generalmente lo encontramos en leches envasadas, dulces, cafés, quesos untables, etc.

Por lo general, las sales dietéticas ostentan un muy bajo contenido de sodio.

SUGERENCIAS PARA COCINAR SANO Y SIN GRASAS

El exceso de frituras dentro de las costumbres alimenticias puede llegar a traer trastornos digestivos graves.

Si se suplantan las frituras por otro tipo de cocción se pueden comer los mismos alimentos y restar calorías.

Es importante tener en cuenta algunos consejos que serán de gran utilidad cuando se cocine de acuerdo con un plan de alimentación bajo en calorías.
La cocción de los alimentos se toma como algo insignificante y carente de importancia. Sin embargo, **es una de las claves para conseguir que la comida sea atrayente y conserve todas sus características nutritivas**. Una mala cocción puede generar: disminución de la digestividad, desaparición de parte de sus vitaminas y otros nutrientes, y aparición de sustancias nocivas para la salud. Las técnicas más conocidas son:

- **Cocina al vapor:** la cocción al vapor es uno de los sistemas más saludables. Además de suprimir todo tipo de grasas y aceites, los alimentos conservan mejor su sabor. Esta técnica cuece los alimentos con el vapor que suelta el líquido al hervir.
- **Hervidos:** hervir los alimentos tiene dos consecuencias negativas: quitarles sabor y dejarlos con un bajo valor nutritivo. Es mucho más recomendable cocinar al vapor.
- **Frituras:** la cocina sana utiliza el aceite en cantidades moderadas y reserva las frituras para muy contadas ocasiones. Cuando se calienta el aceite a alta temperatura, éste modifica su composición química y pasa a asemejarse a las grasas saturadas, con sus mismos efectos dañinos para el organismo.

Se cree equivocadamente que la cocción de alimentos es una cuestión sin importancia. Por el contrario, es una de las claves para conseguir que los alimentos conserven sus características nutritivas.

OTROS MODOS DE COCCIÓN

Salteado: es una forma de freír a fuego moderado, utilizando muy poco aceite. Este método reduce la cantidad de calorías y conserva el sabor de los alimentos.

Guisado: los alimentos se cuecen con una salsa dentro de una cazuela de barro o de hierro cerrados. Este tipo de recipientes permite que los alimentos absorban mejor el aroma de la salsa.

Braseado: Los alimentos, se cocinan en una cacerola tapada a fuego lento y progresivo.

Una buena forma de dosificarlo es usar aceite en aerosol, colocando siempre la sartén u olla lejos del fuego en el momento en que se las rocía.

- **Al horno**: es ideal para carnes, aves y verduras. Un truco interesante consiste en colocar en el horno un recipiente con agua para que el ambiente se mantenga húmedo y los alimentos no se sequen. **Advertencia: si la temperatura de cocción es muy alta, esto conlleva la pérdida de nutrientes.**
- **A la plancha**: para lograr reducir la grasa de los pescados, carnes y pollos, es conveniente cocinarlos con este método.

RECUERDE QUE...

... para conservar al máximo las numerosas vitaminas y minerales que aportan las verduras es indispensable la cocción al vapor. Resulta la opción más saludable, pues preserva gran parte del sabor y la textura.

ocinar sin sal

importante tener en cuenta las formas
e cocción de los alimentos para mejorar
l sabor, sin necesidad de agregarle sal.
ara ello, podemos utilizar los métodos
e cocción por calor seco, es decir,
l horno, la parrilla y la plancha. A través
e estos métodos se originan productos
e tostación que realzan el sabor, y se evita
a pérdida de los jugos propios que se
ncuentran dentro de los alimentos.
sí conservan su sabor, ya que, por hervido,
stos jugos pasan al medio de cocción.
demás, tenemos como recurso la
ilización de diferentes condimentos para
esaltar el sabor de los alimentos, para
acerlos más agradables. Éstos son:
bahaca, laurel, clavo de olor, comino,
millo, orégano, pimienta, pimentón, ají
olido, canela, vainilla, estragón, jengibre,
o, perejil, cebollín, limón, vinagre, coco,
emillas de anís, amapola, sésamo, extracto
e frutilla, limón, almendra, menta, mostaza
n polvo, curry, nuez moscada, páprika,
úrcuma, azafrán, romero, salvia y azúcar.

rutas y verduras

**lijamos variedad de colores para
segurar el correcto aporte de vitaminas
minerales**.
Consumamos una porción cruda
por día.
Recordemos que **los vegetales de hoja
verde tienen mucho volumen** y,
al **consumirlos crudos, generan una
gran sensación de saciedad**.
Evitemos el agregado de salsas y
aderezos que no sean dietéticos.

Lácteos y derivados

- Consumamos lácteos parcial o totalmente descremados.
- El yogur y la leche cultivada son un buen recurso cuando no toleramos la leche común. **Los podemos consumir con frutas o cereales**.
- Los quesos untables pueden utilizarse para acompañar pan, galletas, en rellenos de preparaciones, con ensaladas de vegetales cocidos, ensaladas de frutas sin azúcar, formando parte de postres dietéticos y haciendo crema dietética con el agregado de esencia de vainilla y edulcorante.
- Debemos tener cuidado con los quesos semiblandos porque, a pesar de ser descremados, aportan alto valor calórico. Hay que consumirlos con moderación.
- Debemos evitar la crema de leche, aunque sea de bajas calorías, ya que aporta una alta cantidad de grasas saturadas.

A la hora de incluir lácteos en la dieta, deben elegirse las opciones descremadas y bajas calorías.

Elegir alimentos con mucho volumen genera sensación de saciedad.

Carnes rojas, aves y pescados

Para cocinar este tipo de alimentos, generalmente **se recomienda elegir aquellos que tengan el menor contenido de grasa**. Por ejemplo:
No obstante, no hay que olvidar:

- Sacarles toda la grasa visible.
- No freírlas. Se pueden cocinar a la plancha o hervirlas (sin la piel en el caso de las aves).

El ajo puede usarse en reemplazo de la sal de mesa para dar sabor a ensaladas, carnes, sopas, etc.

Las pastas y los cereales deben consumirse con moderación, utilizándolos como plato principal.

CARNES CON POCA GRASA

Cortes magros de carnes

Carne picada especial, lomo, cuadril, peceto, bistec, etc.

Pescados y mariscos

Atún[1] al natural, merluza[2], pejerrey[3], brótola, abadejo y kanikama[4], etc.

EQUIVALENCIAS

1. Bonito, pollo de mar, caballa.
2. Pescada.
3. Pez plateado.
4. Bastoncito de carne de pescado.

EQUIVALENCIAS

1. Macís, macis, coscada, nuez coscada.
2. Mejorana.
3. Lauro.
4. Planta aromática.
5. Alcaravea, kummel.
6. Condimento de color anaranjado. En España se usa para la paella y en Italia, para el risotto.
7. Acitrón.
8. Ajo porro, porro.

Cereales y pastas

Consumamos los cereales con moderación, preferentemente integrales.

- Utilicémoslos como plato principal o como parte de diferentes preparaciones: albóndigas, hamburguesas, etc.
- Elijamos pastas simples y no rellenas; fideos tipo cinta, spaguetti, tirabuzón, moñito. Acompañémoslas con salsas dietéticas.
- Para las tartas, compremos las masas bajas calorías o las que se indican para freír, pero cocinándolas al horno, ya que tienen menor contenido de grasa.

Azúcares y dulces

Aportan muchas calorías, por eso es conveniente **reemplazarlos por edulcorantes**.

- Consumamos **mermeladas dietéticas** con moderación, y usando panes, galletas y postres dietéticos.
- **Evitemos los postres** y dulces que no sean dietéticos.

Bebidas e infusiones

Todas las infusiones están permitidas, pero sin azúcar. Se pueden consumir en cualquier momento del día, ya que al ser calientes producen sensación de saciedad y ayudan a controlar el apetito.

- Prefiramos aquellas **bebidas que aporten pocas calorías**: agua, soda, jugos dietéticos, refrescos dietéticos, etc.
- **El alcohol** es rico en calorías y azúcares simples. Se debe consumir con moderación ya que **se convierte en grasa dentro de nuestro organismo**.
- Los caldos en las comidas aumentan la sensación de saciedad. Preparemos caldos caseros y desgrasados, o utilicemos productos dietéticos.

¿QUÉ CONDIMENTOS USAR?

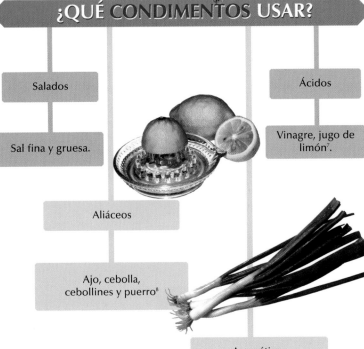

Salados

Sal fina y gruesa.

Ácidos

Vinagre, jugo de limón[7].

Aliáceos

Ajo, cebolla, cebollines y puerro[8]

Aromáticos

Canela, vainilla, nuez moscada[1], anís, orégano[2], laurel[3], perejil, tomillo, albahaca[4], menta, comino[5], clavo de olor, azafrán[6] y salvia.

Se recomienda tener precaución con el contenido calórico de las salsas que acompañan a las pastas.

Aceites y grasas

- Consumir el aceite en crudo para condimentar ensaladas, purés, pastas o preparar salsas dietéticas. **En lo posible, evite las frituras.**
- Tengamos en cuenta **que tanto la margarina como la manteca contienen gran cantidad de grasa**.
- Si queremos preparar frituras, no recalentemos el aceite, porque se pueden producir sustancias tóxicas o irritantes. Tampoco se deben mezclar aceites distintos, ya que cada uno se calienta a distinta temperatura.

Condimentos

Son una excelente y práctica manera de sazonar y darle buen sabor a las comidas sin utilizar grasas y sin aportar ninguna caloría.

- Debemos evitar aquellos que son picantes (ají molido, pimienta blanca, pimienta negra, pimentón, mostaza en polvo) porque estimulan el apetito.

3 PLANES BÁSICOS DE ALIMENTACIÓN PARA MANTENER NUESTRA FIGURA

PLAN DE ALIMENTACIÓN DE 1.200 CALORÍAS

DÍA	DESAYUNO	ALMUERZO	MERIENDA	CENA
LUNES	Té con 1/2 taza de leche descremada, amarga o con edulcorante + 1 rebanada de pan integral + 1 cucharada tipo postre de queso untable descremado + 1 cucharada tipo té de mermelada dietética.	1 taza de caldo de verduras casero o comercial dietético + filet de merluza a la parrilla con ensalada de zanahoria rallada y repollo con una cucharada tipo postre de aceite + manzana asada sin azúcar.	Yogur descremado con frutas.	1 taza de caldo de verduras casero o comercial dietético + berenjenas con tomate al horno + arroz blanco o integral, una taza tipo té (en cocido) condimentado con aceite + aspic de frutas dietético (gelatina dietética con frutas).
MARTES	Café con 1/2 taza de leche descremada, amargo o con edulcorante + 2 galletas de arroz + cucharada tipo postre de queso untable descremado.	1 taza de caldo de verduras casero o comercial dietético + 1/4 de pollo al horno sin piel + soufflé de zapallitos (1 clara) + una fruta fresca.	Infusión con 1/2 taza de leche descremada, amarga o con edulcorante + 1 tostada de pan integral con 1 cucharada tipo té de mermelada dietética.	1 taza de caldo de verduras casero o comercial dietético + cazuela de hortalizas + 2 mitades de duraznos en almíbar bajas calorías.
MIÉRCOLES	Mate cocido con 1/2 taza de leche descremada, amargo o con edulcorante + 3 galletitas integrales + 1 cucharada sopera de mermelada dietética.	Sopa de verduras casera + un bife mediano a la plancha con ensalada de tomate y lechuga condimentada con aceite + ensalada de frutas sin azúcar.	1 pote de leche cultivada descremada.	1 taza de caldo de verduras casero o comercial dietético + 1 taza tipo té de fideos cocidos con brócoli + 1 porción de flan dietético comercial.
JUEVES	Infusión amarga o con edulcorante + 1 rebanada de pan integral + 1 rebanada fina de queso port salut descremado.	1 taza de caldo de verduras dietético + milanesa de pescado al horno + ensalada de remolacha y brotes de soja condimentada con aceite + 1 pera.	Té con 1/2 taza de leche descremada, amargo o con edulcorante + 3 galletitas tipo agua + 1 cucharada sopera de mermelada dietética.	1 taza de caldo de verduras casero o comercial dietético + tortilla de espinaca (1 huevo) + 2 rodajas de calabaza al horno + gelatina dietética.
VIERNES	Infusión con 1/2 taza de leche descremada, amarga o con edulcorante + 2 galletas de arroz + 1 cucharada tipo postre de queso untable descremado.	Sopa juliana de verduras + 1 hamburguesa casera + zanahorias y chauchas al vapor + 3 ciruelas.	1 yogur descremado con copos de cereales.	1 taza de caldo de verduras casero o comercial dietético + colchón de arvejas + ensalada a gusto + compota de manzana sin azúcar.
SÁBADO	Café con 1/2 taza de leche descremada, amarga o con edulcorante + 1 tostada + 1 cucharada tipo té de mermelada dietética.	Consomé de verduras + cazuela de pollo con vegetales y 1 patata chica + gelatina dietética.	Infusión con 1/2 taza de leche descremada + 3 galletitas integrales + 1 cucharada tipo té de queso untable descremado.	1 taza de caldo de verduras casero o comercial dietético + milanesa de soja al horno con zapallitos rellenos con su pulpa + ensalada de fruta sin azúcar.
DOMINGO	Mate cocido con 1/2 taza de leche descremada amarga o con edulcorante + 2 galletas de arroz + 1 cucharada tipo postre de queso untable descremado.	1 taza de caldo de verduras casero o comercial dietético + 2 canelones de verdura con salsa de tomate natural + 1 fruta fresca.	Leche cultivada descremada.	Sopa juliana + cazuela de pollo con vegetales + aspic de frutas dietético.

PLAN DE ALIMENTACIÓN DE 1.500 CALORÍAS

DÍA	DESAYUNO	ALMUERZO	MERIENDA	CENA
LUNES	Té con 1/2 taza de leche descremada, amarga o con edulcorante + 2 rebanada de pan integral + 1 cucharada tipo postre de queso untable descremado + 1 cucharada tipo té de mermelada dietética.	Sopa crema de verduras + suprema de pollo al limón + ensalada de zanahoria rallada y coliflor con una cucharada tipo postre de aceite + ensalada de frutas sin azúcar.	Yogur descremado con frutas + 3 galletitas tipo agua. 	1 taza de caldo de verduras casero o comercial dietético + 1 taza tipo té de arroz blanco o integral (en cocido) con tomate, cebolla, ají y arvejas condimentado con aceite + gelatina dietética.
MARTES	Café con 1 taza de leche descremada, amargo o con edulcorante + 2 galletas de arroz + cucharada tipo postre de queso untable descremado.	Sopa juliana + 1 filet de merluza al horno, con ajíes a la provenzal + 1 taza de frutillas sin azúcar, con queso untable descremado.	Infusión con 1/2 taza de leche descremada, amarga o con edulcorante +2 tostada de pan integral con 1 cucharada tipo té de mermelada dietética.	1 taza de caldo de verduras casero o comercial dietético + omelette de brócoli con ensalada de berenjenas al teflón + 2 mitades de duraznos en almíbar bajas calorías
MIÉRCOLES	Mate cocido con 1 taza de leche descremada, amargo o con edulcorante + 3 galletitas integrales + 1 cucharada sopera de mermelada dietética + 1 cucharada tipo postre de queso untable descremado.	Sopa de verduras casera + bife mediano a la plancha con puré de calabaza condimentado con aceite + 1 porción de postre dietético comercial.	1 pote de leche cultivada descremada con frutas.	Sopa crema de puerros + 1 taza tipo té de fideos cocidos con salsa mixta dietética + 1 porción de ensalada de frutas sin azúcar.
JUEVES	Infusión con 1/2 taza de leche descremada, amarga o con edulcorante + 2 rebanada de pan integral + 1 rebanada fina de queso port salut descremado.	1 taza de caldo de verduras casero o comercial dietético + arrolladito de pollo con ajo, perejil y clara de huevo al horno + ensalada jardinera condimentada con aceite + 1 pera.	Té con 1 taza de leche descremada, amargo o con edulcorante + 3 galletitas tipo agua + 1 cucharada sopera de mermelada dietética.	Consomé + ajíes rellenos con arroz y carne picada + 2 rodajas de calabaza al horno, gratinadas con queso port salut descremado + manzana asada.
VIERNES	Infusión con 1 taza de leche descremada, amarga o con edulcorante + 3 galletas de arroz + 1 cucharada tipo postre de queso untable descremado + 1 cucharada tipo té de mermelada dietética	Sopa juliana de verduras + brótola al verdeo + zanahorias y chauchas al vapor + 2 mitades de duraznos en almíbar dietético.	1 postre de leche dietético.	1 taza de caldo de verduras casero o comercial dietético + guisito de vegetales con 1/2 porción de carne magra + compota de manzana sin azúcar.
SÁBADO	Café con 1 taza de leche descremada, amargo o con edulcorante + 2 tostadas + 1 cucharada sopera de mermelada dietética.	Consomé de verduras + brochette de pollo con vegetales + 1 taza de cerezas.	Infusión con 1 taza de leche descremada + 3 galletitas integrales + 1 cucharada tipo té de queso untable descremado.	1 taza de caldo de verduras casero o comercial dietético + 1 porción de pascualina de verduras + salpicón de atún (1/2 lata de atún al natural, tomate, zanahoria, repollo, ají y cebolla) + ensalada de fruta sin azúcar.
DOMINGO	Mate cocido con 1 taza de leche descremada, amargo o con edulcorante + 3 galletas de arroz + 1 cucharada tipo postre de queso untable descremado + 1 cucharada tipo té de mermelada dietética.	1 taza de caldo de verduras casero o comercial dietético + 20 ravioles de verdura con salsa bolognesa dietética + 1 fruta fresca.	Leche cultivada descremada + 2 galletitas tipo agua.	Sopa juliana + tortilla de zapallitos al horno con ensalada a gusto + 2 mitades de peras en almíbar dietéticas.

PLAN DE ALIMENTACIÓN DE 1.800 CALORÍAS

DÍA	DESAYUNO	ALMUERZO	MERIENDA	CENA
LUNES	Té con 1 taza de leche descremada amarga o con edulcorante + 2 rebanadas de pan integral + 1 cucharada tipo postre de queso untable descremado + 1 cucharada tipo té de mermelada dietética.	Sopa crema de verduras + 2 hamburguesas caseras + 4 rodajas de calabaza al horno + 1 banana.	Infusión con 1 taza de leche descremada + 1 sándwich de pan negro con 2 fetas de queso y una rodaja de tomate.	1 taza de caldo de verduras casero o comercial dietético + 2 tomates al oreganato + 2 tazas de espinacas a la crema (3 cucharadas de salsa blanca dietética) + 1 manzana asada.
MARTES	Café con 1 taza de leche descremada amargo o con edulcorante + 3 galletas de arroz + cucharada tipo postre de queso untable descremado + 1 cucharada tipo postre de mermelada dietética	Sopa crema de arvejas + 2 rollos de merluza a la mostaza + puré de zapallo + 1 taza de ensalada de frutas.	Infusión con 1 taza de leche descremada amarga o con edulcorante + 2 tostadas de pan integral con 2 rodajas finas de queso port salut descremado.	Sopa juliana + arroz primavera (1 taza tipo té de arroz cocido, 1 zanahoria en cubos, 1 taza de arvejas, 2 cucharadas soperas de choclo) + 2 mitades de duraznos en almíbar bajas calorías.
MIÉRCOLES	Mate cocido con 1 taza de leche descremada amargo o con edulcorante + 6 galletitas integrales + 1 cucharada sopera de mermelada dietética + 1 cucharada tipo postre de queso untable descremado.	Sopa de verduras casera + 1/4 de pollo sin piel al horno con panaché de verduras condimentado con aceite + 1 porción de postre dietético comercial.	1 pote de yogur descremado con cereales.	Sopa crema de puerros + 3 porciones de pizza de berenjenas con salsa de tomate y muzzarella descremada + compota de ciruela.
JUEVES	Infusión con 1 taza de leche descremada, amarga o con edulcorante + 2 rebanadas de pan integral + 1 cucharada tipo postre de queso untable descremado + 1 cucharada tipo postre de mermelada dietética.	1 taza de caldo de verduras casero o comercial dietético + carne desgrasada al horno con ensalada de zanahoria rallada y huevo duro + 2 kiwis.	1 taza tipo té de arroz con leche dietético con canela.	Sopa crema de zapallo + 1 taza de tirabuzones al pesto (ajo, perejil y 2 cucharadas soperas de aceite) + 1 taza de frutillas con edulcorante en polvo.
VIERNES	Infusión con 1 taza de leche descremada, amarga o con edulcorante + 3 galletas de arroz + 1 cucharada tipo postre de queso untable descremado + 1 cucharada tipo postre de mermelada dietética.	Sopa de verduras + brótola a la parrilla con limón + ensalada de remolacha + 3 mitades de peras en almíbar dietética.	Infusión con 1 taza de leche descremada amarga o con edulcorante + 2 tostadas de pan integral con 2 rodajas finas de queso port salut descremado.	1 taza de caldo de verduras casero o comercial dietético + berenjena a la napolitana + panaché de verduras + 1 rodaja de melón rocío de miel.
SÁBADO	Café con 1 taza de leche descremada, amargo o con edulcorante + 2 tostadas + 1 cucharada sopera de mermelada dietética.	Sopa crema de espárragos + suprema de pollo a la cacerola con morrón, cebolla, zanahoria, salsa de tomate al natural + ensalada a gusto + 1 aspic de frutas.	Infusión con 1 taza de leche descremada + 4 galletitas integrales + 1 cucharada tipo postre de queso untable descremado.	1 taza de caldo de verduras casero o comercial dietético + tortilla de zapallitos (1 huevo, 1 clara, 3 zapallitos y 1 cebolla) + 1 taza de arroz cocido condimentado con aceite + ensalada de fruta sin azúcar.
DOMINGO	Mate cocido con 1 taza de leche descremada, amargo o con edulcorante + 3 galletas de arroz + 1 cucharada tipo postre de queso untable descremado + 1 cucharada tipo postre de mermelada dietética.	Consomé de verduras + 1 taza tipo café con leche de ñoquis cocidos con salsa rosa (salsa de tomate al natural + salsa blanca dietética) + postre comercial dietético.	Licuado de durazno con leche descremada y edulcorante. 	Sopa juliana + 2 milanesas de soja al horno con ensalada de lentejas a la provenzal + 1 naranja.

ENTRE EL DESAYUNO, EL ALMUERZO Y LA CENA...

Colaciones dulces

Se toman entre el desayuno y el almuerzo, la merienda y la cena, o luego de la cena. Pueden ser:
1 yogur descremado;
1 pote de leche cultivada descremada;
1 taza de ensalada de frutas;
1 porción de flan dietético;
1 pote de postre dietético;
1 porción de gelatina dietética;
1 fruta.

Colaciones saladas

Se toman, también entre el desayuno y el almuerzo, la merienda y la cena, o luego de la cena. Pueden ser:
1 porción pequeña de queso port salut descremado (tipo cajita pequeña de fósforos);
2 troncos de apio con queso untable descremado;
1 huevo (respetando la cantidad semanal: 3 unidades);
1 tomate perita;
1 zanahoria;
1 caldo casero desgrasado o comercial dietético.

RECUERDE QUE...

... esas "pequeñas cosas que consumimos sin darnos cuenta" son las peores enemigas de nuestra silueta. Veámoslo en este ejemplo común: supongamos que tomamos 3 cafés diarios y acompañamos cada uno con 2 cucharaditas de azúcar, en lugar de edulcorante. Esas seis "humildes" cucharaditas diarias se transforman en 90 calorías extras al día, 2.700 calorías extras al mes, 32.850 calorías extras al año. Esto, traducido en kilos de más, equivale a más de 4 kilos al año. ¡Tengámoslo en cuenta!

¿CÓMO REEMPLAZAR LOS ALIMENTOS?

El siguiente cuadro nos brinda diferentes opciones para reemplazar los alimentos de nuestra dieta diaria por otros valores equivalentes. Veamos...

LECHE

1 copa de leche descremada.
1 copa de leche cultivada descremada.
1 yogur diet.
3 cucharadas de leche en polvo descremada.

QUESOS

3 cucharadas de queso blanco descremado.
3 cucharadas de ricota descremada
1 porción pequeña (tipo cajita de fósforos) de queso port salut descremado.
1 porción pequeña (tipo cajita de fósforos) de muzzarella descremada.

CARNES

150 gramos de carne roja (porción mediana)
1/4 de pollo chico cocido sin piel y deshuesado
1 filete de pescado mediano
1 lata chica de pescado al natural (caballa, atún, etc)
3 albóndigas caseras
2 hamburguesas chicas.

VEGETALES

1 taza de vegetales cocidos
1/2 calabaza chica
2 tomates perita
1 plato hondo de vegetales cocidos

GRASAS

1 cucharadita de aceite
1 cucharadita de mayonesa diet

PAN Y CEREALES

1 rebanada de pan integral
1 rebanada de pan de centeno
1 rebanada de pan de salvado
2 galletas de arroz
3 galletitas tipo agua
3 cucharadas de copos de cereales sin azúcar
2 cucharadas soperas cocidas de arroz

FRUTAS

1 manzana
1 pera
1 durazno
2 ó 3 ciruelas o damascos
1 pomelo
1 naranja
1 copa de ensalada de frutas (sin azúcar)
1 rodaja mediana de sandía o melón
1 pocillo de cerezas
1 banana (sólo 1 vez por semana).

LOS PELIGROS DE SEGUIR ALGUNAS DIETAS DE MODA

Al recurrir a dietas agresivas que ofrecen un descenso rápido, corremos el riesgo de descompensarnos y provocar daños muy serios a nuestro organismo.

La moda es un elemento indispensable para la vida de las sociedades modernas. Aparecen objetos y diseños nuevos, se rescatan del pasado otros olvidados, se decoran las casas con otros colores y se renuevan los vestuarios. Sin embargo, y a pesar de todos estos elementos positivos, **la moda representa un factor altamente negativo si de nutrición se trata**. Muchas veces florecen en las revistas tal o cual dieta que, por alguna razón oculta, tiene la extraordinaria solución para que todas las personas (altas, bajas, niños, abuelos, mujeres, hombres, etc.) bajen de peso. Por supuesto esto no es así, sino todo lo contrario: **estas dietas suelen traer más inconvenientes que beneficios a quienes las realizan**. Las personas que buscan en ellas una solución rápida para deshacerse del exceso de peso adquirido a lo largo de mucho tiempo, no tienen en cuenta que pueden perjudicar su salud.

Creencias y mitos nutricionales

Todos estos **regímenes "mágicos"** poseen un común denominador: **a la larga terminan siendo peligrosos para la salud**. Además, no sólo no consiguen cambiar los malos hábitos sino que los acentúan. En los últimos tiempos se han multiplicado de forma extraordinaria, ofreciendo una información incorrecta y la promesa de resultados sin ningún tipo de esfuerzo. **Suelen aparecer cuando llega el verano y muchas veces se valen de personajes famosos que aseguran la solución al problema de los kilos de más**. En general, estas dietas no tienen ningún fundamento científico (pero sí económico). Además, debemos ser concientes de que bajar de peso es algo que requiere tiempo, paciencia, voluntad y sobre todo ser muy concientes de la cantidad y por supuesto la calidad de los alimentos que ingerimos. A continuación, algunas dietas de moda...

¡Pongámonos a trabajar! Diseñemos un plan serio para la ingesta de nuestros alimentos.

No hay recetas mágicas para adelgazar. Si no comemos todo lo necesario, nos vamos a enfermar.

RECUERDE QUE...

... debido al anhelo de bajar de peso y a lo difícil que resulta lograrlo, surgieron innumerables dietas "maravillosas" que prometen grandes resultados, pero nunca se cumplen a mediano plazo.

Dietas disociadas

Permiten ingestas sin límites, pero sin mezclar hidratos de carbono con lípidos o proteínas. El riesgo de estas dietas es que, para mantener el suministro de glucosa, se produce una pérdida de proteínas.

Sólo a través de una dieta equilibrada nos mantendremos en forma y tendremos salud mental, física, y una mejor calidad de vida.

Dietas de reducción de hidratos

Están basadas en una reducción importante de los hidratos de carbono, los cuales se sustituyen por grasas. El peligro es que producen pérdidas de proteínas y pueden hacer perder minerales (como el calcio) a través de la orina. Son muy ricas en colesterol, disminuyen la reserva de glucosa, limitan el aporte de vitaminas, son pobres en calcio y magnesio, aumentan el ácido úrico y el colesterol malo (LDL), producen estreñimiento y pueden llegar a ocasionar trastornos cardíacos. Cuando se mantienen durante un período de tiempo prolongado, **producen una notable disminución de la masa muscular, muy difícil de recuperar**.

Dietas "quemagrasas"

Estos planes **prometen perder hasta 8 kilos en una semana**, lo cual **puede provocar serios problemas de salud.** La dieta se basa en la preparación de una sopa de características depurativas y desintoxicantes y la disociación alimentaria. Muy bajas en grasas y sin hidratos de carbono simples, estas dietas son una explosiva combinación de alimentos que gasta más calorías que las que aporta. Es decir que, cuanto más se come, más se adelgaza. El inconveniente reside en que estos planes dietarios no son equilibrados; proporcionan pocas vitaminas y alteran el metabolismo. Además, son pobres en grasas (lo que significa que la asimilación de las vitaminas liposolubles se daña). Por todo esto son muy peligrosas para la salud (sobre todo porque quienes la siguen se entusiasman al obtener resultados rápidamente). Otra vez, es necesario recordar que para perder kilos y no perder la salud, hace falta constancia y alimentos bien seleccionados.

Debemos recordar que, si estamos realizando algún plan dietario, no es conveniente producir "desarreglos" durante el fin de semana o con motivo de alguna celebración.

Algunas promesas falsas

Algunas de estas dietas apuntan a que consumamos determinados productos.
- Fórmulas con componentes múltiples.
- Fórmulas potenciadas, que contienen demasiada cantidad de nutrientes (vitaminas y minerales), pudiendo ser ese exceso peligroso para nuestro organismo.
- Productos "orgánicos naturales", crecidos en suelos no tratados con los herbicidas o pesticidas correspondientes.

Hay que darse un lugar y tiempo adecuados para comer bien.

Cuándo los productos naturales se venden en forma de pastillas, ¿qué les queda de natural?

- Productos milagrosos, los cuales curarían determinadas enfermedades. Un ejemplo de estas falsedades es la creencia de que el germen de trigo cura la esterilidad.
- Suplementos innecesarios.
- Productos sin una finalidad conocida.
- Dietas "formuladas": en el mercado actual existen productos como polvos, refrescos, fórmulas para reconstituir, galletas, chocolate en barra, sopas, etcétera, que son de venta libre y se ofrecen como sustituto de las comidas.

Otros perjuicios

Estas dietas pueden provocar diversas enfermedades; intoxicaciones por la ingestión excesiva y prolongada de vitaminas A y D, y escorbuto por la disminución en el consumo de vitamina C. Ocasionan innecesarios gastos de dinero, debido a que, en general, los productos que ofrecen tienen un costo alto y se venden en comercios especializados. Por otro lado, existe desconfianza en la población con respecto a si están aceptados o no por las autoridades sanitarias competentes, cuál es su procesamiento, conservación, y cómo llegan estos suplementos a cada uno de nosotros. Por estos motivos, **lo mejor siempre será regular nuestra dieta en base al aporte calórico que nuestro organismo necesita** y prescindir de soluciones mágicas.

La única fórmula infalible para adelgazar es comer sano y equilibrado. No gaste innecesariamente su tiempo ni su dinero, ni ponga en riesgo su salud.

OTRAS DIETAS DE MODA Y SUS COMPLICACIONES

Dieta	Dieta de Beverly Hills	Plan dietético de Cambridge	Dieta fabulosa con fructosa	Dieta disociada de Haig	Dieta disociada de Antoine
Principal característica	Fórmula dietética líquida muy baja en calorías: 350 por día.	Está basada en la ingestión de frutas durante 10 días seguidos; gradualmente se van incorporando otros alimentos.	Alta en proteínas, baja en hidratos de carbono, con una ingesta relativamente alta en fructosa.	Parte de la base de que los diferentes principios nutritivos requieren determinadas condiciones específicas, por ello nunca deben mezclarse en una misma comida (disociación).	Consiste en la utilización de un solo alimento sin límite de cantidad. El agua no puede tomarse en las comidas. La distribución se realiza de la siguiente forma: lunes-verduras; martes-carnes; miércoles-huevos; jueves-lácteos, etcétera.
Razones para evitarla	Es muy peligrosa ya que aporta sólo 33 g de proteínas, sin hidratos de carbono. Pueden existir serios efectos colaterales con daño para el organismo.	Es disbalanceada, sin fuentes adecuadas de calcio, vitamina D y proteínas. Como efectos colaterales, puede generar diarrea y deshidratación.	Disbalanceada. El grupo de alimentos de la leche, pan y cereales falta. El alto contenido en fructosa no produce descenso de peso.	Sensación de cansancio a corto plazo.	Disbalanceada. Logra la saciedad por ser una dieta seca y monótona.

> *Una dieta saludable se acompaña con un estilo de vida también saludable.*

Los lácteos aportan mucho calcio y resultan beneficiosos para cualquier edad.

Es importante que consumamos una variedad de panes y cereales, ya que aportan buenas cantidades de fibra.

Para estar en forma y vivir saludablemente, es bueno que recordemos...

- Comer con moderación e incluir alimentos variados en todas las comidas.
- Consumir diariamente leche, yogures y quesos; son necesarios a toda edad.
- Comer diariamente verduras y frutas de todo tipo y color.
- Comer una amplia variedad de carnes rojas y blancas, retirando la grasa visible y la piel.
- Preparar las comidas con aceite preferentemente crudo y evitar la grasa para cocinar.
- Disminuir el consumo de azúcar y sal.
- Aumentar el consumo variado de panes, cereales, pastas, harinas, féculas y legumbres.
- Evitar el consumo excesivo de bebidas alcohólicas. Suprimirlas por completo durante el embarazo.
  - Tomar abundante cantidad de agua durante todo el día.
  - Aprovechar los momentos de las comidas para el encuentro y el diálogo con otros.

Las dietas vegetarianas

Según la opinión de la Asociación Dietética Americana: "Las dietas vegetarianas, planificadas correctamente, son saludables y adecuadas desde el punto de vista nutricional." Pero debemos agregar a esto que tanto las dietas vegetarianas como las no vegetarianas pueden ser perjudiciales o beneficiosas para la salud según cómo se realicen.

Tipos de dietas

Desde el punto de vista de la salud nutricional, las dietas vegetarianas se diferencian unas de otras; podemos encontrar **cuatro tipos distintos**:
En general, los estudios que se han realizado a los vegetarianos muestran una disminución de la mortalidad por enfermedades crónicas degenerativas

como: arteriosclerosis coronaria, hipertensión arterial, diabetes tipo II o no insulino dependiente, cáncer de colon, obesidad, osteoporosis y cálculos en la vesícula. Estas diferencias, además de con la dieta seguida, tienen que ver con el estilo de vida saludable adoptado por estas personas; es decir, mantienen el peso ideal, realizan actividad física regularmente, se abstienen del tabaco y el alcohol y se realizan chequeos periódicamente.
En las dietas vegetarianas, la cantidad y la calidad de las proteínas, las fibras, las grasas y el colesterol, las vitaminas B12, D y el calcio merecen una consideración especial, ya que son la base de estos planes de alimentación.

- **Vegetarianas estrictas**: sólo vegetales, frutas y cereales. Excluyen todo tipo de carnes, huevos y lácteos.
- **Lacto-vegetarianas**: se consumen vegetales, cereales, frutas y lácteos. Lo que no se consume son carnes y huevos.
- **Lacto-ovo-vegetarianas**: sólo eliminan las carnes.
- **Semi-vegetarianas**: incluyen limitadas cantidades de alimentos de origen animal.

CAMBIOS BRUSCOS EN LA ALIMENTACIÓN VEGETARIANA

Algunas personas, por diferentes motivos, deciden hacerse vegetarianos repentinamente, de la noche a la mañana. Más allá de la decisión (que por supuesto no la cuestionamos), esto no está bien. Pasar de una dieta omnívora a una vegetariana sin ningún tipo de mediación puede afectarnos profundamente: nuestro cuerpo no está preparado para los cambios bruscos. El traspaso deberá hacerse gradualmente, con la supervisión de un profesional que controle, regule y corrija el nuevo modo de alimentación.

Preparaciones bajas calorías

1. SOPA DE PURÉ DE ZAPALLO[1]

Ingredientes
para 4 porciones

- 240 g de zapallo
- 50 g de papa[2]
- 40 g de puerro[3]
- 40 g de cebolla
- 20 cc de crema dietética
- Agua, sal

Preparación

- Picar el puerro y la cebolla; rehogar en agua.
- Agregar el zapallo y las papas.
- Hervir lentamente hasta la cocción total.
- Pasar por un tamiz y agregar la crema.
- Mantener a baño María hasta el momento de servir.

Los espárragos pueden reemplazarse por acelga, apio, achicoria, berro, chaucha, coliflor, tomate, zanahoria, zapallo o zapallito.

EQUIVALENCIAS

1. Calabaza, ahumaya, abóbora, ayote pipiane.
2. Patata.
3. Ajo porro, porro.
4. Turión, brote.
5. Caldillo, lahua, cahua.

2. SOPA CREMA DE ESPÁRRAGOS[4]

Ingredientes
para 4 porciones

- 160 g de espárragos
- 40 g de harina
- 1 litro de caldo[5] dietético
- 20 cc de crema dietética
- Agua, sal

Preparación

- Formar un roux con la harina y parte del caldo hirviendo, incorporándolo de a poco.
- Trabajar hasta formar una pasta homogénea.
- Agregar el resto del caldo.
- Cocinar las verduras de 2 a 3 minutos en agua y sal, e incorporarlas a la preparación anterior.
- Cocinar por ebullición lenta.
- Pasar por un tamiz.
- Agregar la crema de leche.
- Mantener a baño María hasta servir.

3. GUISO[1] DE CARNE CON LEGUMBRES

Ingredientes para 4 porciones

- 500 g de carne
- 100 g de legumbres secas
- 100 g de cebolla
- 200 g de tomate[2] fresco
- Caldo o agua de cocción de las legumbres
- Ajo, hierbas secas
- Sal

Preparación

- Remojar las legumbres secas en agua fría durante 7 u 8 horas.
- Escurrir y cocinarlas por hervido en agua salada o caldo.
- Cortar y sazonar la carne.
- Colocar en una sartén de teflón hasta lograr la formación de la costra. Luego, retirar del fuego.
- Cortar en trozos la cebolla y el tomate, junto con las hierbas secas.
- Llevar todo a una olla antiadherente.
- Mezclar bien; cocinar unos minutos removiendo de vez en cuando.
- Agregar la carne y las legumbres escurridas.
- Añadir el caldo de cocción de las legumbres hasta cubrir la carne.
- Terminar la cocción en un recipiente cerrado durante aproximadamente 10 minutos.

EQUIVALENCIAS

1. Guisado, estofado
2. Jitomate.
3. Ave, frango.
4. Pecho de ave.
5. Pimiento, morrón.
6. Alsface.
7. Acitrón.

---

4. POLLO[3] CON VERDURAS

Ingredientes para 4 porciones

- 500 g de pechuga[4] de pollo
- 200 g de pepinos pelados, sin las semillas
- 200 g de ají morrón[5] o pimiento rojo
- 300 g de lechuga[6]
- 20 cc de jugo de limón[7]
- 15 cc de aceite de oliva
- 1 diente de ajo
- Jengibre
- Sal, pimienta

Los aderezos para las carnes deben ser bajos en calorías.

Preparación

- Calentar la sartén con rocío vegetal a fuego medio.
- Añadir el pollo y cocinar 5 minutos de cada lado hasta que esté listo.
- Remover el pollo de la sartén y dejar que se enfríe.
- Cortar el pollo en trocitos o tiritas, y mezclarlo con el morrón y el pepino en una fuente grande.
- Colocar, en la licuadora o procesadora, jengibre, jugo de limón, sal, pimienta y ajo, y licuar hasta convetirlos en una mezcla suave.
- Acompañar con lechuga cortada en tiritas finas, condimentada con aceite de oliva.

CUANDO CONSUMIMOS CARNE VACUNA ES NECESARIO TENER EN CUENTA:

- Seleccionar cortes magros, como lomo, peceto, nalga, cuadrada, bola de lomo, cuadril, picada especial.
- Sacar, con un cuchillo bien filoso, toda la grasa visible.
- Cocinar la carne a la parrilla, plancha, horno, rehogada con agua o caldo dietético, pero nunca freírla.

5. BUDÍN DE POLLO CALIFORNIA

Ingredientes
para 4 porciones

- *500 g de pollo*
- *200 g de tomate*
- *100 g de yogur descremado natural*
- *50 g de queso untable descremado*
- *Rocío vegetal*

Preparación

- Hervir el pollo sin la piel en agua salada.
- Pelar el tomate, sacarle las semillas y cortarlo en rodajas finas.
- Desmenuzar el pollo y unirlo con el resto de los ingredientes.
- Poner todo en la licuadora hasta lograr una consistencia pastosa.
- Colocar la preparación en un recipiente para horno, untado con rocío vegetal.

- Tapar con papel manteca para evitar que se forme una costra en la superficie.
- Calentar a baño María.

Es conveniente retirar la piel del pollo, ya que aporta muchas calorías.

EQUIVALENCIAS

8. Bolitas de carne o pescado picado, mezclado con pan rallado o harina, huevo batidos y especies.
9. Azanoria, cenoura.
10. Zapallito italiano, calabacín.
11. Caldillo, lahua, cahua.
12. Lauro.

6. ALBÓNDIGAS[8] DE VERDURA Y CARNE

Ingredientes
para 4 porciones

- *300 g de carne picada especial*
- *400 g de zanahoria[9]*
- *300 g de cebolla*
- *300 g de tomate perita*
- *400 g de zapallito[10]*
- *5 g de maicena*
- *500 cc de caldo[11] dietético de verduras*
- *1 hoja de laurel[12]*
- *Ajo y perejil*
- *Sal, pimienta*

Preparación

- Pasar por la procesadora la zanahoria, la cebolla, el tomate y el zapallito.
- Mezclar la carne, el ajo, el perejil y los condimentos.
- Incorporar la maicena y mezclar bien, hasta obtener una pasta.
- Dividirla en 4 partes iguales y dar forma de bombas.
- Cocinarlas en el caldo de verduras durante 20 minutos.

CANTIDAD DE GRASAS EN AVES

Siguiendo esta misma línea, es importante destacar también que las aves en general no contienen cantidades considerables de grasas (si se las compara con las carnes rojas, por ejemplo). Este hecho las convierte en excelentes aliados a la hora de planificar un plan diario de alimentación.

PARA RECORDAR

- Si se compra pescado entero, se debe calcular aproximadamente 350 g por porción.
- Si se trata de pescado limpio, es decir, sin cola, aletas ni vísceras, se considera sólo 225 g por porción.
- Si se trata de filetes o rebanadas, como no es mucho el desperdicio, se debe comprar entre 120 y 150 g por porción.
- Al comprar pescado congelado, hay que verificar que esté duro como piedra. Y siempre revisar la fecha de vencimiento.
- El pescado, al igual que el pollo, se debe adquirir al finalizar la lista de compras, ya que se descompone fácilmente.

7. CAZUELA DE PESCADO A LA ESPAÑOLA

Ingredientes para 4 porciones

- 400 g de pescado
- 70 g de cebolla
- 200 g de tomate[1]
- 100 g de arvejas[2]
- 70 g de ají morrón o pimiento rojo
- 150 g de papas[3]
- 500 cc de caldo[4] dietético
- 1 diente de ajo
- 1/2 hoja de laurel[5]
- 1 cápsula de azafrán[6]
- Sal, pimienta

Preparación

- Cortar la cebolla en cubos.
- Rehogar en agua en un recipiente antiadherente.
- Agregar el ajo picado, el laurel, y los tomates pelados y picados.
- Sazonar.
- Hervir de 6 a 7 minutos.
- ncorporar el azafrán y el caldo dietético.
- Disponer, en un recipiente aparte, el pescado cortado en rodajas.

- Distribuir por encima las papas cortadas en medallones, cocidas por hervido, las arvejas cocidas y escurridas, y los morrones cortados en trozos.
- Unir ambas preparaciones.
- Terminar la cocción con el recipiente tapado, sobre fuego directo o en el horno.

8. CROQUETAS DE PESCADO

Ingredientes para 4 porciones

- 300 g de pescado
- 40 g de cebolla
- 35 g de harina
- 250 cc de leche parcialmente descremada
- 1 huevo
- 25 g de pan rallado
- Sal, pimienta

Preparación

- Rehogar la cebolla picada con un poquito de agua.
- Agregar la harina.
- Formar el roux y después agregar la leche (se formará una salsa bechamel).
- Sazonar.
- Mezclar enérgicamente para evitar la formación de grumos.
- Dejar enfriar.
- Agregar el pescado cocido por hervido y desmenuzado.
- Dejar unos minutos sobre el fuego, sin dejar de revolver.
- Verter la preparación sobre una mesada de mármol o una asadera humedecida con agua.

- Alisar la superficie.
- Dejar enfriar.
- Cortar del tamaño que se desean obtener las croquetas.
- Batir el huevo con un tenedor y bañar con él la superficie del pescado.
- Luego, cubrir totalmente con pan rallado.
- Cocinar en el horno hasta que el pan rallado tome color dorado.

9. ENSALADA AGRIDULCE CON ARROZ[7]

**Ingredientes
para 4 porciones**

- 200 g de arroz
- 400 g de ají morrón o pimiento rojo
- 400 g de tomate
- 400 g de manzana[8]
- 15 cc de aceite
- Vinagre

Preparación

- Hervir el arroz en agua salada. I Escurrir.
- Lavar cuidadosamente el morrón, el tomate y las manzanas.
- Cortarlos, mezclarlos con el arroz, y condimentar a gusto con sal, aceite y vinagre.

EQUIVALENCIAS

1. Jitomate.
2. Guisante, ervlhas, chícharos, caraota, porotos, alubias.
3. Patata.
4. Caldillo, lahua, cahua.
5. Lauro.
6. Condimento de color anaranjado. En España se usa para la paella y en Italia para el risotto.
7. Casulla, palay.
8. Poma.

10. PAQUETITOS DE ACELGA CON ARROZ TOMATADO

**Ingredientes
para 4 porciones**

- 3200 g de acelga
- 200 g de arroz integral
- 80 g de cebolla
- Caldo dietético
- Rocío vegetal
- Perejil picado

Para la salsa

- 200 g de tomate
- 80 g de cebolla
- 40 g de ají morrón o pimiento rojo
- Laurel
- Pimentón
- Sal

Preparación

- Saltear con rocío vegetal la cebolla finamente picada. Agregar el arroz crudo y revolver. Incorporar caldo dietético, cocinar el arroz y condimentar.

- Preparar aparte una salsa de tomate natural, con cebolla, ají y tomate triturado. Sazonar.
- Extender 1 ó 2 hojas de acelga cruda y, en el centro, colocar el arroz hervido y una buena porción de perejil picado, luego envolver con la hoja como un niño envuelto. Cocinar unos minutos al vapor para que apenas se ablande la hoja.
- Salsear.

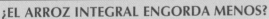

¿EL ARROZ INTEGRAL ENGORDA MENOS?

No. Tanto el arroz blanco como el integral nos aportan casi igual cantidad de calorías. La diferencia reside en que el arroz integral, al no ser decorticado, conserva su cáscara, la cual contiene fibra insoluble, que actúa favoreciendo el tránsito intestinal y retarda el tiempo de evacuación de los alimentos en el estómago. Esto significa que al permanecer la comida más tiempo en la cavidad gástrica logramos una sensación de saciedad, que evita que sigamos comiendo.

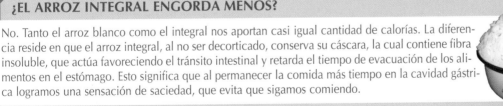

Si se utilizan vegetales muy acuosos (con mucha agua en su composición), luego de colarlos se deben desecar sobre el fuego removiendo continuamente.

Además de incorporar verduras cocidas, tratemos de incorporarlas crudas a nuestra dieta, ya que así se conservan mejor todas sus propiedades.

EQUIVALENCIAS

1. Preparación a base de claras de huevo batidas a punto de nieve a las que se añaden distintos ingredientes, y que en la cocción adquiere un aspecto abuñuelado.
2. Mazorca, jojoto, elote, chilote.
3. Variedad de col.
4. Berinjuela.
5. Zapallito italiano, calabacín.

11. SOUFFLÉ[1] DE VEGETALES

Ingredientes
para 4 porciones

- *300 g de vegetales (acelga, choclo[2] desgranado, espinaca, coliflor[3])*
- *20 g de harina*
- *2 claras de huevos*
- *100 cc de leche parcialmente descremada*
- *Nuez moscada*
- *Sal, pimienta*

Preparación

- Cocinar los vegetales por hervido; escurrir, exprimir y picar con cuchillo.
- Preparar salsa bechamel con la harina, la leche y los condimentos.
- Hervir durante 2 minutos.
- Mezclar con la verdura picada.
- Batir las claras a punto nieve.

- Mezclar con el resto de la preparación, realizando movimientos envolventes.
- Colocar en un recipiente, llenándolo hasta 2/3 de éste.
- Llevar a horno moderado bien caliente, durante 10 minutos.

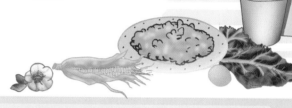

12. BERENJENAS[4] O ZAPALLITOS[5] RELLENOS CON SU PULPA

Ingredientes
para 4 porciones

- *500 g de zapallitos o berenjenas*
- *50 g de cebolla*
- *15 g de harina*
- *1 huevo*
- *20 g de miga de pan remojada y exprimida*
- *150 cc de leche parcialmente descremada*
- *Ajo, hierbas aromáticas*
- *Sal, pimienta*

Preparación

- Hervir los zapallitos o berenjenas en agua salada.
- Cortarlos por la mitad y retirarles la pulpa.
- En una sartén de teflón, rehogar la cebolla con un chorrito de agua.
- Agregar el ajo picado y la harina.
- Cocinar como roux.
- Dejar enfriar.
- Incorporar de a poco la leche hirviendo, junto con las hierbas secas.

- Dejar hervir durante 2 minutos.
- Agregar el huevo batido revolviendo enérgicamente.
- Sazonar.
- Mezclar bien la miga de pan, remojada y exprimida, con la pulpa del vegetal, cocida y picada.
- Rellenar con esta preparación el interior de los vegetales.
- Llevar a horno moderado durante unos minutos.

13. BUDINES[6] INTEGRALES DE MANZANA[7]

Ingredientes
para 4 porciones

- 200 g de harina integral
- 1/2 vaso de azúcar morena
- 1 manzana mediana
- 2 huevos
- 1 cda. de jalea de manzana
- 1 cdita. de canela
- 125 ml de aceite de oliva

Preparación

- Verter en un recipiente hondo la harina con el azúcar, los huevos, la jalea de manzana y el aceite de oliva. Espolvorear con canela y mezclar.
- Amasar y añadir la manzana rallada.
- Cortar la masa en bollos y dar forma de pequeños budines.
- Colocarlos en una bandeja untada con manteca y hornear hasta que comiencen a tomar color.
- Dejar enfriar y servir.

EQUIVALENCIAS

6. Pudín
7. Poma.
8. Pero.
9. Acitrón.
10. Fécula de maíz.

14. PERAS[8] CON SALSA DE LIMÓN[9]

Ingredientes
para 4 porciones

- 4 de peras
- 4 limones
- 2 cditas. de esencia de vainilla
- Maicena[10]
- Frutas secas

Preparación

- Exprimir y rallar la cáscara de los 4 limones.
- En una olla, colocar las peras cortadas por la mitad, la esencia de vainilla, las cáscaras ralladas y cocinar al vapor durante 10 minutos.
- Para la preparación de la salsa, mezclar el jugo de los limones con la maicena y revolver hasta que la salsa adquiera consistencia.
- Servir las peras en una fuente y cubrir con la salsa.
- Agregarle frutas secas.

En el caso de que las preparaciones contengan azúcar, es necesario respetar la cantidad que indica la receta. Si son preparaciones que no requieren cocción, se puede reemplazar el azúcar por edulcorante.

LA DIETA MEDITERRÁNEA: UN PLAN EQUILIBRADO

EQUIVALENCIAS

1. Jitomates.
2. Patatas.
3. Leche cuajada.

A lo largo del mar Mediterráneo existen hábitos gastronómicos similares. Según diversos artículos publicados en prestigiosos medios, **este tipo de costumbres alimenticias reduce en un gran porcentaje las posibilidades de sufrir accidentes cardiovasculares** y prolonga las perspectivas de vida.

La dieta mediterránea es rica en alimentos con bajo contenido de grasas saturadas. Estos mismos elementos poseen además una gran porción de antioxidantes en su constitución alimenticia.

Los principios

El Mediterráneo es una región climática bastante uniforme. La mayoría de los pueblos que se encuentran en esa zona poseen una dieta alimenticia similar debido a dos razones: la fuerte influencia que ejerció el Imperio romano y la materia prima característica del área (tomates[1], cereales, legumbres y aceite de oliva). **Este tipo de dieta es sencilla y se constituye de platos livianos, coloridos y sabrosos** que resultan ideales para una alimentación sana y saludable. Veamos algunas de sus sugerencias más importantes.

La combinación de frescura y sabor hace a los alimentos mediterráneos prácticamente únicos.

Comer cada día

Entre los principales alimentos a los que se les otorga mayor importancia en la dieta mediterránea, podemos encontrar una gran variedad. Veamos ahora algunos de los grupos que más se destacan:

• **Verduras y frutas frescas de estación**. Aportan una gran variedad de vitaminas (sobre todo C y provitamina A), minerales (en particular potasio, magnesio y hierro) y fibra.

• **Cereales, papas[2], batatas y legumbres secas**. Los cereales completos como el arroz o el trigo sarraceno, por ejemplo, son ricos en nutrientes como fósforo, magnesio, proteínas vegetales y vitaminas del grupo B.

• **Grasas insaturadas de origen vegetal**. Estas invalorables sustancias contienen los lípidos necesarios para una correcta alimentación mediterránea. **Entre las grasas más destacadas encontramos el aceite de oliva** (generoso en antioxidantes), **el de girasol** (ideal para ayudar a la digestión), **el de maíz** (perfecto complemento de las hortalizas) **y el de soja** (de gran valor nutricional). Sin embargo, estos compuestos deben tomarse siempre crudos (preferentemente los que son prensados en frío) o en el aliño para deliciosas ensaladas, complementadas con quesos y verduras.

• **Azúcares de frutas o miel**. Son esenciales para mantener y contener la energía física y mental, así como también para generar calor en el cuerpo, en los períodos invernales.

Comer dos días a la semana

- Las carnes, los pescados y huevos aportan proteínas. Deben consumirse con moderación, dando preferencia a las de pocas grasas y a las de ave. El pescado es una buena opción proteínica del menú para la vejez. Deben elegirse especies con espinas fácilmente extraíbles y cocinarse al vapor o a la plancha.

Ingerir antioxidantes

- **Con vitamina C**: grosellero negro, perejil, pimiento[4], brócoli[5], kiwi[6], coles de Bruselas, berros[7], frutillas[8], col[9], naranja[10], limón[11], mango, canónigos, pomelo[12], germinados.
- **Con provitamina A** (betacarotenos): zanahoria[13], espinacas, canónigos, acelgas, mango, melón, albaricoque, caqui, papaya, tomate[14], puerro[15], calabaza[16], brócoli, chauchas[17].
- **Con vitamina E**: aceite de germen de trigo o de maíz, verduras de hoja verde, huevos, carnes magras, pescado, trigo, harina integral, diente de león, aguacate[18], mango, espinacas, espárragos[19], berros, brócoli, tomate, pimiento, coles de Bruselas y albaricoque.

- **Con el complejo B** (sobre todo la B6): levadura de cerveza, algas.
- **Con selenio**: huevos, cebollas crudas, atún, levadura de cerveza, germen de trigo, salvado, coles.
- **Con cinc**: sésamo[20], ostras, levadura de cerveza.

Reducir las grasas

La dieta mediterránea es muy baja en grasas saturadas. En efecto, este plan dietario no posee grandes cantidades de estas sustancias, hecho que lo hace ideal para disminuir el consumo de aceites saturados (sobre todo los procedentes de grasas animales) muy presentes en el panorama alimentario actual.
La ingesta excesiva de grasas se asocia con frecuencia al exceso de peso y otros trastornos notables, así como también al aumento del colesterol sanguíneo y los accidentes vasculares coronarios. Es por eso que si se adopta un plan dietario mediterráneo, organizado y coherente con nuestras necesidades, el nivel de las grasas en sangre se verá notablemente reducido al mínimo. Por supuesto nuestro cuerpo lo agradecerá.

EQUIVALENCIAS

4. Chiles, ajíes, guindillas, cerecillas, morrones, chilcotes, conguitos.
5. Brécol. Parecido a la coliflor.
6. Fruta tropical, de corteza verde y pulpa sabrosa.
7. Agriao, poro, ajo poro.
8. Fresas, morango.
9. Coliflor.
10. Laranja.
11. Acitrón.
12. Toronja.
13. Cenoura, azanoria.
14. Jitomate.
15. Ajo porro, porro.
16. Angola, zapallo, ahumaya, alcayota, cayote, ahuyame.
17. Judías verdes, porotos verdes, vainas.
18. Palta.
19. Turión, brote.
20. Ajonjolí, ajon joli.

PARA TENER EN CUENTA

El aceite de oliva es uno de los principales alimentos que se utilizan en la preparación de platos mediterráneos. Para reconocer su calidad, debe considerarse el grado de acidez que posee (inferior a los dos grados) y observar si se obtuvo por proceso de presión simple o refinado.

El plan mediterráneo de alimentación aporta todas las cantidades necesarias de vitaminas y proteínas para estar sanos y en forma.

La preparación de las recetas mediterráneas es muy simple y no lleva mucho tiempo confeccionarlas.

LA DIETA DE LOS JUGOS

Se conoce como jugoterapia o terapia de jugos de frutas y verduras. Este método, bien llevado, no provoca efectos secundarios, y previene una amplia gama de enfermedades originadas por deficiencias alimenticias.

En la actualidad debido a la industrialización de los alimentos, a su producción inadecuada y a la alteración de los componentes de la tierra por la utilización de plaguicidas y fertilizantes químicos, los jugos naturales representan un opción ideal.
Bien preparados, conservan intactas las propiedades y sustancias de los vegetales con que han sido confeccionados y, además, son muy sabrosos. Por último, y esto es fundamental en medio de la agitada vida moderna, se preparan fácil y rápidamente.

El valor de los jugos

La tierra posee el conjunto de elementos que nuestro cuerpo necesita, y la mayoría de esos elementos se trasladan a las plantas. Los **jugos naturales** conservan todo el poder alimenticio de las frutas y las verduras. Por eso, resultan una de las maneras más rápidas de ingerir nutrientes que son fácilmente digeribles y asimilables. Es importante destacar que ninguna dieta equilibrada puede basarse sólo en jugos, ya que el cuerpo necesita, además, fibras, proteínas, etc., que proveen otros alimentos. Para **ciertas dolencias** y condiciones físicas, sí **es aconsejable una dieta líquida**, pero ella debe ser prescripta y **controlada por un médico**.
En general, **los jugos de frutas** proveen **más vitaminas**, en tanto que los de vegetales proveen más minerales, aunque los dos contienen ambos tipos de **sustancias**.

Es importante que las frutas y las verduras que se utilicen sean frescas y maduras, y que los preparados se ingiera poco después de su confección, para que conserven todas sus propiedades.

Los jugos de verduras

Al hablar de jugos, es normal que pensemos solamente en frutas. En ellas, el líquido se ve a simple vista y es muy fácil extraerlo. Es menos común que pensemos en bebidas extraídas de hortalizas y verduras salvo, quizás, el tomate. Esto es un error, ya que (por distintos medios) se puede obtener jugo de todos los frutos, hojas, tallos y raíces comestibles. Esto nos ofrece una alternativa para ingerir su rica variedad de nutrientes, en especial para los niños que, muchas veces, rechazan las verduras.
Por ejemplo, sorprende saber que la mayoría de las verduras poseen de 1 a 2 mg de hierro cada 100 g. Aunque en algunas —como el perejil— la cantidad sube a 6.2 mg cada 100 g. Los requerimientos del cuerpo son de 18 mg de hierro diarios. Las verduras son, además, ricas en calcio y en potasio. Otro elemento beneficioso —aunque, en general, es poco considerado— es la clorofila, sustancia básica en los procesos de los vegetales. Los jugos de verdura agregan a su valor alimenticio un benéfico efecto depurativo del intestino y de todo el sistema excretor.

Los efectos terapéuticos de la clorofila

Una de las grandes ventajas de los jugos de verdura es que son ricos en clorofila. Esta sustancia tiene un efecto depurativo sobre el intestino y otros sistemas de eliminación del organismo.

La terapia con jugos se ha convertido en uno de los pilares de los tratamientos naturistas.

En los licuados, se integran total o parcialmente, ya sea que se utilice un solo tipo de fruta o verdura, o una mezcla de ellas, con o sin agregado de agua. Se obtiene así un líquido más espeso, de consistencia cremosa, que incorpora, además, las sustancias y virtudes de las partes sólidas. **Los licuados son especialmente aptos con determinadas frutas y verduras.** Además, tienen la ventaja de calmar la sensación de apetito en forma más satisfactoria que si sólo ingerimos líquido.

El consumo de jugos frescos y naturales aporta nutrientes y ayuda a prevenir distintas enfermedades.

[U]n cuerpo libre de impurezas digiere [y] asimila bien, y es menos propenso [a] las enfermedades. Además, ayuda [a] depurar la sangre y el sistema linfático. [L]as verduras también son ricas en potasio, [y] las sales de éste refuerzan la función [c]ardíaca y neutralizan los ácidos en [l]os músculos, al tiempo que alivian [e]l trabajo del hígado y de la vesícula biliar. [P]or último, entre otras cosas, la clorofila [ti]ene efecto antiséptico sobre las heridas. [A]lgo que ya era conocido por los antiguos [p]ueblos, que las curaban con emplastos [d]e hierbas.

[L]os licuados

[O]tra alternativa para el aprovechamiento [d]e frutas y verduras son los licuados. [E]n los jugos, las partes sólidas se [d]escartan en la propia extracción o [a] través del filtrado.

Indicaciones para preparar jugos

Al preparar jugos y licuados, se debe tener en cuenta que es mucho mejor beberlos inmediatamente. Esto es así porque las frutas y verduras se oxidan, y pierden sus propiedades. Por ejemplo, la pulpa de la manzana se oxida en menos de dos minutos y se debilita. Un jugo de naranjas que se deja durante toda la noche habrá perdido al día siguiente el 15 % de su vitamina C. **En ciertas frutas, como los cítricos, es muy sencillo extraer su jugo.** Basta con cortarlas por la mitad y exprimirlas. Otras, como la uva, pueden machacarse y luego colarse. También existen exprimidores de plástico o metal de bajísimo costo pero sólo sirven para algunas frutas, y no pueden utilizarse con ninguna verdura. Las verduras de hoja pueden remojarse con agua para luego dejar "sangrar" su jugo. Sin embargo, esto es imposible de lograr con los vegetales duros.

> *Un jugo de naranjas que se deja durante toda la noche habrá perdido al día siguiente el 15 % de la vitamina C.*

PARA TENER EN CUENTA

Los jugos de fruta y verdura, y los alimentos licuados son mucho más fáciles de digerir y de asimilar que los alimentos sólidos, crudos o cocidos. La digestión es el proceso por el cual el organismo disuelve los alimentos que se ingieren en sustancias más simples que puedan ser asimiladas y utilizadas por el cuerpo. Se inicia con la saliva, en la boca, y culmina en el intestino. Los alimentos líquidos y licuados se disuelven con mayor facilidad, lo que permite una digestión más rápida y menos "pesada". Con menos trabajo, el organismo incorpora los mismos elementos.

> *Para preparar bebidas combinadas, ya sea jugos o licuados, conviene elegir una bebida base y luego agregarle los demás elementos.*

Solos o combinados

La mayoría de los jugos de frutas o verduras pueden tomarse solos o combinados. Para preparar bebidas combinadas, ya sean jugos o licuados, conviene elegir una bebida base y luego agregarle los demás elementos.
Por ejemplo, jugo de manzana o de naranja, si se trata de frutas; jugo de tomate o zanahoria, en el caso de hortalizas; o jugo de apio, para verduras. **Elija según su preferencia de sabor, o por algún requerimiento médico**. Tanto en las combinaciones de verduras como de frutas, puede usarse también, como base, la leche de vaca o de cabra, la leche de soja o la de coco, que agregarán consistencia, sabor y nutrientes.

Bebidas con proteínas

Si quiere que el resultado sea rico en proteínas **puede agregar yema de huevo, queso cottage, nueces molidas, soja en polvo, crema de leche**, etcétera, de manera individual, o varios de ellos.

Bebidas con carbohidratos

Para **aumentar la cantidad de carbohidratos**, se puede agregar cebada u otro cereal integral, cocido o remojado previamente. Utilice una o dos verduras de raíz (por ejemplo, la zanahoria), los puerros, las verduras de hojas y el perejil.

EL INCOMPARABLE VALOR ALIMENTICIO DE LOS JUGOS

BEBIDA	PESO (EN GRAMOS)	CALORÍAS	VIT. A	VIT. B	VIT. C	SODIO	POTASIO	FÓSFORO	CALCIO	HIERRO	MG
Jugo de tomate:	242	46	1 940	2.46	39	486	552	44	17	2.2	20
Cóctel de verduras:	242	41	1 690	2.09	22	484	535	53	29	1.2	0
Jugo de col:	242	24	0	1.28	44	1 905	0	34	30	2	0
Jugo de zanahoria:	227	96	24 750	1.35	3	366	186	34	47	1.1	7
Jugo de manzana:	248	117	0	0.35	2	2	250	22	15	1.5	10
Jugo de zarzamora:	245	91	0	0.82	25	2	417	29	29	2,2	51.5
Jugo de limón:	250	66	0	0.01	115	0	344	39	16	0	2
Jugo de naranja:	248	112	500	2.29	124	2	496	42	27	0.5	49
Jugo de piña (ananá):	250	138	130	0.68	23	3	373	23	38	0.8	30
Jugo de ciruela pasa:	256	197	0	1.06	5	5	602	51	36	10.5	26

Nota: el valor de las vitaminas y minerales está dado en miligramos. Mg es el símbolo del magnesio. En las vitaminas B, se indica el total que contiene cada vaso de jugo.

Bebidas de verduras

1. CÓCTEL DE VERDURA

**Ingredientes
para 3- 4 porciones**

- 2 tazas de jugo de tomate[1]
- 1 cebolla en rebanadas
- 2 limones[2] en rebanadas (sin cáscara)
- 1 pimiento[3] verde en rebanadas
- 1 tallo de apio[4] con hojas, en trozos
- 2 ó 3 ramitas de perejil
- 1/2 a 1 cucharada de miel

Preparación

- Lícuelo hasta que esté casi líquido.

El tomate es una rica fuente de sales minerales y vitaminas, entre ellas A y C. Entre sus propiedades, estimula el aparato digestivo, es desinfectante y antiescorbútico.

2. LICUADO DE TOMATE Y APIO

**Ingredientes
para 1 porción**

- 1 taza de jugo de tomate
- 1 tallo de apio
- unas hojas de berro

Preparación

- Licuar y colar, ya que ciertos trastornos gastrointestinales producen intolerancia a los alimentos fibrosos.

EQUIVALENCIAS

1. Jitomate.
2. Acitrón.
3. Ají, morrón.
4. Arracacha, panal, esmirnio.
5. Azanoria, cenoura.

3. CÓCTEL DE ZANAHORIA[5]

**Ingredientes
para 3- 4 porciones**

- 1 taza de jugo de zanahoria
- 1/4 de taza de jugo de verdura de hoja
- 2 ramitas de perejil
- alguna hierba aromática para dar sabor

Preparación

- Licue bien todos los ingredientes.

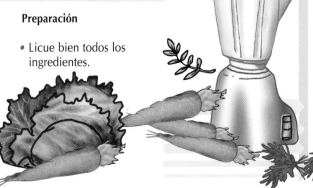

Bebidas de frutas

Es mejor preparar solo el jugo de melón, y en lo posible incluyendo cáscara y semillas, que le agregan valor nutritivo.

EQUIVALENCIAS

1. Piña, abacaxi.
2. Guindas.
3. Plátano.
4. Toronja.
5. Soya.

1. CÓCTEL DE FRUTAS

Ingredientes para 3- 4 porciones

- 250 g de jugo de piña[1] (ananá)
- 1/4 de taza de nueces (peladas)
- 120 g de jugo de cereza[2]
- 1 cucharada de coco seco rallado
- 1 banana[3] pelada
- 1 cucharadita de miel

Preparación

- Lícuelo bien.

2. LICUADO DE CEREZA

Ingredientes para 1 porción

- 1 taza de jugo de cereza
- 1 yema de huevo
- 2 cucharadas de germen de trigo

Preparación

- Licuar

La sandía debe cortarse en cuadrados, preferentemente junto con las semillas y la cáscara, poniendo previamente un poco de agua en la licuadora. Licuar o procesar, y luego filtrar la bebida para separar los hollejos de la semilla.

3. DELICIA DE NARANJA[4] Y CEREZA

Ingredientes para 3- 4 porciones

- 1 taza de cerezas frescas
- 1 cucharada de lecitina de soja[5]
- 1 taza de jugo de naranja
- 2 cucharadas de miel
- 1 taza de helado de crema o hielo bien picado

Preparación

- Coloque el jugo de naranja en la licuadora y luego agregue el resto de los ingredientes. Licue hasta que no haya grumos. Sirva y adorne con una fresa o una rodaja de naranja.

Bebidas combinadas

1. CÓCTEL DE BERROS AL ANANÁ

**Ingredientes
para 2 porciones**

- 2 tazas de jugo de piña
  o ananá
- 3 cucharadas de miel
- 1 puñado de berros
- 2 cucharadas de jugo
  de limón[6]
- 1 taza con hielo picado

Preparación

- Mezclar bien y servir
  sobre el hielo picado.

> *La mayoría
> de las verduras
> poseen de
> 1 a 2 mg
> de hierro
> cada 100 g.*

2. LICUADO DE MANZANA[7]
CON APIO[8]

**Ingredientes
para 1 porción**

- 1 taza de jugo de
  manzana
- 1 taza de jugo de apio
- germen de trigo
- 1 cucharada de
  almendras pisadas

- *leche de soja
  en polvo, a gusto*

Preparación

- Licuar

EQUIVALENCIAS

6. Acitrón.
7. Poma.
8. Arracacha, panal,
   esmirnio.
9. Azanoria,
   cenoura.

3. LICUADO DE ZANAHORIA[9]
CON COCO

**Ingredientes
para 1 porción**

- 1/2 taza con agua
  caliente
- 1 cucharada de coco
  seco rallado
- 1/2 taza de jugo de
  zanahoria

Preparación

- Licue y luego
  agregue el jugo de
  zanahoria.

CÓMO MANTENER UNA CONDUCTA ALIMENTICIA

En estas páginas presentamos un resumen sobre todo lo que debemos tener en cuenta a la hora de encarar un plan dietario adecuado a nuestros requerimientos y necesidades. Como primer punto, debemos considerar que el peso de cada persona se vincula con diversos factores internos y externos que lo modifican y al mismo tiempo influyen sobre los hábitos y las conductas alimentarias.

PLAN DIETARIO

Diferencia entre hambre y apetito

El hambre es un instinto involuntario, regulado por el sistema nervioso. En situaciones extremas provoca dolor y no depende de factores psíquicos, emocionales ni es modificado por estímulos ambientales. El apetito, en cambio, es un instinto voluntario que se modifica a lo largo de la vida de acuerdo con los hábitos alimentarios y normas de consumo sociales. Es modificado de manera directa por factores físicos, psíquicos y emocionales.

REGLAS A TENER EN CUENT

Los alimentos y las estaciones

Los factores ambientales, entre ellos las estaciones climáticas, influyen sobre nuestro organismo, y por ende, modifican nuestra alimentación. Nuestro régimen alimentario trasmuta buscando el equilibrio energético que exige cada período del año.

Modas agresivas

La oferta de dietas y planes alimentarios que prometen un descenso rápido de peso sin sacrificios ni sufrimientos, aumentó significativamente los últimos años con la aparición de nuevos valores estéticos que exaltan como ideal de belleza los cuerpos extremadamente delgados. Pero no todo lo que reluce es oro. Estas dietas son, en su mayoría, agresivas y desequilibradas, y a largo plazo, pueden ocasionar severos trastornos físicos.

La cocción de los alimentos

La cocción es un elemento clave dentro de una dieta sana y equilibrada, y depende básicamente del tipo de alimento que utilicemos en cada preparación. Algunas hortalizas pierden el sabor si son hervidas pero quedan sabrosas si se cocinan al vapor. La técnica de horneado es ideal para carnes y verduras pero la cocción con plancha elimina la grasa de estos alimentos. Se deben escoger las técnicas más saludables, teniendo en cuenta los ingredientes que se combinarán en cada comida.

Las ventajas de una dieta armónica

Una dieta equilibrada es aquella que se ajusta a las necesidad de cada persona, brindando, a largo plazo, mayores beneficios que las dietas estandarizadas. Son aquellas que no sólo aportan la energía necesaria que requiere cada individuo de acuerdo con el tipo de vida y las actividades que desempeña, sino que además brindan las nutrientes necesarias para estar saludables.

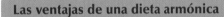

La observación y el cambio de los hábitos nutricionales

Modificar los hábitos alimentarios es un requisito indispensable para evitar cualquier tipo de trastorno en el peso. Se trata básicamente de regular y distribuir el consumo de alimentos a lo largo del día, evitando una ingesta innecesaria, que produzca el consumo excesivo de calorías. Al mismo tiempo se trata de moderar el consumo de algunos alimentos o sustituirlos por otros más saludables.

El exceso de grasas en el organismo

La obesidad es la acumulación excesiva de tejido adiposo producida por una alteración en el ingreso de calorías a nuestro cuerpo y su posterior asimilación. Deteriora la calidad de vida, produce trastornos psicosociales y favorece la aparición de numerosas afecciones relacionadas con el funcionamiento defectuoso del organismo. La acumulación de grasas puede ser homogénea o concentrarse en determinadas partes del cuerpo.

Conocer nuestro cuerpo

Los desequilibrios en el peso pueden ser detectados a través del **Índice de Masa Corporal**. El IMC se obtiene dividiendo el peso por la altura expresada en metros y multiplicada dos veces. Este método indica, en valores, a que distancia se encuentra la persona de un peso adecuado y que tipo de trastorno sufre en caso de poseer un índice muy bajo o uno demasiado elevado. En cuanto al suministro de **calorías**, debemos tener en cuenta que la cantidad requerida varía de acuerdo con factores físicos como la edad o el sexo, pero básicamente se relaciona con el tipo de actividades que desarrolla cada individuo. Una persona con hábitos sedentarios requiere una menor cantidad de calorías diarias que un operario o un deportista. La manera en que el organismo asimila la energía que recibe de los alimentos depende de factores endógenos, genéticos y hormonales.

> *Es imperativo que las frutas y verduras sean frescas y de máxima calidad y que estén correctamente lavadas antes de ser ingeridas.*

PLANES DIETARIOS VEGETARIANOS: RECOMENDACIONES Y SUGERENCIAS

• Sugerencias para respetar los planes propuestos

Hay personas que tienen necesidades nutricionales particulares. Entre ellas, los niños que están en edad de crecimiento, las embarazadas y las mujeres que amamantan, los que tuvieron alguna enfermedad y se están recuperando, entre otras. En estos casos, no se recomienda una dieta vegetariana. Igualmente, es recomendable que toda persona consulte a un profesional para que le indique cómo planificar este tipo de alimentación y evitar así cualquier tipo de carencias.

• Los alimentos recomendados

Cuando planificamos una dieta vegetariana, debemos elegir una amplia variedad de alimentos, incluyendo legumbres, cereales enteros y sus derivados, frutos secos (nueces, almendras, avellanas), semillas (girasol, sésamo), hortalizas, frutas frescas, productos lácteos descremados, sustitutos de la soja fortificados y huevos en cantidad limitada (2 ó 3 unidades por semana).

No todas las personas pueden elegir una dieta vegetariana: por ejemplo, no deben seguirla las embarazadas, los niños, las mujeres que están amamantando, entre otros casos.

También tenemos que tener en cuenta las siguientes recomendaciones adicionales:

• Elijamos, siempre que sea posible, derivados de cereales integrales, es decir, no refinados.
• Limitemos el consumo de alimentos dulces y grasos, los cuales aportan las llamadas "calorías vacías".
• Consumamos una amplia variedad de frutas y vegetales frescos, incluyendo alimentos ricos en vitamina C (cítricos, tomate, pimiento), para favorecer, de este modo, la absorción del hierro en nuestro organismo.
• Utilicemos productos lácteos descremados.
• Es importante que aseguremos a los niños un aporte suficiente de calorías, hierro y vitamina D.

Las verduras son muy saludables. De todas formas, a la hora de planificar una dieta vegetariana se deben seleccionar muy bien los alimentos, para evitar carencia de proteínas.

LAS VENTAJAS DEL DEPORTE

A pesar de que está absolutamente comprobado que el deporte (entendido como actividad física) mejora notablemente la calidad de vida, todavía existen personas que lo desconocen. Esta actividad pone en funcionamiento todas las zonas corporales más relegadas y activa la energía estancada gracias al sedentarismo y la inactividad. Por eso, consigamos una ropa cómoda y fresca y adentrémonos en este fascinante mundo.

EJERCICIOS PARA ESTILIZAR EL CUERPO

Como ya hemos visto en capítulos anteriores, el ejercicio físico es fundamental para estar siempre en forma y saludable. A lo largo de estas páginas profundizaremos en las ventajas de cada una de las disciplinas para así poder elegir lo mejor para nuestro organismo, ¡y lo que más nos guste!

Cuando nos decidimos a iniciar una rutina de ejercicios para alcanzar el peso ideal, puede que nos parezca una especie de "tortura" pero, con el tiempo, **recuperar el bienestar físico nos proporcionará una gran satisfacción**. Correr, saltar, subir escaleras con agilidad, estirarnos, dar vueltas, respirar hondo... son sólo algunas de las cosas que podremos hacer diariamente con nuestro cuerpo si dejamos de lado los complejos y los miedos infundados en teorías sin respaldo médico.

A medida que nos animamos a hacer ejercicio físico y actividades al aire libre, aprendemos a conocer realmente nuestro organismo y a quererlo cada vez un poco más. A su vez, también tomamos conciencia de sus virtudes, defectos y debilidades. Como siempre, todo consiste en empezar.

Existen formas de mantenernos en movimiento sin caer en sacrificios que nos obliguen a abandonar la actividad física.

Si podemos lograr que nuestro cuerpo se transforme en algo placentero, **el ejercicio físico será un lugar de refugio sano y natural para canalizar la tensión ocasionada por el exceso de trabajo o de estudio**, la escasez de dinero, los problemas de pareja, las dificultades con los hijos o con los padres, etc.

Existen diversos motivos para emprender una actividad física regular. Una vez que comenzamos, podemos adquirir una rutina placentera con resultados rápidos y notorios.

PARA COMBATIR LA FATIGA

Algunas personas suelen pensar que **la fatiga** es sólo un estado corporal momentáneo. Sin embargo, cuando se prolonga en el tiempo, se considera una enfermedad. Esta afección **se puede definir como el agotamiento corporal o mental que se produce a causa de un esfuerzo**.

Generalmente se la caracteriza por la constante incapacidad de realizar tareas físicas con el ritmo o la fuerza habitual. Dormir adecuadamente es uno de los más importantes remedios para combatir la fatiga. Si bien algunas personas pueden mantener su nivel de actividad durmiendo 4 ó 5 horas diarias, la mayoría necesita entre 6 y 9 horas de sueño. Aunque parezca una contradicción, el ejercicio ayuda de manera superlativa a superar sus síntomas. **Ponernos en actividad hace que nuestros órganos vitales tengan otra circulación y una nueva energía**. No obstante, si los síntomas de fatiga se prolongan durante más de 6 meses, es posible que se padezca el síndrome de fatiga crónica (suele manifestarse con síntomas similares a la gripe). Se recomienda, en estos casos, consultar a un médico para un tratamiento intensivo y adecuado.

bienestar de nuestro cuerpo

hacer ejercicio físico, conservamos
 elasticidad, el buen funcionamiento
e cada uno de los órganos, la firmeza
e los músculos y de la piel. En pocas
alabras: **el bienestar de nuestro cuerpo
s salud**. Y, cuanto más constantes
eamos en la práctica de la gimnasia, más
aludables nos sentiremos, sin olvidar
ue también son factores importantísimos
 buena alimentación y el respeto por
l descanso nocturno.
**l movimiento es sinónimo de felicidad
orporal, de plenitud**. Los deportes,
or ejemplo son una oportunidad que le
rindamos a nuestro cuerpo de moverse
 sus anchas, de sentirse a sí mismo
 de asumir día a día mayores desafíos.
stos retos pueden ser de distintos tipos
 **es aconsejable ir incrementando
u dificultad a medida que el cuerpo
e vuelve más elástico y libre**. Si nos
o proponemos, cada día, podremos correr
nás, saltar, tener más fuerza y mayor
onicidad. Y, a la vez alcanzaremos el peso
deal y lograremos el cuerpo
erfecto. Igualmente,
**iempre hay que respetar
os tiempos propios
el cuerpo**; si éste nos
xige descanso,
ambién es un
uen síntoma.
**s importante, antes
e emprender una
utina de ejercicios o
n entrenamiento
eportivo realizar
na consulta médica**.

El esfuerzo físico debe aumentar
paulatinamente. Los movimientos bruscos
pueden causar lesiones graves.

*La actividad física
a cualquier edad
ayuda a prevenir
enfermedades y
mejora el estado
anímico.*

**Él médico nos hará una serie de
exámenes** para establecer, por ejemplo,
si nos conviene realizar deportes de
velocidad o de resistencia. Asimismo,
hará las recomendaciones pertinentes
para mantener el ritmo cardíaco
y la tensión arterial. **De esta manera,
evitaremos forzar en exceso el
rendimiento de nuestro corazón y
exponernos a sufrir lesiones**. Esta última
sugerencia es vital: no se puede obviar
la consulta médica (sobre todo si hace
mucho que no se hace alguna
actividad o se tiene una edad
avanzada). Asistiendo tan sólo
una vez, nuestro médico
nos brindará todas las
recomendaciones pertinentes.

Los efectos benéficos de la
actividad física sobre nuestro
cuerpo son muchísimos.
Estimular la presión sanguínea,
mejorando la producción
de oxígeno, favorecer el
buen funcionamiento de
los órganos, fortalecer los
músculos y ayudar a prevenir
distintas enfermedades son
los más importantes.

DEJEMOS DESCANSAR AL CONTROL REMOTO

Las comodidades de la vida moderna son algunas de las causas de la pereza de
nuestro cuerpo: utilizamos el automóvil para recorrer distancias cortas; usamos
el teléfono para hablar con una vecina; no nos levantamos a cambiar de canal el televisor, porque podemos hacerlo con el control remoto... Y así, día
tras día, tenemos un control cada vez más remoto sobre nuestro cuerpo.
Éste se adormila, se contrae, se va volviendo tímido e inseguro y cada
vez tiene menos predisposición para realizar sus tareas habituales.
Pero no debemos angustiarnos por esto, siempre hay tiempo para
cambiar malos hábitos.

DEPORTES PARA MEJORAR NUESTRA VIDA DIARIA

Para obtener los beneficios del ejercicio físico es ideal realizar actividades deportivas con cierta regularidad.

Cualquiera sea la clase de deporte que decidamos practicar, los resultados se podrán observar en la vida diaria, ya que nos veremos beneficiados por la capacidad de actuar ágilmente en todo tipo de actividades; mejoraremos nuestra predisposición al levantarnos cada mañana y estaremos más liberados de tensiones. Como consecuencia, toda **nuestra apariencia física será más agradable**, nos veremos más seguros y más atractivos ante quienes nos rodean.

Algunos deportes como el básketbol, desarrollan la agilidad, los reflejos y la rapidez.

Para desarrollar la fuerza

La natación, el lanzamiento de pesos o la acrobacia son claros ejemplos de deportes en los que se desarrolla especialmente la fuerza. **La finalidad principal es el fortalecimiento muscular**. Generalmente cuando empezamos, no buscamos desarrollar los músculos a la manera de los físico-culturistas, pero "mantener todo en su lugar" es una cuestión tan importante como bajar de peso.
Lo que comúnmente llamamos apariencia "fofa" no tiene nada que ver con el peso. Incluso, si llevamos a cabo una dieta y reducimos considerablemente nuestras formas, especialmente las problemáticas zonas del abdomen todo nuestro esfuerzo quedará deslucido en un cuerpo fláccido y carente de tonicidad.
Es bastante común ver mujeres y hombres delgados, con la piel de los brazos y de las rodillas caídas. Bien, eso puede evitarse con un buen plan de ejercicios realizado a tiempo, porque a medida que la edad avanza es cada vez más difícil tomar las medidas adecuadas.
El antiguo dicho latino es sabio: "**mente sana en cuerpo sano**". Es por eso que si desarrollamos fuerza **a través del deporte, lograremos también ampliar la mente.**

La fuerza muscular se pierde gradualmente con el correr de los años. Aquellas personas que desarrollan una actividad física regular a lo largo de la vida pueden conservarla hasta edades muy avanzadas.

Para desarrollar la velocidad

El objetivo de este tipo de disciplinas es lograr que los músculos respondan adecuadamente cuando se trata de recorrer distancias cortas con una gran rapidez. Los deportes como el básquetbol, el fútbol o el vóleibol tienen su esencia en la velocidad, pero no solamente para correr o trotar, sino también para responder con la necesaria rapidez de reflejos ante los ataques de los eventuales adversarios.

EL AJEDREZ

Seguramente en este momento se estará preguntando por qué hablamos de una actividad tan "estática" cuando estamos recomendando "movernos". Pues bien, el ajedrez está considerado como deporte y sus practicantes profesionales, si quieren estar bien preparados, deben realizar por lo menos tres horas de actividad física intensa, todos los días. Aunque no lo crea es verdad.

ara desarrollar la resistencia

ndar en bicicleta, caminar o trotar largas istancias, así como practicar natación o anza, **fortalecen la actividad cardíaca del sistema circulatorio y, además, os ofrecen la posibilidad de desarrollar as potencialidades de nuestro cuerpo través de actividades recreativas relajantes**. Aunque el caso de la danza o implica necesariamente la modelación el cuerpo, es una buena opción para escargar tensiones en quienes gustan e moverse al ritmo de la música.

Correr es un ejercicio que fortalece la actividad cardíaca y mejora la circulación de la sangre. No obstante, se recomienda hacer un chequeo médico periódicamente.

Para desarrollar la agilidad

Disciplinas gimnásticas como **la esgrima** favorecen esta clase de destreza en la que los músculos se vuelven más flexibles y responden con **mayor coordinación** a los estímulos del cerebro. Aunque no es un deporte muy practicado en esta época, es una opción que merece no ser descartada.

Evite las exigencias desmedidas

Si decidimos ejercitarnos en atletismo, no nos propongamos recorrer diez kilómetros el primer día. Se puede empezar con uno, luego dos, tres... Así le daremos al cuerpo la oportunidad de ir desarrollando la potencia suficiente para alcanzar cada vez mejores resultados.

Recordemos que, **al practicar cualquier clase de ejercicio**, lo más importante es que sintamos placer y satisfacción. Por esta razón, **no llevemos a cabo ejercicios que nos causen dolores molestos ni extendamos las jornadas diarias más allá de lo normalmente soportable**. Si nos excedemos, nuestro cuerpo podría reaccionar indisponiéndose en cualquier momento o bien durante los siguientes quince días de haber comenzado la actividad.

Respetemos nuestros gustos

No nos forcemos a realizar actividades que no son de nuestro agrado. Siempre obtendremos mejores resultados si nos dedicamos a lo que verdaderamente nos gusta.

La danza es un ejercicio relajante que previene el estrés y nos permite descargar tensiones, llevando a cabo una actividad placentera.

Las exigencias desmedidas pueden generar graves trastornos.

EVITEMOS EL SEDENTARISMO Y LAS MALAS POSTURAS

Seamos claros: hoy, el trabajo, no es el de antes. La progresiva "deshumanización" de las tareas ha provocado una notable reducción de las actividades físicas laborales. En la mayoría de las responsabilidades actuales, necesitamos estar largas horas sentados (muchas veces en posiciones incómodas) para ganarnos el pan. Peor aún: incluso **estamos sentados frente a computadoras que nos dañan el cuello y la visión**. Todos **estos factores**, por supuesto, **afectan directamente a nuestro cuerpo** (especialmente a la espalda y al cuello), **dañando lenta pero firmemente nuestros tejidos**. Teniendo en cuenta esta situación, debemos tomar cartas en el asunto y, además de hacer una actividad física periódica, tratar de controlar nuestra postura en nuestro lugar de trabajo. Estemos atentos cada vez que nos inclinamos de más o estamos incómodos. Con el tiempo, notaremos que ya no pensamos más en ellas porque se han vuelto una "posición normal".

Si actuamos de acuerdo con nuestros gustos obtendremos mejores resultados.

Dejemos de lado por un momento los preconceptos; si pensamos que los ejercicios aeróbicos son ideales para "quemar" grasas, pero realmente no encontramos ningún placer en saltar durante una hora al ritmo de la música, difícilmente tengamos buena disposición para ir al gimnasio dos veces por semana para hacerlo. Si sentimos placer al estar en contacto con el agua, conviene elegir la natación como disciplina. Sólo de esta manera esperaremos ansiosos el momento de acudir a la pileta y tonificaremos nuestros músculos casi sin darnos cuenta. La clave está en entender que **no podemos forzarnos a hacer algo sólo porque está de moda** o nuestros amigos los hacen.

La importancia de la regularidad

Si realizamos una jornada de ejercicios una vez por mes o una vez cada quince días, difícilmente logremos los resultados esperados. **La perseverancia es uno de los mayores secretos para lograr el éxito en las actividades físicas y deportivas**. Lo ideal es realizar la actividad que nos propongamos al menos dos veces por semana. Claro que, si lo hacemos cada dos días, los resultados serán mayores y podremos observarlos más rápidamente. Pero debemos también manejar nuestros niveles de ansiedad en la espera de los resultados y no desanimarnos si los cambios no se observan tan rápido como nos gustaría. **Lograr la plenitud física es un proceso que lleva tiempo**. Lo importante es iniciarlo y disfrutar de cada uno de los logros, aunque al principio sólo sea la satisfacción de sentirnos en movimiento.

Recuerde que **ningún deportista exitoso nació con un cuerpo dotado o con una figura esbelta**. Al contrario, **nacieron iguales a nosotros y se esforzaron día a día, noche a noche para lograr sus objetivos**.

La actividad física en compañía de otras personas, como amigos o familiares, es más entretenida e interesante.

Entre amigas

Sí, mientras esperamos que comience la clase nos ponemos al día en "chismes y novedades" nos ahorramos pasar largas horas pegadas al teléfono. Otra buena opción es salir a trotar con nuestra pareja, nuestros padres o hijos. ¡Tonificaremos los músculos y los lazos afectivos!

Emprender una actividad atlética en compañía puede resultarnos más estimulante que hacerlo en soledad.

Muchas veces el ritmo de nuestra vida diaria nos impide encontrarnos con nuestros seres queridos: ¡Qué mejor oportunidad que ir al club con nuestra mejor amiga! Por otra parte, **establecer un compromiso con otra persona nos motivará y nos ayudará a ser más perseverantes**. Si, por ejemplo, acordamos ir a hacer ejercicio al parque con una vecina, y al llegar la hora nos sentimos desganadas, cuando suene el timbre sabremos que no podemos negarnos.

En la variedad está el gusto

No caigamos en la monotonía, **no practiquemos siempre los mismos ejercicios ni acudamos a los mismos lugares para hacerlo**.

Si en cambio realizamos un entrenamiento variado, nos va a resultar más atractivo y estimulante.

Por ejemplo, si nuestra elección es salir a trotar, podemos cambiar el horario, la compañía y el lugar donde lo hacemos, para que no se convierta en una rutina. Recordemos que nuestro mayor objetivo es sentirnos bien con nuestro cuerpo para, a través de ello, llegar a la plenitud física y mental.

Si el momento del ejercicio también es esparcimiento y diversión, estaremos cerca de alcanzar la meta.

En todo caso puede resultar muy divertido (y productivo a la vez) que busquemos variantes distintas para todos los días e inventemos actividades para alejar la rutina también de nuestro entrenamiento corporal diario.

¡ATENCIÓN! LA NARIZ SIEMPRE DEBE ESTAR DESPEJADA

Es muy importante tener las vías nasales bien despejadas en el momento de hacer ejercicio. Para ello, hay que sonarse la nariz tantas veces como sea necesario. De esta forma, dejaremos la vía de acceso a los pulmones totalmente libre y será menor el cansancio respiratorio que sentiremos al entrenar. ¡Y nuestra resistencia será mayor!

Durante la actividad física aumenta la ventilación pulmonar. Nuestro organismo consume más oxígeno y produce mayor cantidad de dióxido de carbono.

Para caminar

Caminando obtenemos grandes beneficios para la salud y para nuestra apariencia personal. Además, es la manera más fácil de hacer ejercicio: no se necesita ropa especial, dinero, ni excesiva cantidad de tiempo. Es sólo cuestión de decisión. Hay muchos lugares a los que podemos ir caminando sin que eso represente más tiempo. Si pensamos lo que tardamos en ir a la parada del autobús, el tiempo de espera (seguro que en las horas pico está atestado de gente) y lo que tardamos luego en bajar e ir de la parada de autobús a nuestro trabajo, por ejemplo, probablemente no sea demasiado diferente del tiempo que tardaríamos en realizar esa distancia a pie. También, cuando realizamos las compras para el hogar es un buen momento para hacer ejercicio.

En lugar de pensar en ahorrar tiempo, pensemos en aprovecharlo para nosotros mismos. Podemos ir a la verdulería, dejar las provisiones en el hogar, ir a la carnicería, volver a dejar las compras en el hogar, etcétera. ¡Las veces que sea necesario! Así, pasaremos más de una hora diaria caminando casi sin darnos cuenta y realizando actividades beneficiosas.

Caminar a diario, al menos unos 30 minutos, vigoriza nuestra capacidad física. Es una actividad de fácil acceso que no necesita de entrenamientos especiales.

Tomemos recaudos

En el momento de realizar ejercicio físico, es recomendable **tomar algunas precauciones**, por ejemplo, **en el control de la respiración**. Es muy importante aspirar por la nariz y respirar por la boca, mantener un ritmo lento y hacerlo profundamente. Si logramos cumplir estas condiciones, estaremos haciendo los ejercicios de manera correcta. Lo que **no debemos hacer es tomar aire por la boca, respirar rápido o superficialmente, ni expulsar saliva al respirar**. Si suceden alguna o todas estas cosas, algo anda mal con la forma en la que estamos realizando los ejercicios, y nuestro cuerpo no se está beneficiando con la práctica. En estos casos, es conveniente detener la actividad porque, probablemente, nuestro cuerpo necesita un descanso. Si estos síntomas aparecen al poco tiempo de iniciar la jornada deportiva, lo mejor será acudir al médico.

Los beneficios de trotar

Cuando comenzamos a trotar, nuestro cuerpo inhala cantidades de oxígeno mucho mayores que cuando se encuentra en reposo, y lo aprovecha para convertir las grasas en la energía que necesita para el ejercicio. Por eso reducimos peso o evitamos engordar.

A ponernos la sudadera o una remera, unos zapatos deportivos bien cómodos y... ¡a trotar! Para comenzar es recomendable que escojamos un lugar campestre, libre de ruidos y contaminación, y que lo hagamos en las primeras horas de la mañana o las últimas de la tarde ya que es la mejor hora.

Calentando los músculos

Pasar del estado de reposo al de actividad es un proceso en extremo complicado que debemos cumplir por etapas. Para ello también sirve caminar o trotar en forma sostenida, no demasiado rápido. Al hacerlo como calentamiento para alguna otra actividad, debemos respirar profundamente y hacer movimientos con los brazos y la cabeza. **De esta manera, evitaremos un desgarro muscular por someter nuestro cuerpo a una actividad para la cual no estaba preparado** con la suficiente anterioridad correspondiente.

Antes de empezar a trotar debemos realizar algunos ejercicios de precalentamiento, focalizando en piernas, rodillas y tobillos.

Al trotar periódicamente nuestro ritmo respiratorio mejorará notablemente.

Consejitos "al trote"

Comencemos **a trotar a un ritmo lento**, para aflojar las articulaciones y calentar los músculos.

- Aumentemos gradualmente la velocidad, pero sin forzarnos.
- Si vamos acompañados, debemos poder conversar normalmente, sin sentir agitación.
- Es bueno, **si sentimos cansancio, detener la marcha y recorrer un lapso caminando**. Podemos aprovechar ese tiempo para hacer ejercicios de brazos y cabeza.
- No es recomendable concentrar la vista ni en el suelo ni en el frente. Lo mejor es recrearla observando el paisaje.
- **Debemos procurar aspirar por la nariz y espirar por la boca**. Sólo si percibimos que se dificulta, podemos abrir ligeramente la boca para absorber mayor cantidad de aire.
- Antes de terminar, debemos correr lentamente, luego caminar un rato y recién después, detenernos.
- **Al finalizar, realizar ejercicios suaves**, similares a los de calentamiento.

7 BENEFICIOS QUE NOS APORTA TROTAR

1	**Nuestro cuerpo se sentirá revitalizado.**
2	**Bajará nuestro nivel de tensión.**
3	**Tendremos disposición para el resto de las actividades.**
4	**Nos reencontraremos con la naturaleza.**
5	**Lograremos bienestar físico, mental y espiritual, al estar en contacto con el medio que nos rodea.**
6	**No les tendremos miedo a la lluvia, al aire, al sol, al frío. ¡Sabremos que nuestro cuerpo resiste!**
7	**Y, claro, bajaremos de peso.**

Ejercicios aeróbicos

En este tipo de actividades, lo más importante es suministrarle a nuestro cuerpo grandes cantidades de oxígeno. No exige aparatos, ni grandes espacios, ni vestimenta especial. **Sólo es necesario una vestimenta cómoda y una música de ritmo rápido que nos resulte agradable.** Luego, ¡a movernos ininterrumpidamente!

En los gimnasios y centros deportivos existe una notoria variedad de actividades aeróbicas para elegir.

Andar en bicicleta es mucho más seguro si se cuenta con un equipo en buenas condiciones.

La bicicleta

La bicicleta **fortalece los músculos de las piernas y de los glúteos**, facilita la liberación de depósitos de grasa innecesarios, **estimula la circulación de la sangre**, favorece la expulsión de toxinas, es una buena forma de bajar de peso.

Pedalear tiene su técnica

Para obtener buenos resultados con la bicicleta, hay algunos criterios que conviene tener en cuenta:
Al igual que cuando trotamos, antes de montar en "bici" debemos hacer algunos ejercicios de calentamiento y empezar a pedalear lentamente.

- Aumentemos gradualmente la velocidad, pero no hasta el límite de sentir que perdemos el aliento.
- Es bueno realizar enviones breves a alta velocidad y volver en seguida al ritmo normal.
- No hay que finalizar el entrenamiento de manera repentina. Antes de bajar, mantengamos un tiempo de pedaleo relajado, y luego caminemos un poco antes de descansar.

Para que nuestro cuerpo logre cada vez mayor resistencia, **lo recomendable es empezar con quince minutos de entrenamiento**, para ir aumentando paulatinamente el tiempo **hasta llegar a un tope mínimo de una hora diaria**, tres veces por semana. Inmediatamente su cuerpo notará la diferencia.

Para evitar lesiones, es aconsejable utilizar bicicletas con asientos acolchonados y con buena suspensión.

¿QUÉ BICICLETA COMPRAR?

No es necesario comprar una bicicleta de lujo, aunque tengamos el dinero para hacerlo, ya que nuestra seguridad podría correr riesgos innecesarios. Es preferible adquirir una de calidad media que sea la adecuada para el tipo de terreno donde vamos a practicar: terreno pavimentado o campo abierto. Además, debemos tener en cuenta lo siguiente:
- Que no sea muy pesada.
- Que tenga el tamaño adecuado.
  para permitirnos pedalear con facilidad.
- Aunque a simple vista parezca más cómodo, el asiento no debe ser muy ancho, porque esto dificultaría el pedaleo.
- Para realizar ejercicios combinando terrenos planos y terrenos en pendiente, es ideal una bicicleta que tenga como mínimo tres velocidades.

La natación y el relax

Intentemos ir a la piscina al menos una vez por semana.

La natación mejora la calidad de vida de todas las personas que la practican regularmente.

Es aconsejable practicar natación con el estómago vacío, y este consejo es doblemente válido si vamos a nadar en el mar, donde el agua es más fría. La baja temperatura podría causarnos calambres que nos impedirían nadar con soltura, con el consecuente riesgo para nuestra vida. Al igual que para otros deportes, **lo recomendable es practicar natación tres veces por semana**; pero, si por razones de tiempo nos resulta imposible, debemos hacerlo al menos cada siete días.

- **Utilizar gafas de baño** es la mejor manera de proteger nuestro ojos, en especial cuando nadamos en aguas cargadas de cloro.
- Es preferible ducharnos antes de entrar a la piscina, para mantener el agua limpia.
- No es conveniente bucear exageradamente.
- Antes de vestirnos, debemos volver a ducharnos para librarnos del cloro.
- Utilice también gorro de baño para proteger su cabello.

Los beneficios de la natación son muchos:

- **Nos libera de toda clase de tensiones musculares**, sobre todo de la espalda y la columna vertebral, tan frecuentes en los trabajos sedentarios o en aquellas personas que sobrellevan largas jornadas de estudio.
- Ayuda a quemar los molestos depósitos de grasa que suelen aparecer en el abdomen y otras partes del cuerpo como las piernas.
- **Estimula la circulación de la sangre** y el ritmo cardíaco.
- Fortalece el sistema inmunológico y nos vuelve más resistentes a las enfermedades.
- Y, aunque parezca mentira, éste es uno de los deportes que involucra mayor consumo de calorías. Por lo tanto, es ideal si lo que buscamos es bajar de peso.
- Durante el embarazo, y más aún en los últimos meses de la gestación, nadar constituye una excelente manera de relajar el sistema muscular. También estimula la circulación de la sangre, los reflejos nerviosos y la sensibilidad de la piel.

RECUERDE QUE...

... el **tai-chi se puede realizar a cualquier edad** y ha sido utilizado como tratamiento de la hipertensión arterial, de la angina de pecho y de otros problemas articulares o vasculares.

A diferencia de otras gimnasias y ejercicios, el tai-chi **es un tipo de ejercicio** muy extendido en Oriente y en el que se **da más importancia a la flexibilidad que a la fuerza**. Se puede realizar a cualquier edad y, de hecho, en las ciudades chinas es habitual encontrar toda clase de personas practicándolo en los parques, incluso a altas horas de la madrugada. **Consiste en movimientos de estiramiento y flexión, lentos y organizados**, de todas las partes del cuerpo, desde las extremidades hasta el cuello y la cintura, que incluyen hasta las articulaciones más pequeñas de los dedos, muñeca, etc. **Se practica de pie y despacio, en coordinación con la respiración.** Sirve, entre otras cosas, para desarrollar el sentido del equilibrio.

Esta disciplina, relacionada íntimamente con kung-fu, es ideal para que la realicen personas de avanzada edad, ya que revilitaliza la energía atrapada en las articulaciones deterioradas por los años.

EJERCICIOS RECOMENDADOS PARA CADA ETAPA DE LA VIDA

El ejercicio físico es importante en todos los períodos de la vida, sin embargo cada uno de ellos estará marcado por las principales características emocionales y las posibilidades del cuerpo en cada una de las diferentes etapas.

Gimnasia y embarazo

Es sano que una mujer embarazada se mantenga activa. Dependiendo de lo avanzado de la gestación, la mujer se siente más o menos dispuesta para el ejercicio. **Durante el primer trimestre** es cuando el embrión se adhiere al útero, por lo que **se recomiendan los ejercicios suaves**. Durante **el segundo trimestre se gana peso, pero la madre suele sentirse enérgica y vital.** Durante **el tercer trimestre**, el aumento de peso es mayor, el feto aumenta de tamaño y el corazón, los pulmones y los riñones de la madre ya tienen que trabajar por dos. **No le conviene sobrecargar su cuerpo, pero es sano que camine**, que dé paseos y que nade en aguas cuya limpieza esté garantizada.

No son convenientes los ejercicios que supongan para la madre un esfuerzo excesivo o la expongan a sacudidas porque puede causar grandes molestias.

Gimnasia y tercera edad

Si el ejercicio es importante para todos, más lo es para el anciano. La inmovilidad provoca problemas circulatorios, estreñimiento, venas varicosas y, en último extremo, úlceras de decúbito. Es el camino más rápido para perder la independencia. **Los ejercicios para ancianos no han de ser complejos ni cansadores**, puesto que no pretenden aumentar la musculatura, sino mantener la elasticidad, la buena movilidad de las articulaciones y prevenir las contracturas y atrofias musculares.

Los ejercicios de elongación son una de las actividades más recomendadas durante el embarazo. Es ideal para tonificar los músculos y mantener el equilibrio corporal.

El ejercicio en la tercera edad mantiene la buena movilidad de las articulaciones.

La actividad física reduce los problemas que se pueden presentar durante el embarazo: ayuda a reducir dolores, evita el aumento de peso y permite sobrellevar un parto en buenas condiciones.

LAS RECOMPENSAS DE LA ACTIVIDAD FÍSICA

Evita — Obesidad

Estimula — Circulación sanguínea

Fortalece — Desarrollo muscular

Mejora — Funcionamiento de los órganos

Previene — Enfermedades

Regula — Presión sanguínea

> *Para personas mayores se recomienda actividades aeróbicas de bajo impacto, como nadar, bailar, caminar y andar en bicicleta.*

Realizar una caminata diaria de 20 minutos es suficiente para mantener el organismo vital. Conviene, además, evitar que la persona mayor se quede en cama por períodos prolongados durante el día.

Gimnasia e infancia

La admiración que despiertan en los escolares y adolescentes los ídolos deportivos, ha sido un estímulo importante en el interés por las actividades deportivas en la escuela. **El ejercicio físico en la edad escolar puede tener una finalidad educativa** (educación del movimiento o del ritmo a través de la gimnasia sueca, el ballet o el jazz, etc.) o puramente lúdica para el aprendizaje de un deporte (tenis, fútbol, etc.). El objetivo es educar el hábito deportivo para mantener una actividad física adecuada durante toda la vida.
Ésto sólo será posible si durante la infancia y la adolescencia se ha desarrollado un genuino interés por "participar y colaborar" en los juegos más que por "ganar".

Si se practica deporte desde temprana edad, nuestro cuerpo crece de forma sana y armónica.

En el caso de las personas mayores, el ejercicio físico adquiere una gran importancia; ayuda a mejorar el funcionamiento de todos los órganos y mejora la movilidad del cuerpo.

Los entrenadores deben inculcar en los escolares, en especial en el caso de niños con sobrepeso, la mentalidad de que es más importante participar que ganar; pues el objetivo no es formar campeones, sino niños y niñas que mantengan una actitud sana con su cuerpo, sin complejos ni ataduras.

¿CÓMO QUEMAMOS LAS CALORÍAS?

ALIMENTO	CALORÍAS	CAMINAR (minutos)	BICICLETA (minutos)	NADAR (minutos)	CORRER (minutos)
1 manzana mediana	100	19	12	9	5
1 naranja mediana	75	14	9	7	4
1 banana mediana	130	25	16	12	7
1 rebanada de calabaza	33	6	4	3	2
1 zanahoria mediana	42	8	5	4	2
1 tomate mediano	22	4	3	2	1
1 vaso de leche entera	116	22	14	10	5
1 vaso de leche descremada	64	12	8	6	6
1 cda de queso descremado	24	5	3	2	1

Continúa en la página 179

¿CÓMO QUEMAMOS LAS CALORÍAS?

ALIMENTO	CALORÍAS	CAMINAR (minutos)	BICICLETA (minutos)	NADAR (minutos)	CORRER (minutos)
trozo mediano de queso magro	120	23	15	11	6
porrón de cerveza	170	33	21	15	9
copa de vino	84	16	10	8	4
copa de champán	90	17	11	8	5
copa de sidra	77	15	9	7	4
medida de whisky	130	25	16	12	7
vaso de gaseosa	84	16	10	8	4
vaso de jugo de naranja	120	23	15	11	6
vaso de jugo de tomate	44	8	5	4	2
2 "bochas" de helado cremoso	193	37	24	17	10
2 "bochas" de helado de agua	103	20	13	9	5
rebanada de pan	60	12	7	5	3
paquetito de manteca	75	14	9	7	4
galletita de chocolate	51	10	66	5	3
medialuna	100	19	12	9	4
huevo frito	130	25	16	12	7
2 rebanadas de jamón desgrasado	59	11	7	5	3
2 rebanadas de salame	86	17	10	8	4
cucharada de mayonesa	92	18	11	8	5
porción de pizza	360	69	44	32	19
sándwich de hamburguesa	310	60	38	28	16
porción mediana de patatas fritas	320	62	39	29	16
1 bife mediano	327	63	40	29	17
2 costillitas de cerdo asadas	232	45	28	21	12
1 bife de lomo a la parrilla	408	78	50	36	21
1 porción de mollejas	319	61	39	28	16
1/4 de pollo asado con piel	345	66	42	31	18
1 porción de torta de manzana	311	60	38	28	16
1 porción de queso y dulce	494	95	60	44	25

La gimnasia localizada ayuda a mejorar la postura.
Una mala postura puede generar dolores cervicales e incluso fuertes contracturas en la espalda, el cuello y los hombros.

PONGAMOS A PUNTO EL CUERPO CON GIMNASIAS LOCALIZADAS

Se dice que la gimnasia hace perder unos pocos gramos y en contraposición aumenta el apetito, con lo cual incrementa el sobrepeso. Este concepto es hijo dilecto de "doña pereza" y falta a la verdad. Veamos cuáles son los beneficios que nos brinda la gimnasia localizada y no dudemos en incluirla en nuestra lucha contra los kilos de más.

Ayudando a nuestro cuerpo

Es cierto que la gimnasia no es la panacea universal, sin embargo, constituye una valiosísima y eficaz ayuda contra el sobrepeso y el estrés. Es además, una opción inteligente para complementar nuestra dieta hipocalórica, modelar nuestra figura, mejorar nuestra postura y aumentar los niveles de "calidad de vida".

La gimnasia localizada ayuda a mantener la columna recta y, en consecuencia, a reducir los dolores corporales generados por la mala postura.

9 BENEFICIOS DE LA GIMNASIA

1 Endurece los músculos.

2 Afirma los tejidos.

3 Mejora la línea y la postura corporal.

4 Ayuda al normal funcionamiento del sistema nervioso.

5 Activa la circulación.

6 Normaliza el funcionamiento glandular.

7 Favorece la eliminación de toxinas por la transpiración.

8 Además, ayuda a reducir ("quemar") el tejido adiposo y nos brinda un cuerpo más ágil y flexible.

9 Por todo ello, iniciemos ya mismo nuestro curso básico de gimnasia localizada y seguramente iremos descubriendo nuevas ventajas.

La gimnasia localizada es una de la actividades físicas más completas, ya que pone en movimiento una gran cantidad de músculos.

Lápiz, papel y centímetro

Antes de comenzar, las invitamos a tomarse las medidas y repetir esta medición en forma periódica. No hay nada más estimulante que comprobar por nosotros mismos –a través de las medidas de nuestro cuerpo– los óptimos resultados que paulatinamente vamos alcanzando.

Comprobemos los óptimos resultados que vamos alcanzando, a través de las medidas y el peso de nuestro cuerpo.

10 ZONAS DONDE ACTÚA LA GIMNASIA

Recomendación: adoptemos el hábito de medirnos y pesarnos periódicamente, pero sin convertirnos en esclavas del centímetro ni de la balanza.

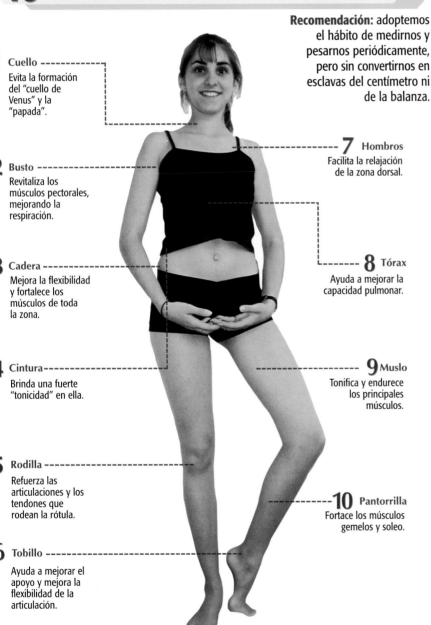

1 Cuello
Evita la formación del "cuello de Venus" y la "papada".

2 Busto
Revitaliza los músculos pectorales, mejorando la respiración.

3 Cadera
Mejora la flexibilidad y fortalece los músculos de toda la zona.

4 Cintura
Brinda una fuerte "tonicidad" en ella.

5 Rodilla
Refuerza las articulaciones y los tendones que rodean la rótula.

6 Tobillo
Ayuda a mejorar el apoyo y mejora la flexibilidad de la articulación.

7 Hombros
Facilita la relajación de la zona dorsal.

8 Tórax
Ayuda a mejorar la capacidad pulmonar.

9 Muslo
Tonifica y endurece los principales músculos.

10 Pantorrilla
Fortace los músculos gemelos y soleo.

¡ATENCIÓN!

Si nuestra meta es bajar esos kilos que tenemos de más es muy importante conocer nuestro peso ideal. De esa forma evitaremos cometer excesos que pongan en peligro nuestra salud.
Existen distintas fórmulas para calcular el peso de una persona de acuerdo con su contextura y altura, pero para hacerlo de manera rápida y efectiva puedes utilizar la siguiente:
Talla en centímetros - 100.
Es decir, si medimos 1,60 m, nuestro peso ideal sería 60 kilos (160 cm - 100 = 60 kilos).

1. Para mejorar la elasticidad en todas las zonas del cuerpo

- Paradas, con las piernas entreabiertas, levantamos lentamente brazos y cabeza, mientras inhalamos (hundimos "pancita") y realizamos suave contracción de glúteos (fig. A I).
- Vamos flexionando el tronco lentamente hacia adelante y vamos bajando lentamente cabeza y brazos, **sin flexionar las rodillas**, mientras exhalamos en 5 tiempos (fig. B I) hasta tocar el piso con las manos.

fig. A I

Este tipo de ejercicios estimulan la circulación sanguínea y el movimiento del diafragma, fortaleciendo el corazón.

fig. B I

- Rotamos las manos hacia atrás y tratamos de dar pequeños pasos hacia atrás con las manos (fig. C I).
- Lentamente volvemos a erguir la cabeza hasta volver a la posición inicial (fig. A I).

REPETIR **6 VECES**

fig. C I

No debemos intentar tocar el piso haciendo fuerza con la espalda, ni hundiendo la "pancita", sino dejando estas dos partes relajadas. (Al principio nos conformaremos con acercar las manos al piso; con el tiempo conseguiremos tocarlo y apoyar las manos en él).

2. Para tonificar y relajar todos los músculos del cuerpo

- Paradas, con los pies juntos, los talones algo levantados del piso y los brazos en alto con las manos juntas: nos estiramos y tratamos de contraer todo el cuerpo hacia atrás (como si quisiéramos tocar algo que está detrás de nosotros), **evitando "sacar pancita"** (fig. A 2).

- En esta posición contamos hasta 20 el primer día, hasta 40 el segundo y así hasta llegar gradualmente a 100, que es la cuenta que luego mantendremos.

fig. A 2

Para llegar a flexionar el tronco totalmente hacia atrás, es necesaria mucha ejercitación previa y dejarlo caer totalmente relajado. No es aconsejable intentarlo (salvo con mucha experiencia gimnástica).

Para mejorar la circulación y dar elasticidad a todo el cuerpo

Lo iniciamos, como en el ejercicio anterior, paradas, con las piernas entreabiertas, estirando completamente el cuerpo hacia arriba y levantando lentamente los brazos y la cabeza mientras inhalamos.
Flexionamos el cuerpo lentamente (en 3 tiempos) hasta abrazar una de las rodillas con las dos manos (fig. B 3), mientras sacamos todo el aire (exhalamos).
Lentamente volvemos a elevarnos y estirarnos (en 2 tiempos), hasta volver a la posición inicial (fig. C 3).

La flexibilidad en los músculos revitaliza todo el torrente sanguíneo.

- Flexionar el cuerpo una vez de cada lado (a fin de abrazar una vez una rodilla y otra vez la otra). Y... **¡sin doblar las rodillas!**

REPETIR **6** VECES DE CADA LADO

fig. C 3

fig. B 3

Para adquirir tonicidad en la cintura

Nos paramos con una pierna flexionada y la otra estirada, con los brazos abajo formando un arco suave hacia adelante (fig. A 4).
Desplazamos hacia el costado la pierna flexionada hasta apoyarla en el piso. Inhalamos en 2 tiempos y flexionamos lentamente el cuerpo hacia el lado de la pierna estirada, contando hasta 5.

Al realizar la flexión del cuerpo, desplazamos la pierna flexionada, separándola de la otra.

- Pasamos el brazo de la pierna flexionada por encima de la cabeza, estirándolo bien y eliminando todo el aire (fig. B 4).

REPETIR **6** VECES DE CADA LADO

fig. A 4

fig. B 4

Si trabajamos con constancia y paciencia, probablemente en un mediano plazo ya notaremos los beneficios de este tipo de gimnasia.

La columna vertebral es el principal sostén de la parte superior de nuestro cuerpo (cabeza, órganos torácicos y abdominales); permite flexionar el tronco, mantener la postura erecta, y además protege la médula espinal. Está compuesta por treinta y tres vértebras: doce torácicas, siete cervicales, cinco lumbares, cinco sacras y cuatro coxígeas. Entre éstas se localizan los discos, que actúan como amortiguadores y proveen movilidad.

5. Para tonificar músculos y tendones de la espalda

- Acostadas boca abajo, con la cabeza alta y estirada hacia adelante (sin apoyarla en el piso), los brazos flexionados al costado del cuerpo con las manos a la altura de los hombros (fig. A 5), las piernas juntas y estiradas hasta la punta de los pies.
- Vamos estirando los brazos y levantamos la cabeza hacia atrás lentamente, hasta apoyarla en la nuca (fig. B 5), mientras inhalamos profundamente.

- Luego, nos sostenemos con las manos (con brazos desdoblados).
- Así nos mantenemos y, **conteniendo la respiración, contamos hasta 5, mientras estiramos músculos abdominales**, contraemos glúteos y, con las piernas siempre juntas, estiramos las puntas de los pies.
- Lentamente, volvemos a la posición inicial exhalando el aire (fig. C 5).
- Conviene descansar 5 minutos en la misma posición (es decir, acostados) para que el cuerpo se recupere de a poco.

fig. A 5

fig. B 5

REPETIR 5 A 8 VECES

fig. C 5

6. Para mejorar y corregir malas posturas de columna

De rodillas, con los brazos en alto, separados entre sí algo más que la medida de los hombros (fig. A 6), estiramos el cuerpo como si quisiéramos tocar el cielo con la punta de los dedos, mientras inhalamos.

- Vamos flexionando lentamente el cuerpo, con la cabeza alta, la espalda recta y los brazos estirados a cada costado, a nivel de la espalda (fig. B 6), hasta tocar el suelo (fig. C 6), conteniendo la respiración. Así nos mantenemos contando hasta 10.
- Lentamente levantamos el tronco (siempre manteniendo la cabeza y los brazos altos (fig. B 6) y, exhalando, volvemos a la posición inicial (fig. A 6).

A través de este ejercicio podemos elongar nuestro cuerpo sin dañar los tejidos musculares.

REPETIR DE 5 A 10 VECES

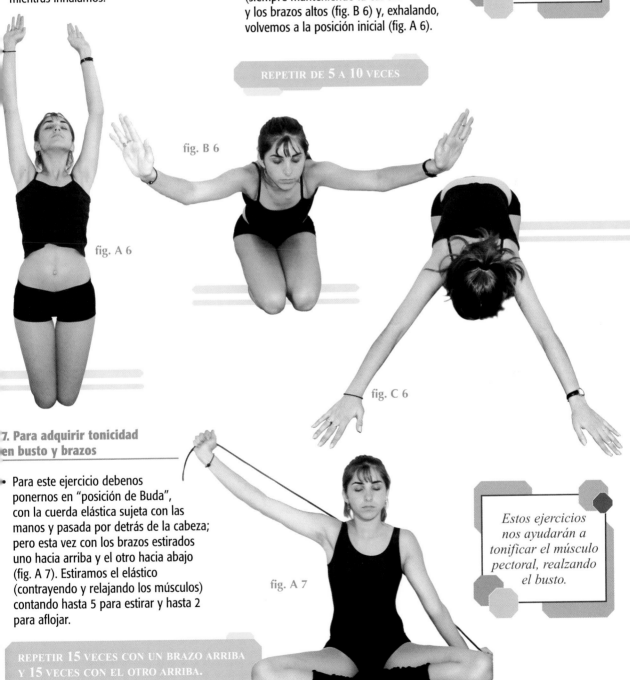

fig. A 6

fig. B 6

fig. C 6

7. Para adquirir tonicidad en busto y brazos

- Para este ejercicio debemos ponernos en "posición de Buda", con la cuerda elástica sujeta con las manos y pasada por detrás de la cabeza; pero esta vez con los brazos estirados uno hacia arriba y el otro hacia abajo (fig. A 7). Estiramos el elástico (contrayendo y relajando los músculos) contando hasta 5 para estirar y hasta 2 para aflojar.

fig. A 7

Estos ejercicios nos ayudarán a tonificar el músculo pectoral, realzando el busto.

REPETIR 15 VECES CON UN BRAZO ARRIBA Y 15 VECES CON EL OTRO ARRIBA.

8. Para reducir cintura y fortalecer los músculos dorsales

• De pie, con piernas entreabiertas derechas, brazos en alto, sosteniendo palo o bastón, balanceamos el tronco de izquierda a derecha (figs. A 8 y A 8'), llevando el bastón para afuera sin doblar codos y sin sacar "pancita" en ningún momento (sino contrayéndola).

REPETIR **15 A 20** VECES

fig. A 8

fig. A 8'

9. Para combatir la indeseada "papada"

• Sentadas en "posición de Buda", con la espalda derecha, los brazos al costado, las manos sosteniendo las rodillas y la cabeza estirada para atrás todo lo posible. (fig. A 9)

fig. A 9

• Abrimos la boca formando una "O". Sin cambiar de posición, cerramos la boca en forma rítmica, como mordiendo con los dientes superiores el labio inferior, (fig. B 9).

REPETIR **15 A 20** VECES POR DÍA

fig. B 9

PARA TENER EN CUENTA

El sedentarismo y una alimentación desequilibrada favorecen la acumulación de grasas en la cintura. Esta parte del cuerpo actúa como un importante depósito de grasas, y al igual que las piernas y los brazos, es una de las primeras zonas donde se detecta el aumento de peso. Los ejercicios, como el balanceo de tronco (ejercicio N.° 8), ayudarán a quemar grasas y a reducir la circunferencia de la cintura, otorgándole mayor flexibilidad. Puede realizarlo diariamente, repitiéndolo quince o veinte veces por sesión.

⬤. Para tonificar los brazos, cuello y la espalda

Sentadas en el piso, con piernas flexionadas al "estilo Buda" (fig. A 10), rodillas apoyadas, brazos al costado con las manos apoyadas en las rodillas. Lentamente levantamos los dos brazos a cada costado hasta tocar entre sí las puntas de los dedos de ambas manos.

fig. A 10

• Luego inhalamos en la elevación y contenemos la respiración (contando hasta 4) hasta que unimos las puntas de los dedos (fig. B 10).
• Así nos quedamos, con los brazos estirados y la cabeza levantada (contando hasta 5).
• Lentamente volvemos a la posición inicial, mientras se exhala.

fig. B 10

REPETIR 15 A 20 VECES

Este tipo de ejercicios ayudará a quemar la grasa acumulada, fortaleciendo los brazos. Se recomienda realizarlo diariamente, quince o veinte veces por sesión.

⬤. Para combatir la flaccidez de los brazos y dar tonicidad al busto

En la misma "posición de Buda", sujetamos con las manos una cuerda elástica, pasada por detrás de la cabeza (fig. A 11).

• Aflojamos y estiramos el elástico con fuerza. Al estirarlo, los brazos quedan en cruz (fig. B 11) y así permanecemos, contando hasta 5, mientras respiramos libremente.

REPETIR 10 A 15 VECES

En todos los ejercicios que requieran estar sentados en "posición de Buda", debemos vigilar que la espalda esté derecha.

fig. A 11

fig. B 11

Podemos reafirmar los brazos con un tensor con gomas. Recordemos que el ejercicio será efectivo sólo si la espalda se mantiene derecha.

12. Para reducir cintura y tonificar músculos interiores de las piernas

- Con una pierna flexionada y la rodilla en el piso; la otra pierna estirada lateralmente al máximo posible. Brazos en alto. Nos estiramos hacia arriba (sin cambiar de posición), mientras inhalamos por la nariz y contamos 3 tiempos (fig. A 12).
- Flexionamos muy suave el tronco, con movimiento en forma lateral hacia la pierna extendida, mientras exhalamos el aire y estiramos el brazo que pasa sobre la cabeza (fig. B 12), y con el otro nos tomamos el pie, contando 5 tiempos.

- Lentamente incorporamos el tronco, contando 3 tiempos, mientras mantenemos la tensión muscular e inhalamos hasta volver a la posición inicial (Fig. A 12).

REPETIR DE **8** A **10** VECES DE CADA LADO.

fig. A 12

fig. B 12

13. Para achatar la panza y activar la circulación de las piernas

En ningún momento debemos levantar los brazos del piso.

- Acostados, con la espalda apoyada bien derecha, los brazos semiabiertos apoyados en el piso, las piernas abiertas y separadas en el piso unos 20 cm, y con las puntas de los pies "mirando" para afuera, nos mantenemos así contando hasta 5 (fig. A 13) contrayendo totalmente el abdomen.

- Juntamos talones y levantamos las piernas, bien derechas y estiradas, metiendo las puntas de los pies para adentro (fig. B 13), mientras contamos 5 tiempos.

Descansar y repetir el ejercicio de 8 a 10 veces (descansando entre cada uno).

fig. A 13

fig. B 13

14. Para combatir el hueco entre los muslos

Sentadas en el suelo, brazos extendidos atrás, manos apoyadas en el piso y piernas extendidas al frente, sujetamos una pelota de goma entre las rodillas (fig. A 14). Manteniendo siempre las piernas rectas, apretar la pelota, ejerciendo sobre ella la mayor presión posible, mientras inhalamos (fig. B 14). Luego, aflojar la tensión de los músculos, mientras exhalamos (fig. C 14).

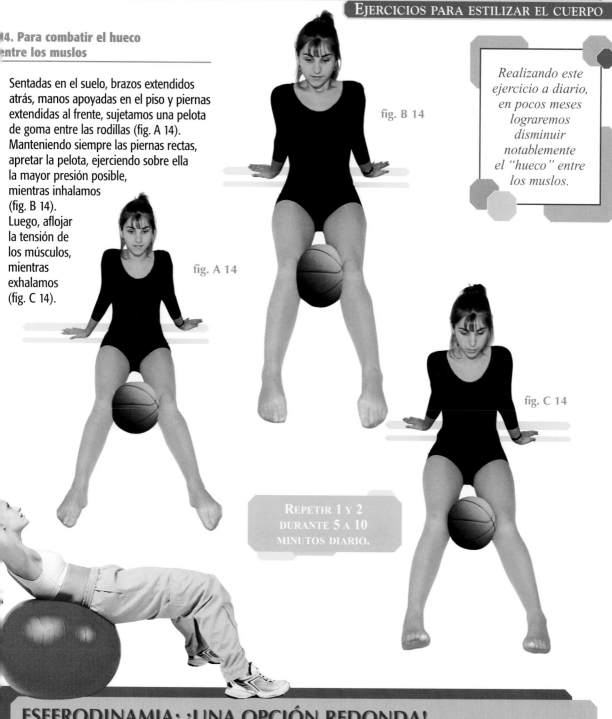

fig. B 14

fig. A 14

fig. C 14

Realizando este ejercicio a diario, en pocos meses lograremos disminuir notablemente el "hueco" entre los muslos.

REPETIR 1 Y 2 DURANTE 5 A 10 MINUTOS DIARIO.

ESFERODINAMIA: ¡UNA OPCIÓN REDONDA!

Las técnicas de **esferodinamia** (que se realiza haciendo ejercicios con grandes pelotas de látex), combinadas con algunas de las **asanas de Yoga**, pueden ayudar a alinear, tonificar y alongar el cuerpo, al mismo tiempo que prestan un suave y agradable apoyo y contención. El cuerpo se afloja, distiende, y podemos disfrutar de ir adquiriendo más serenidad y coordinación. Esta técnica moderna de desarrollo corporal (pero también de desarrollo mental) ha ganado, en los últimos años, una gran cantidad de adeptos. Esto se debe a que permite un trabajo muy preciso y localizado en zonas de difícil acceso para otras gimnasias y disciplinas.

15. Para disminuir y modelar las caderas, la cola y los muslos

fig. A 15

La respiración será libre. Las manos y los antebrazos (hasta el codo) quedarán fijos en el piso, como puntos de sostén y apoyo. De este modo, evitaremos movernos del lugar.

- Acostados, de espaldas al piso, con los brazos apoyados y abiertos en cruz, y el cuerpo hacia el costado izquierdo, manteniendo la pierna derecha bien estirada y la izquierda flexionada al máximo, la cruzaremos por encima de aquélla (fig. A 15).
- Con un movimiento enérgico, cambiamos de lado la posición (ahora a la derecha), y así sucesivamente, sin parar, hasta contar 50 veces... ¡como mínimo!

CUANDO YA ESTEMOS "ENTRENADAS" CONVIENE REPETIRLO DE 80 A 100 VECES DIARIAS.

16. Para reducir cintura y endurecer abdomen y muslos

- Parados, con las piernas entreabiertas, los brazos arriba con las palmas de las manos unidas, nos estiramos con todo el cuerpo (impulsándolo hacia arriba como si quisiéramos crecer), mientras inhalamos (fig. A 16).

fig. B 16

- Flexionamos lateralmente el cuerpo, estirando al máximo el brazo que pasa sobre la cabeza y apoyando sólo la punta del pie (de la pierna contraria al costado flexionado), mientras exhalamos (fig. B 16).

fig. A 16

REPETIR 10 VECES DE CADA LADO

LAS ARTICULACIONES

Los huesos de nuestro cuerpo están adheridos unos a otros por medio de las articulaciones que junto a los músculos determinan el movimiento. Las articulaciones **pueden clasificarse en fijas o inmóvile**s (sinartrosis), muy comunes en los huesos de la cara y el cráneo; **semimóviles** (anfiartrosis) como las de la columna vertebral, y **móviles** (diartrosis), características de las extremidades. Las articulaciones pueden efectuar distintos movimientos. Cuando un hueso gira sobre sí mismo o alrededor de otro que le sirve de eje se está realizando un movimiento giratorio; en cambio, cuando el miembro superior o inferior gira sobre un punto el movimiento se denomina circunducción. También realizan flexiones y deslizamientos.

7. Para achatar la "pancita" activar la circulación

Nos estiramos en el piso, con los brazos en arco para arriba, también apoyados en el piso (fig. A 17), realizamos una inhalación profunda por la nariz, teniendo la columna bien apoyada contra el piso.

- Abrimos los brazos y apoyamos las manos con firmeza y energía levantamos las piernas juntas y derechas e incorporamos el tronco junto con hombros y cabeza, todo lo posible, mientras contamos 4 tiempos (fig. B 17).
- Volvemos lentamente a la posición inicial, mientras exhalamos el aire (fig. C 17).

Debemos realizar estos ejercicios con moderación para evitar que aparezcan calambres y fatiga muscular.

fig. A 17

REPETIR **8 A 10** VECES

fig. B 17

fig. C 17

LOS MÚSCULOS

Son los encargados de mover el cuerpo y proteger nuestros órganos vitales. También ayudan a cumplir otras funciones como el transporte de alimentos a través del aparato digestivo o la expansión y contracción del tórax cuando respiramos. Se calcula que nuestro cuerpo posee más de 600 músculos, **divididos en dos clases**, de acuerdo con el tipo de movimiento que realizan. **Aquellos que se relacionan con los movimientos voluntarios** se denominan **estriados** y se encuentran unidos al hueso en las piernas, el cuello, la cara, el abdomen, los brazos y el pecho. **Los músculos encargados de los movimientos inconscientes o involuntarios** se denominan **lisos**; son los que se encuentran en las paredes de los órganos y los vasos sanguíneos.

8. Para activar la circulación de las piernas y tonificar la cintura

De espaldas en el piso y con los brazos extendidos en cruz, levantamos las piernas juntas (fig. A 18); y con éstas en alto, a 20 cm del piso, y completamente verticales "dibujamos" una gran circunferencia, en 8 tiempos partiendo de la izquierda.

fig. A 18

Repetir 5 veces, descansando entre cada uno (haciendo respiraciones profundas) y alternando el inicio de la circunferencia (una vez se inicia por la izquierda, se descansa, y la siguiente se inicia por la derecha, y así sucesivamente).

19. Para modelar y afinar las caderas, los muslos, la cola y la cintura

En este ejercicio la repiración será libre.

- Sentadas en el piso, con las manos apoyadas en él, la espalda inclinada hacia atrás: cruzamos la pierna derecha sobre la izquierda -mientras mantenemos una y otra bien estiradas- y tocamos el piso con la punta de la pierna que cruzamos (en este caso, la derecha) (fig. A 19).

fig. A 19

REPETIR **25** A **50** VECES.

- Rápidamente cambiamos de lado, dando vuelta la cintura hacia el otro costado, con lo cual quedamos (a la inversa que en la posición anterior) con la pierna izquierda sobre la derecha (fig. B 19).

fig. B 19

La actividad física estimula el desarrollo de los músculos. Las personas que practican deportes los tienen más desarrollados que aquellos que no efectúan ningún tipo de actividad.

20. Para modelar piernas y mejorar la circulación sanguínea

- Estiradas en el piso, de costado, con una mano sosteniendo la cabeza, el otro brazo flexionado sobre el cuerpo y esa mano apoyada en el piso, elevamos la pierna superior, estirándola recta hasta colocarla vertical (fig. A 20 y A 20').

fig. A 20

REPETIR **20** VECES DE CADA LADO, CON RESPIRACIÓN LIBRE.

fig. A 20'

Variante: En la misma posición inicial que en el ejercicio 20, pero con pierna libre flexionada hacia atrás (fig. A 20'); la elevamos con energía, estirándola totalmente hasta ponerla vertical (fig. A 20).

REPETIR **10** VECES DE CADA LADO

21. Para modelar caderas, cola y ganar flexibilidad en la cintura

Nos acostamos en el piso, con los brazos en cruz y apoyados, cintura y "cola" ladeadas hacia un costado, piernas flexionadas hacia el mismo costado y los pies sin apoyo en el piso (fig. A 21).
• Sin cambiar de posición, estiramos las piernas sobre el piso (fig. B 21).

• Elevamos las piernas hasta colocarlas en posición vertical (fig. C 21); para pasar al otro lado y volverlas a flexionar, luego a estirar y después a levantarlas hasta dejarlas vertical.

REPETIR DE **10** A **15** VECES, DESCANSANDO ENTRE CADA VEZ Y RESPIRANDO LIBREMENTE.

fig. A 21

fig. C 21

fig. B 21

22. Para reducir y modelar glúteos y muslos

• Acostadas en el piso, con los brazos estirados en cruz y apoyados, y las piernas juntas estiradas, tocando una mano con la punta de los pies (fig. A 22).
• Efectuamos movimiento de rotación con la "cola" (con esto "amasamos" y modelamos la "cola" y los glúteos) para llegar a tocar la mano del otro costado (fig. B 22).

fig. A 22

Realizar durante 2 ó 3 minutos seguidos, con respiración libre, e ir aumentando gradualmente hasta llegar a 5 minutos.

fig. B 22

CUANDO PRACTICAMOS CUIDEMOS LA RESPIRACIÓN...

Cuando la respiración es completa involucra todo el cuerpo. **Al inhalar**, cuando tomamos el aire, **la caja torácica se expande, el diafragma se contrae y los pulmones se llenan de aire**. En la exhalación ocurre el proceso inverso: el vientre se mete hacia dentro, el diafragma sube y los pulmones se comprimen expulsando el aire al exterior. Este movimiento respiratorio puede sentirse si palpamos nuestro tórax y abdomen mientras respiramos.

La gimnasia aporta múltiples beneficios tanto físicos como psíquicos, mejorando notablemente nuestra calidad de vida.

23. Para modelar y tonificar los músculos de las piernas

- En puntas de pie, con una mano apoyada en el respaldo de una silla y la otra en la cintura, contraemos firmemente los músculos de las piernas (fig. A 23).
- Flexionamos la pierna cercana a la silla, mientras vamos estirando la otra y deslizándola hacia su costado (fig. B 23).
- Flexionamos la pierna que estaba estirada y la juntamos con la otra (fig. C 23), uniendo bien los pies.

fig. A 23

fig. B 23

Repetir 5 veces de cada lado el primer día e ir aumentando gradualmente, para llegar a los 7 días a 10 veces por lado, cifra que mantendremos posteriormente, siempre con respiración libre.

La flaccidez en las piernas es una señal de vida sedentaria.

fig. C 23

EL CUERPO: UNA DELICADA ARMONÍA ENTRE PARTES

El cuerpo "normal" de la mujer y del hombre, cualquiera sea su raza, **responde a unas "constantes de proporciones"** entre sus diferentes medidas, **las cuales definen la armonía humana**. Por eso, si bien es efectiva para medir algunas variables, hay que abandonar la costumbre de definir el exceso de grasas en relación al peso/estatura. Un cuerpo puede tener una excelente relación peso/talla, sin que sea necesariamente armonioso y viceversa. Las medidas ideales tanto para el hombre como para la mujer son: 90 cm de diámetro torácico en la mujer y 105 cm en el hombre; 65 cm de diámetro de cintura para la mujer y 90 cm para el hombre; 95 cm de diámetro de cadera para la mujer y 100 cm para el hombre; 55 cm de diámetro de muslo para la mujer y 60 cm para el hombre. Por lo tanto, la delgadez casi patológica de las modelos es sólo (y ni tanto ya) para las pasarelas. Teniendo en cuenta este concepto de armonía, ya no es lo mismo bajar de peso y constatarlo en la balanza que ver cómo se han modificado las proporciones de las distintas partes del cuerpo. **Medirse las caderas, la cintura o el perímetro de los muslos y anotar la reducción o el aumento de volumen, puede ser un sistema de control mucho más eficaz que el del peso**. Es que, a veces, no se pierde peso, pero si se reduce el volumen, con lo que se está avanzando de manera significativa. La balanza se convierte en un acusador privado. La frase "no adelgazaste esta semana" podría cambiarse por la expresión "perdiste un centímetro de cadera".

EJERCICIO RESPIRATORIO

A- Apoyamos toda la espalda en el piso y doblamos las rodillas manteniéndolas separadas unos 15 cm.

B- Colocamos una mano sobre el tórax y la otra sobre la parte inferior del abdomen.

C- Tomamos aire por la nariz y lo dirigimos a la parte más baja del tórax. En este movimiento podemos notar como se hincha el abdomen y se separan las costillas.

D- Retenemos el aire por 4 segundos y luego empezamos a soltarlo gradualmente por la boca con los labios entreabiertos.

E- Repetimos el ciclo durante unos 5 a 10 minutos.

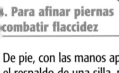

. Para afinar piernas combatir flaccidez

De pie, con las manos apoyadas en el respaldo de una silla, nos inclinamos hacia adelante con la espalda recta y la cabeza siguiendo la misma línea. Estiramos al máximo una pierna hacia atrás, con movimiento enérgico, mientras la otra permanece vertical y estirada (fig. A 24).

REPETIR **20** VECES DE CADA LADO, CON RESPIRACIÓN LIBRE.

fig. A 24

. Para fortificar músculos dominales y combatir panzas áccidas y caídas

Sentadas en el piso, con la espalda algo reclinada hacia atrás, apoyando las manos y los antebrazos (hasta los codos) en el piso: flexionamos las piernas juntas hasta lograr tocar la nariz con las rodillas (fig. A 25), y contamos 2 tiempos.

• Contando hasta 3, vamos estirando las piernas hasta que queden rectas, con las puntas de los pies estiradas. Luego, en 2 tiempos, vamos bajándolas sin que lleguen a tocar el piso (fig. B 25) y volvemos a flexionarlas para recomenzar el ejercicio (fig. A 25).

REPETIR **5** VECES, DESCANSAR Y REPETIR OTRAS **5** VECES.

fig. A 25

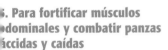

fig. B 25

Los glúteos se extienden desde la pelvis hasta el fémur, y son los músculos encargados de fijar y darle estabilidad a la columna vertebral. Con el paso del tiempo y los efecto de una vida sedentaria este músculo tiende a perder tonicidad. Cuando esto ocurre tendemos a vernos mal ya que lo asociamos con el envejecimiento, considerándolo desacertado estéticamente. Pero mediante una rutina de ejercicios puedemos fortalecerlos y devolverles su tonicidad original.

26. Para reducir y endurecer glúteos y "levantar la cola"

- Boca abajo sobre el piso, con los brazos flexionados para arriba, levantando juntas las dos piernas todo lo posible (fig. A 26). Para esto es aconsejable colocar debajo de la pancita un toallón enrollado o un pequeño almohadón.

- En la posición indicada, en tensión y con suave movimiento, abrimos las piernas contando 5 (fig. B 26 y B 26'), y las volvemos a juntar contando 2 tiempos, con respiración libre.

REALIZAR **5** VECES SEGUIDAS, DESCANSAR, Y REPETIR **5** Ó **6** VECES MÁS.

fig. A 26

fig. B 26

fig. B 26'

La espalda es una pieza clave en el cuerpo: nos sostiene y a la vez, permite el movimiento. Una postura inadecuada debe ser corregida de inmediato.

Variante: en la misma posición indicada en el ejercicio 26 -boca abajo, con piernas rectas levantadas y almohadón debajo de la pancita-, mover las piernas como si camináramos (fig. B 26').

DESPUÉS DEL EJERCICIO... RELAJEMOS EL CUERPO

omo consecuencia del trabajo físico, nuestro cuerpo requiere de algunos cuidados especiales. Estas atenciones se relacionan sobre todo con **la relajación de los músculos y de las articulaciones**. En este sentido, es preciso que aprendamos, además de realizar correctamente todos los ejercicios, **a tomar los recaudos necesarios para mantener en perfecto funcionamiento todo el sistema muscular**.

Después de la actividad

Luego de cualquier actividad física nuestros músculos segregan una sustancia llamada **ácido láctico**. Este vital compuesto permite que los músculos se alimenten cada vez que se realiza algún esfuerzo. Si no existiese, nuestro cuerpo no podría moverse correctamente. Ahora bien, muchas veces se considera a este compuesto como un "enemigo" de la actividad física, ya que, **luego de realizar algún esfuerzo esta sustancia se concentra en los tejidos y causa fuertes dolores, contracturas o calambres**. En realidad lo que ocurre es que una vez que el ácido láctico ha pasado a la sangre debe consumirse de manera pareja. Si dicha sustancia no se distribuye adecuadamente, genera un proceso denominado "acidez muscular" (que es en realidad el verdadero causante del famoso dolor muscular luego de la actividad).

A la hora de realizar cualquier tipo de actividad física es importante que contemos con un lugar espacioso y una vestimenta adecuada.

Por eso es muy importante que inmediatamente **después de terminar cualquier actividad física, se elonguen todos los músculos del cuerpo** (pero principalmente los trabajados en el ejercicio). De esta manera lograremos, además de un mejor rendimiento, que este ácido se distribuya de una manera pareja y se disipen sus efectos negativos. Hay que recordar que **el cuerpo debe hidratarse bien antes, durante y después de cualquier actividad física**. Lo mejor es consumir bebidas para deportistas, porque contienen sales y minerales necesarios para hidratar el organismo en pocos minutos.

Para evitar los dolores y calambres después de una intensa actividad física, es conveniente tomarse unos minutos para estirar bien los músculos que han sido trabajados.

CONSEJOS PARA UN BUEN ESTIRAMIENTO

La elongación es, básicamente, la **capacidad que tiene un músculo de estirarse y volver a su estado normal**. Para realizar este **proceso** es **indispensable respirar correctamente** (es decir, realizando una respiración costo diafragmática) y **ejecutar pausadamente el movimiento muscular contrario al que se realizó**. Por ejemplo, si estuvimos corriendo, seguramente habremos trabajado las zonas de las pantorrillas y los muslos. Para la elongación de esta zona, necesitaremos entonces acostarnos en el piso, estirar las piernas e intentar tomarnos los tobillos con las manos en pequeños intervalos de un minuto. Los ejercicios deberán realizarse lentamente, respirando también lento y profundo, hasta llegar al máximo del estiramiento. Allí mantener la posición y contar despacio hasta 30. Este ejercicio sólo se realiza una vez.

REJUVENEZCAMOS NUESTRO ROSTRO CON LA GIMNASIA FACIAL

Hojeando revistas y libros de belleza, seguramente muchos de nosotros hemos tenido noticias de algunos ejercicios faciales que se recomiendan para recuperar la tonicidad muscular de una determinada zona del rostro. ¿Cuánto hay de verdad en ellos? ¿Son realmente eficaces?

Los ejercicios faciales mejoran el contorno de la cara y evitan la caída de la piel.

Los ejercicios faciales se basan en los mismos principios que los ejercicios corporales, sólo que –obviamente– **buscan fortalecer y/o recuperar la tonicidad muscular del rostro**. Esto tiene que ver con una serie de procesos químicos que se manifiestan en todo músculo que entra en actividad en forma periódica. Por dicho mecanismo se intensifica la circulación dentro del músculo y se dilatan los conductos sanguíneos. La sangre, entonces, se lleva consigo los productos sobrantes y tóxicos, aportando, en cambio, elementos reparadores. Está comprobado fehacientemente que este utilísimo intercambio no se produce en un músculo en reposo y se produce a medias en aquellos músculos de actividad reducida. Dicho en otras palabras, **los músculos poco activos están mal nutridos y se aflojan, perdiendo el llamado "tono muscular"** y la capacidad para cumplir sus funciones específicas en forma correcta. **En el rostro, esto marca facciones de cansancio que avejentan**. A la hora de comenzar los ejercicios, es bueno contar con un vaporizador con agua mineral o termal, para rociar el rostro entre ejercicio y ejercicio. Es importante realizar la actividad en un lugar tranquilo y sin distracciones; también se puede escuchar música. relajante. Y por supuesto, **el rostro debe estar libre de residuos de maquillaje**.

Beneficios

Para recuperar la tonicidad de los músculos del rostro, la gimnasia facial es un arma eficaz siempre que esté **bien realizada**, en el tiempo indicado, de acuerdo con las normas básicas e instrucciones y sin exagerar su aplicación.

No hace falta hacer grandes inversiones en cremas y lociones para mantener la tonicidad del rostro. La gimnasia facial es un método efectivo y económico para prevenir el envejecimiento de la piel.

LA FLACCIDEZ NO SÓLO VIENE CON LOS AÑOS

A cualquier edad, las oscilaciones del peso corporal, un descenso demasiado rápido o la disminución de un importante sobrepeso pueden provocar **la pérdida del tono muscular y su normal elasticidad**. Esto, por supuesto, **se acentúa con la edad** (pero no es la edad el único factor desencadenante).

En nuestro rostro, este problema se traduce en rasgos de cansancio y fatiga, músculos cada vez más flojos (ya que el cansancio disminuye más aún el tono muscular), óvalo mal delineado y sombras más profundas en las facciones. Todo ello equivale a un rostro prematuramente envejecido.

En caso contrario, puede llegar a provocar efectos contraproducentes, pues el cansancio disminuye al máximo la tonicidad muscular. Por ello, **es importante que encaremos nuestra gimnasia facial como un programa sistemático y gradual**. El correcto entrenamiento de los músculos del rostro no debe forzarse ni acelerarse. Los resultados llegan en forma lenta, muy lenta... No seamos impacientes y sigamos las indicaciones al pie de la letra.

Plan de realización del programa

Se trata de una serie de ejercicios diarios, específicos para cada zona del rostro, que se realizarán en forma sistemática y gradual, dentro de un **programa de tres meses, dividido en dos etapas**.

Es importante tener en cuenta que en estas dos etapas se deben respetar estrictamente las indicaciones de cada ejercicio y las diez normas básicas (ver "10 normas básicas para la gimnasia facial"). Una vez cumplimentado este programa de tres meses, se continuará con los ejercicios faciales, pero espaciándolos gradualmente hasta realizar sólo los ejercicios principales, **una vez cada uno**, como programa de mantenimiento. Este plan se desarrolla durante las primeras cuatro semanas con ejercicios diarios realizados una vez cada uno, en forma gradual (ver "Programa del 1.º mes de aprendizaje pág. 204"). Durante **el segundo y el tercer mes**, en cambio deberemos **concentrar los esfuerzos** y ampliar el rango de ejercicios diarios, realizando por lo menos tres veces cada uno de los indicados. No se desanime, a medida que avance se notará el cambio en su rostro.

El mejor método para aprender los ejercicios es enseñárselos a alguien, ya que al hacerlo acrecentamos nuestro propio dominio del tema.

GIMNASIA FACIAL

Programa de tres meses

Ejercicios diarios

Etapa de aprendizaje	Etapa intensiva
Primeras 4 semanas	2.º y 3.º mes

10 NORMAS PARA LA GIMNASIA FACIAL

1 Sólo **el entrenamiento ininterrumpido** produce resultados eficaces.

2 Practicar los ejercicios regularmente a la misma hora del día. Elegir el horario más conveniente y mantener siempre el mismo.

3 En cada semana, dejar un día sin realizar los ejercicios. Elegir un día determinado y mantener siempre el mismo.

4 Antes de realizar los ejercicios, aplicar ligeramente una crema nutritiva sobre el rostro.

5 Durante los ejercicios, respirar en forma rítmica y tranquila, contrarrestando la tendencia a contraer la respiración.

6 En cada ejercicio, contraer y relajar alternadamente los músculos con mucha lentitud. **Trabajar sin tensión**.

7 Ubicar nuestra atención y concentrar nuestro pensamiento sobre el punto específico del rostro que se está ejercitando, pensando no sólo en la piel, sino también en el área profunda, es decir, en los músculos.

8 Después de las primeras cuatro semanas de aprendizaje, cuando comienzan las prácticas intensas, poner en los ejercicios toda nuestra "fuerza" y concentración.

9 Antes de cada práctica, leer estas reglas, palabra por palabra, como si lo hiciéramos por primera vez.

10 **Cada día esforzarnos más y más por hacer mejor los ejercicios.**

La gimnasia facial es beneficiosa siempre que:
- Esté bien hecha.
- Se realice en el tiempo indicado.
- Se cumplan las instrucciones y normas básicas.
- No se exagere su aplicación.

La excesiva exposición al sol no se recomienda cuando se está aplicando un tratamiento de gimnasia facial.

Para obtener buenos resultados en gimnasia facial se recomienda elegir aquellos ambientes del hogar donde podamos relajarnos sin sufrir interrupciones, de modo que podamos concentrarnos únicamente en los movimientos del rostro.

Si se los practica con la debida regularidad, los ejercicios en posición horizontal permiten relajar la zona cervical y mejorar su estado.

1. Para eliminar flojedad del cuello, papada, y arrugas debajo del mentón

- Sentadas, con la columna vertebral bien adherida al respaldo de la silla y el cuerpo erguido. Inclinamos el tronco ligeramente hacia adelante. Llevamos la cabeza hacia arriba y hacia adelante, apoyándola en la nuca (ver figuras 1 y 2).
- Deslizamos hacia adelante el labio inferior, esforzando los músculos en el sector señalado en la figura 1 y haciendo que la piel se desplace con fuerza por sobre toda la superficie del cuello en esa dirección. Mantenemos este esfuerzo por 15 segundos, contando mentalmente en forma lenta hasta 15.
- Aflojamos suavemente, mientras la cabeza, los labios y el mentón vuelven lentamente a la posición normal.

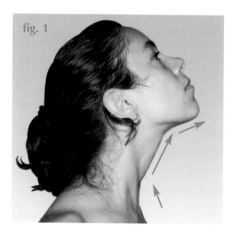

fig. 1

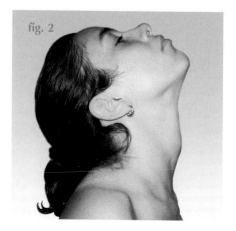

fig. 2

2. Para controlar y fortalecer los músculos que rodean los ojos

- Apretamos los párpados enérgicamente, imaginando que debemos proteger los ojos de un humo intenso (fig. 3).
- Mantenemos la presión durante 5 segundos, contando mentalmente en forma lenta hasta 5.

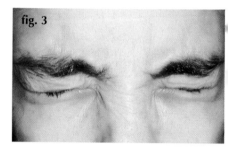

fig. 3

3. Para tonificar los párpados superiores A

- Elevamos las cejas todo lo posible y las mantenemos en esa posición con firmeza y fuerza (fig. 4).
- Cerramos los ojos (imaginando que el párpado superior "tira" por dentro hacia abajo, con la mayor fuerza posible y en oposición a las cejas levantadas) durante 6 segundos (es decir, contando mentalmente con lentitud hasta 6).
- Aflojamos lentamente los párpados y luego bajamos las cejas a su posición normal. Luego nos relajamos y descansamos en esa posición durante un minuto aproximadamente.

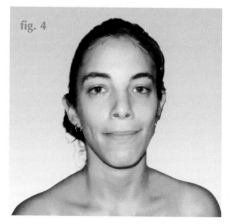

fig. 4

Para tonificar los párpados superiores B

Colocamos las yemas de los dedos (excepto el pulgar) debajo del arco de las cejas, a distancia pareja un dedo del otro, realizando con ellos un movimiento como para ubicarlos justamente por debajo de las cejas. Oprimimos firmemente las yemas de los dedos para asegurar la piel contra el arco superciliar (fig. 5).

En contra de esta presión, **cerramos con fuerza los ojos** (concentrándonos en "tirar" bien hacia abajo con los párpados superiores y cuidando que esto se realice principalmente en los puntos en que la piel está más floja) **durante 6 segundos**. Es decir, **mientras contamos lentamente hasta 6**.

Aflojamos con suavidad los párpados y luego retiramos los dedos de ese lugar.

5. Para tonificar la zona que rodea los ojos y combatir las "patas de gallo"

- Apoyamos firmemente los codos. Manteniendo en relajación la zona alrededor de los ojos, los tapamos, colocando sólo el borde inferior de las palmas de las manos, apoyado en el hueso por debajo (ver fig. 6).
- Vamos ejerciendo presión con las manos en el punto de apoyo, aumentando lentamente esa presión al máximo durante 10 segundos. Es decir, mientras contamos lentamente hasta 10. Es importante tener en cuenta que sólo se presionan recíprocamente las zonas –de la mano y del ojo– que están en contacto, a través de una presión sin movimiento.
- **Aflojamos lentamente la presión y quitamos las manos del rostro.** Descansamos unos segundos.

En el caso de que nos resulte dificultoso realizar este ejercicio simultáneamente con los dos ojos, proceder como se indica pero sólo con un ojo. Luego, repetir el ejercicio con el otro.

fig. 5

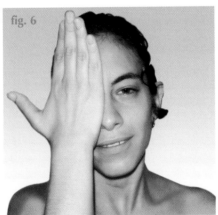

fig. 6

La zona que rodea los ojos, sensible a los efectos del cansancio y el estrés, necesita cuidados regulares.

9 NUTRIENTES QUE AYUDAN A MEJORAR LA PIEL

Ciertas dietas ricas en minerales y vitaminas mejoran el cutis de manera notoria. La mayoría de estos nutrientes, si son suministrados adecuadamente, mantienen la salud de la piel y del cuerpo en general; sin embargo, algunos de ellos poseen efectos más específicos. Veamos cuáles son en el caso de las vitaminas.

Vitamina A: bloquea los efectos de los rayos solares y previene la formación de arrugas.
Vitaminas C y E: brinda luminosidad y retrasa el envejecimiento.
Biotina: brinda luminosidad.
Vitamina B1: reduce la formación de ojeras y descongestiona los párpados.
Vitaminas B2 y B6: evita la aparición de impurezas.
Vitamina B3: protege el colágeno e hidrata la epidermis.
Vitamina B5: brinda hidratación.

La zona de los ojos es una de las principales áreas que marcan la expresión de la cara. Sin embargo también es la más sensible a los efectos del paso del tiempo.

6. Para combatir las bolsitas y las arrugas de los párpados inferiores

- Apoyamos las yemas de los dedos debajo de los ojos y las **oprimimos firmemente** contra el hueso, de manera que la piel no pueda desplazarse (fig. 7).
- **Cerramos los ojos** lo más fuertemente posible, **para que el músculo de los párpados tire de abajo hacia arriba**. Debemos hacerlo suavemente y sin mover los dedos ni dejar de presionar.
- Aflojamos lentamente los músculos y retiramos los dedos.
- Descansamos en esa posición.

7. Para afirmar los músculos de la frente

- Apoyamos de costado y con fuerza los dedos índices sobre las cejas, **cuidando que el pulgar quede hacia adelante** y los índices bien ubicados para poder hacer presión (fig. 8).
- Con toda energía, tiramos hacia arriba con la piel de la frente y nos concentramos en las arrugas transversales de la misma. Contamos hasta 10.
- Aflojamos la frente y retiramos las manos suavemente.

Los antifaces oculares son ideales para descansar la vista y relajar la zona que rodea los ojos.

fig. 7

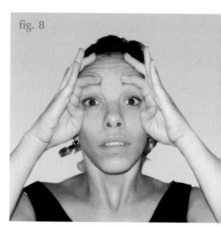

fig. 8

TRUCOS Y CONSEJOS PARA CUIDAR MEJOR NUESTRA PIEL

Al envejecer, las células de la piel se dividen más lentamente y como consecuencia nuestra piel se adelgaza, pierde su elasticidad. Cuando la pellizcamos o presionamos no vuelve a su posición inicial con rapidez y, poco a poco, se va hundiendo y formando surcos; además, disminuye su capacidad para retener agua, las glándulas secretoras de sudor y grasa se atrofian, privando a la dermis de su emulsión natural, con la que se vuelve seca y descamada si no atacamos el problema a tiempo.

Para que nuestra piel no pierda la lozanía de la juventud hay dos puntos fundamentales que debemos tener en cuenta y no descuidar en ninguna etapa de la vida.

- **El sueño**: durante este período todos los músculos se relajan, aumenta la secreción de la hormona del crecimiento encargada de la regeneración de las células. También hay una mayor producción de colágeno. Por estos motivos, es indipensable un descanso diario de al menos 8 horas.
- **La hidratación**: la interior será aportada por el consumo de una dieta rica en frutas y verduras crudas, así como por el agua que se debe tomar por día: 2 litros como mínimo. La exterior será aportada por una buena limpieza y humectación diaria, que nos devolverá un cutis fresco y luminoso. Un detalle a valorar es que el limpiador que utilicemos sea el adecuado para nuestro tipo de cutis. Cada tipo de piel requiere un cuidado determinado. Si la piel es muy sensible se recomienda el uso de lociones suaves, que no produzcan sequedad y la aparición de manchas rojizas.

8. Para afirmar músculos de ambos costados del mentón y mejorar la piel del cuello

- Nos sentamos con **la columna vertebral bien adherida al respaldo de la silla** y el tronco inclinado hacia adelante.
- Llevamos la cabeza atrás y la apoyamos en la nuca, para **que el cuello esté apenas más tenso que en el ejercicio 1**.
- Adelantamos el labio inferior y nos concentramos en tirar hacia arriba intensamente, con la zona que está a la derecha del mentón (fig. 9).
- Siempre manteniendo la tensión en esa zona, **giramos lentamente la cabeza hacia la derecha**, como si quisiéramos mirar por encima del hombro derecho, y contamos mentalmente hasta 15 (fig. 10).
- Volvemos a la posición inicial, aflojando lentamente. Luego, repetimos el ejercicio hacia el lado izquierdo. Mantenemos otra vez la tensión contando hasta 15. Luego relajamos la posición y descansamos.

9. Para evitar la formación de las arrugas del entrecejo

- **Colocamos un dedo a cada lado de la arruga del entrecejo** y extendemos la piel para alisarla, manteniendo la frente relajada (fig. 11).
- Sobre la misma arruga, **apoyamos la base del dedo pulgar** de la otra mano y presionamos contra la frente fuertemente, para que la arruga quede lisa aunque quitemos los dedos que la estiran (fig. 12).
- Retiramos la mano que colocamos primero y la apoyamos sobre la otra para hacer más fuerza.
- Procedemos a fruncir el entrecejo, pero esto no será posible dada la presión que estamos realizando con las manos y, por lo tanto, **no se formará ninguna arruga**. En esta posición, contamos mentalmente hasta 10.
- Distendemos los músculos, soltamos la presión y retiramos las manos.

Se aconseja realizar estos ejercicios de noche, antes de acostarnos, cuando el cuerpo libera toxinas.

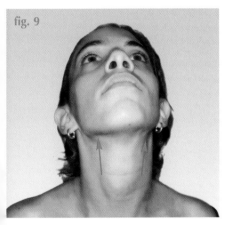

fig. 9

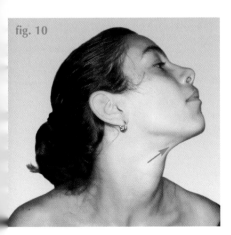

fig. 10

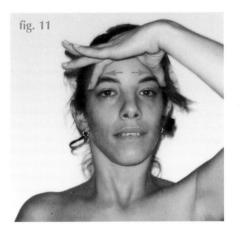

fig. 11

fig. 12

Luego de los ejercicios podemos realizar una limpieza sencilla que ayude a eliminar las impurezas superficiales del rostro. ¿Cómo hacerlo? Es muy fácil. Esparcimos sobre la cara un poco de leche limpiadora.

Una vez extendida, la retiramos con un paño humedecido con agua tibia, presionando sobre el rostro para estimular la circulación. Por último, colocamos un poco de tónico facial con un algodón. Los tónicos varían de acuerdo con el tipo de piel, pero cualquiera de ellos brinda una sensación de frescura y al mismo tiempo, sirve como desinfectante.

Podemos aprovechar los efectos benéficos de los ejercicios sobre la circulación sanguínea para aplicar sobre el rostro un producto facial con minerales y vitaminas.

Nuestra piel está expuesta a numerosos factores externos, tales como el sol, el viento o la polución. La mayoría de éstos influyen negativamente sobre ella provocando sequedad, irritación e, incluso, acelerando su envejecimiento. La limpieza facial permite contrarrestar estos efectos y mantener la salud de la piel.

10. Para atenuar las arrugas transversales de la frente

- Apoyamos una mano bien de plano sobre toda la frente, por encima de la arruga más marcada. Luego, colocamos la otra mano encima de la primera y así las apretamos fuertemente para mantener la piel de la frente bien fija en su posición.
- **Sin fruncir el entrecejo**, tiramos con las cejas hacia abajo, **cerrando los ojos y dirigiendo la mirada también hacia abajo, por dentro de los párpados cerrados**, y mantenemos la tracción contando mentalmente hasta 10 (fig. 13).
- Aflojamos la tensión y las manos, y alisamos suavemente la frente hacia atrás.

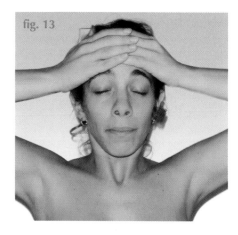

fig. 13

11. Para tonificar y rellenar las concavidades en las mejillas

- Cerramos los dientes pero sin presionar.
- Con los labios cerrados, sonreímos ampliamente (fig. 14).
- Manteniendo la sonrisa, empujamos la carne hacia la zona en que está la concavidad.
- Aflojamos lentamente (fig 15).

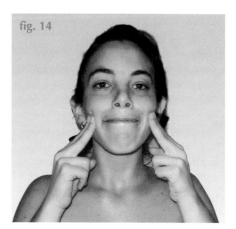

fig. 14

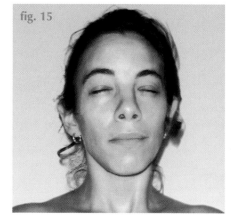

fig. 15

PROGRAMA DEL 1.º MES DE APRENDIZAJE

Primera semana	**Ejercicios 1,2,3 (una vez cada uno).**
Segunda semana	**Los ejercicios anteriores, más los ejercicios 4, 4b y 5 (una vez cada uno).**
Tercera semana	**Los ejercicios anteriores, más los ejercicios 6, 7 y 8 (una vez cada uno).**
Cuarta semana	**Los ejercicios anteriores, más los ejercicios 9, 10, 11 y 12 (una vez cada uno).**

12. Para fortalecer los músculos que rodean a los labios y elevar las mejillas

- Antes de comenzar, **es conveniente aplicarnos una generosa cantidad de crema en el labio superior** y en los ángulos de la boca.
- Cerramos la boca y adelantamos un poquito los labios. Luego presionamos la zona marcada con un círculo en la figura 16, lo más fuerte que podamos contra los dientes.
- Deslizamos esa zona con lentitud durante 12 segundos (es decir, contando lentamente hasta 12) hacia el centro del rostro, manteniendo la presión con firmesa sobre los dientes.
- Seguidamente, tratamos de "tirar", también hacia el centro, la zona de la mejilla y presionamos con ella los dientes.
- Finalmente, volvemos suavemente a la posición inicial (fig. 17).
- Descansamos aproximadamente durante un minuto y repetimos el ejercicio.

13. Para el manejo de los músculos del rostro y la circulación de la sangre

- Abrimos la boca y **pronunciamos mentalmente la letra "A"**, de modo que entre los dientes superiores e inferiores quede un separación de 2 cm.
- Mientras contamos lentamente hasta 10, **tratamos de cerrar los labios sin mover las mandíbulas**, siempre manteniendo en el pensamiento la letra "A" y acompañando el movimiento hacia abajo con la nariz. Los labios no se cerrarán, sino que llegarán a formar un pequeña hendidura (fig. 18).
- Mantenemos esta posición durante 10 segundos contamos mentalmente hasta 10 y aflojamos.

Los masajes en el rostro permiten una mejor absorción de ciertos productos faciales.

fig. 18

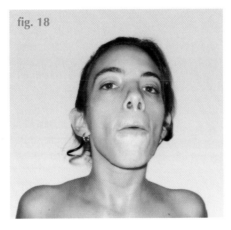

La zona de la boca es uno de los principales puntos de atracción del rostro. La gimnasia sobre este sector ayuda a mantener la tensión necesaria que esta área requiere.

fig. 16

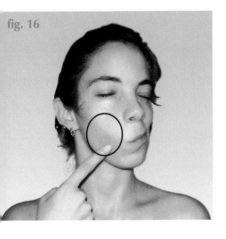

fig. 17

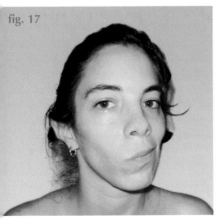

IMPORTANTE

Las primeras cuatro semanas, que son de aprendizaje, los ejercicios faciales se practicarán **una vez cada uno**. En las semanas siguientes y hasta completar un programa de tres meses, los ejercicios se realizarán **tres veces cada uno**.

Después de realizar la gimnasia facial durante tres meses, los ejercicios se irán espaciando gradualmente, hasta continuar sólo con los fundamentales, una vez cada uno, como técnica para el mantenimiento de la tonicidad muscular del rostro.

El programa de tres meses permitirá organizar una rutina sin sobreesfuerzos. Durante el primer mes se realizarán tres ejercicios por semana. La primera comenzará con los ejercicios iniciales (1,2 y 3) que se irán incorporando en los próximos hasta completar los doce al final de la cuarta semana. Durante el mes de aprendizaje los ejercicios se realizarán una sola vez.

YOGA: UNA ACTIVIDAD ENERGÉTICA PARA POTENCIAR LA SALUD

La respiración completa o integral combina la clavicular, la costal y la abdominal, y pone en funcionamiento el conjunto del aparato respiratorio.

Como disciplina, el yoga, posee dos orientaciones bien diferenciadas. Una relacionada con los aspectos espirituales y otra que se centra en lo corporal. Si bien estas dos variantes nunca se realizan estrictamente por separado, **este apartado se concentra sobre los aspectos relacionados con el trabajo físico**. Esta variante se denomina **hatha yoga**. La misma representa el costado "físico del yoga" y enfatiza los métodos de hacer posturas (asanas) y los ejercicios de respiración (pranayama). Cada uno de ellos serán desarrollados en las siguientes páginas.

Pranayama

La palabra pranayama **surge de la unión de dos voces del sánscrito**. Prana es la energía o fuerza vital que ocupa el cosmos y que puede obtenerse del sol, del aire, de los alimentos, etc. Yama significa "control". Pranayama **es el control del aliento y de la respiración**, actividad a la vez física y mental. Si logramos controlar voluntariamente nuestra respiración, tornándola lenta y pausada, nos inducimos a un estado de tranquilidad emocional y mental.

10 BENEFICIOS DEL YOGA

1 Relajación permanente del cuerpo.

2 Mejoramiento del tono y la elasticidad muscular.

3 Mayor vitalidad en la columna y mejor funcionamiento de todos los sistemas del cuerpo, especialmente de las glándulas y los nervios.

4 Mejora la digestión y el funcionamiento del sistema digestivo.

5 Menor sensación de cansacio durante el día y presencia de mayor energía para enfrentar los esfuerzos físicos y mentales.

6 Expansión de los pulmones, incrementando la capacidad de consumo y aprovechamiento de oxígeno.

7 Mejor descanso al dormir.

8 Fortificación del sistema inmunológico y de la capacidad de enfrentar las enfermedades.

9 Aumento de la capacidad de afrontar los problemas y las tensiones externas.

10 Mayor autoestima y confianza en sí mismo, como resultado de un mejor equilibrio interior.

Entrenamientos respiratorios

recomienda ser cuidadoso y **comenzar las actividades en forma gradual,** itando el esfuerzo desmedido aumentándolo a medida que se avance la práctica. En todos los casos, **debe antenerse la columna recta y s hombros relajados**. Todos los ejercicios quieren necesariamente concentrarse en gún punto. Asimismo, cuando se indica alizar retención respiratoria (kumbhaka), ta debe ser muy breve.

ntrol de la respiración

respiración se realiza **en tres etapas: spiración** (puraka), **retención** umbhaka) y **exhalación** (rechaka). gún la región más activa del pulmón, ede clasificarse en:

Clavicular o **alta**, que se realiza con la parte alta de los pulmones y no permite la entrada de gran cantidad de oxígeno.

Costal o **media**, que se realiza con la parte media de los pulmones y origina un mayor ingreso que la anterior.

Abdominal o **baja**, que es la que emplea la región baja de los pulmones. Permite el mayor ingreso de aire, ya que, al utilizar el diafragma, baja la base del pulmón, y se aumenta su volumen y su capacidad. Se utiliza normalmente cuando estamos descansando y, al realizarla en ejercicios respiratorios, **posee una acción sedante y beneficiosa sobre todo el sistema nervioso central.**

Las posturas de yoga amplían nuestra flexibilidad.

- La respiración **completa** o **integral** combina la clavicular, la costal y la abdominal, y pone en funcionamiento el conjunto del aparato respiratorio, al permitir que los pulmones alcancen la máxima capacidad, beneficiando así la circulación de la sangre.
Al practicar este tipo de respiración, **debe cuidarse que la inhalación sea tan larga como la exhalación**, con una pequeña retención entre ambas, para evitar la hiperventilación. Según la profundidad de la **respiración**, se la considera **superficial** (sólo entra una pequeña porción de aire a los pulmones) o **profunda** (emplea toda la capacidad pulmonar). Veamos los ejercicios.

Algunas posturas de esta disciplina permiten también una relajación mental.

Uno los principios del yoga es que, basándose en la respiración, se puede controlar perfectamente el funcionamiento interno del cuerpo.

LA RESPIRACIÓN COMPLETA Y PROFUNDA

De pie, con la **columna recta** y los **hombros relajados**, exhale el aire que tiene en los pulmones. Comience a inhalar y, lentamente, proyecte el abdomen hacia afuera, sin forzar el movimiento. Continúe ahora con la parte media del pecho, **expandiendo las costillas** hasta llenar toda la zona de aire. Siga con la parte superior de los pulmones, elevando un poco los hombros. Mantenga el aire sólo un momento y comience a exhalar lentamente, a medida que bajan los hombros, el pecho y el abdomen. Se recomienda practicar este ejercicio respiratorio todos los días por un período de 5 minutos. Es **una respiración sencilla y natural** que tendemos a realizar, en forma instintiva, cuando estamos en lugares abiertos, como la playa y el campo.

El yoga permite a nuestro cuerpo un adecuado intercambio de oxígeno con el exterior.

1. Activación del diafragma

- Sentado o parado, **se vacían los pulmones** y se mueve el vientre para adelante y para atrás, observando el accionar del diafragma y haciendo una breve retención respiratoria (fig. A1).
- Luego inhale y exhale normalmente, aliviando la presión de los órganos internos (fig. A2).

REALICE DE **3** A **5** MOVIMIENTOS

fig. A1

fig. B1

fig. A2

2. Respiración polarizada Nadi Sodhan

- Con los ojos cerrados y la columna recta, coloque el dedo índice de su mano derecha en el entrecejo y tape con su dedo pulgar la fosa nasal derecha (fig. B1).
- Inhale por la fosa nasal izquierda y luego exhale por la derecha. Para ello, debe destaparla y tapar la fosa izquierda con el dedo anular unido al meñique (fig. B2).
- **Realice la misma operación**, ahora con la mano izquierda e **invirtiendo las fosas nasales**: tapar la izquierda, inhalar por la derecha y exhalar por la izquierda. Así se completa una serie de respiración.

Los ejercicios que no realizan retención no son peligrosos, pero tampoco debe abusarse de ellos.

fig. B2

REPETIR **10** SERIES

3. Soplo Ha

- De pie, con las piernas separadas, comience inhalar y a elevar los brazos hacia adelante. **Retenga brevemente la respiración y exhale por la boca** (fig. C
- Baje rápidamente el tronco y los brazos, acompañando con la pronunciación de un ligero Ha producido por el paso forza del aire. Inhale nuevamente y exhale lentamente por la nariz. (fig. C2) Este ejercicio es muy bueno cuando se está resfriado.

fig. C1

fig. C2

. Kapalabhati

Siéntese con la columna recta, relaje el abdomen **al mismo tiempo que inhala suavemente** (fig. D1).
Cuando la base de los pulmones tenga aire, **exhale rápidamente** con la ayuda de los músculos abdominales y del diafragma, de modo que el aire salga bruscamente (fig. D2).
Relaje nuevamente el abdomen y repita el ejercicio.

Realícelo 10 veces, luego descanse y efectúe otros 10 .
La práctica de este ejercicio no es aconsejable para personas con problemas respiratorios o circulatorios.

5. Bhastrika

* Puede realizarse sentado o parado, pero **siempre con la columna recta** (fig. E1).
* Se realiza una inhalación, una breve retención de pocos segundos y luego una **exhalación brusca**.
* En ambos movimientos se contrae la musculatura respiratoria.
* Mantenga el mentón pegado al pecho y la glotis cerrada para no hiperventilar.
* Realice once respiraciones, y luego inhale y exhale normalmente un momento.
* En total, se practican tres series (fig. E2).

El yoga brinda excelentes herramientas para mejorar las posturas dorsales, espinales y cervicales.
Sin embargo, debe practicarse con regularidad.

fig. D1

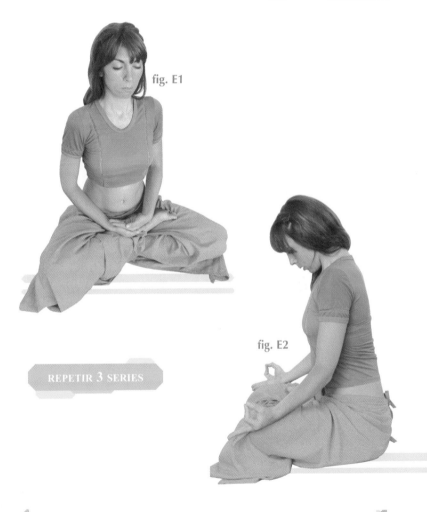

fig. E1

REPETIR 3 SERIES

fig. E2

fig. D2

En este ejercicio, los hombros deben permanencer quietos, ya que el que realiza el trabajo es el diafragma.
Es una práctica que beneficia al sistema nervioso, al aparato circulatorio y aumenta la serenidad. Sin embargo, no se recomienda para personas enfermas, niños y ancianos.

Relajación

La relajación es un medio muy eficaz para conectarnos con nosostros mismos y con nuestros pensamientos.

Un yogui experimentado no se siente condicionado por el medio ambiente, ya que ha logrado tal control de su conciencia que puede mantenerse tranquilo (aun en medio de muchas adversidades), y lograr una relajación profunda en cualquier circunstancia.
Pero **el principiante debe tener en cuenta que es más fácil relajarse en un lugar tranquilo y silencioso**.

6. La postura

fig. F1

- En la relajación, **nuestro cuerpo debe revitalizarse**.
- Es importante lograr la quietud de nuestra mente, pero no dormirse.
- Para ello, debe colocarse en **shavasana o postura del cadáver**, que permite un perfecto reposo de la mente y el cuerpo. (Fig. F1).
- **Recomendación**: colocar una almohada debajo de la cervical para que los músculos de esa zona estén **completamente distendidos**.

El siguiente ejercicio puede realizarse antes y después de los asanas. Si se practica antes de dormir, beneficia el descanso.

En lo posible realicemos la práctica al aire libre.

LAS SEÑALES DE PROGRESO EN LAS POSTURAS

Cuando se comienza a practicar las posturas de yoga, es natural (y recomendable también) experimentar una reducción en las causas que antes provocaban estados de inestabilidad o incomodidad. Esta situación debe servir además para examinar con un poco más de atención esas zonas. A medida que los estudiantes profundizan los ejercicios de relajación, pueden identificar con mucha más precisión las áreas de conflicto o de dolor. Es natural también que durante el transcurso de una sesión de 90 minutos noten que muchos de esos malestares han desaparecido o se han reducido al mínimo. Por eso es importante que antes de comenzar una clase, tomarse unos minutos para "conectarse con el cuerpo". De esta manera podrán ir progresando en el conocimiento de su propio cuerpo y por lógica deducción de su propio ser. No obstante, pueden surgir nuevos dolores, que, quizás antes estaban recubiertos por capas de contracturas. En estos casos, no hay que asustarse, ya que es también un proceso natural de los inicios en la práctica. Luego de un tiempo los dolores desaparecerán y el cuerpo se habituará a todos los movimientos empleados en la disciplina.

El yoga es una excelente disciplina para ayudar a concentrar la energía en nuestro cuerpo.

No se desespere: el estado de relajación plena sólo se alcanza luego de un tiempo de práctica.

Para la práctica en lugares abiertos recuerde llevar siempre una manta para estar más cómodo.

Ejercicio de relajación

Acuéstese de espaldas, con las piernas levemente separadas y la cabeza boca arriba, en la misma dirección del tronco. Las manos deben estar con **las palmas hacia arriba** y separadas unos 20 cm del cuerpo. **Debe sentirse cómodo**. Cierre los ojos y **tome conciencia de su respiración**. Esta posición se llama shavasana o postura del cadáver. Vaya calmando su mente (fig. G1). Concentre primero su pensamiento en los pies, luego en las pantorrillas, las piernas, etc., y vaya subiendo por todo el cuerpo. Con la concentración en cada zona del cuerpo, debe sentir que se va relajando y que la tensión se elimina. Tenga cuidado de no mover ninguna parte del cuerpo. Sólo **debe concentrarse y sentir con la mente que esa región va perdiendo todo rastro de tensión**. Poco a poco, parece como si todo el cuerpo flotara.

- Aunque **se debe respirar por la nariz**, es importante mantener la boca un poco abierta. No se olvide relajar también la frente y los hombros.
- Cuando el conjunto del cuerpo se ha relajado, sentirá una especie de sonrisa interna, aunque **los músculos faciales no deben moverse**.
- Llegado a este punto, debe pensar que no está dentro de su cuerpo. De alguna forma, se ha liberado de él, de sus tensiones y necesidades, y sólo existe su mente. **Ha alcanzado el estado de relajación profunda**. Sitúe la mente en el corazón, en sus sentimientos, en toda su conciencia. Aquellas personas que adhieren al conjunto de la filosofía yoga, o que tienen convicciones religiosas, llegan a sentir durante este ejercicio una profunda comunicación espiritual. Pero aun cuando usted no sea creyente, puede lograr una sensación de gran paz y armonía.

Esta postura es ideal para la práctica de ejercicios respiratorios.

fig. G1

Uno de los postulados del yoga radica en lograr la conexión espiritual con nuestro entorno.

Asanas

*El dolor
nos permite
saber que alguna
parte está
funcionando o
se utiliza mal,
y que nuestro
organismo requiere
más atención.*

Nuestro cuerpo es semejante a las máquinas. Pero, a diferencia de éstas, tiene sensaciones que van desde el placer al dolor. **El dolor nos permite saber que alguna parte está funcionando** (o se está utilizando) **mal**, y que la máquina requiere atención y ajustes. Observando a los animales, (su forma de dormir, relajarse o descansar) los antiguos yoguis experimentaron diversas posturas y crearon una serie de ejercicios. Por eso, **la mayoría de los asanas** (o posturas cómodas) **llevan generalmente nombres de animales.**

Ejercicios de ablandamiento

Para realizar los asanas, es necesario sentir el cuerpo relajado. Por eso, es aconsejable —antes de comenzar con dichas posturas— hacer algunos ejercicios de ablandamiento. A continuación, damos algunos muy sencillos que pueden realizar, incluso, personas mayores o quienes no tienen el hábito del ejercicio.

8. El cuello

- Siéntese con la columna recta y las piernas cruzadas o estiradas.
- Inhale lentamente llevando la cabeza hacia atrás.
- Al llegar atrás, comience a exhalar, volviendo la cabeza hacia adelante. Repita el ejercicio 10 veces. (fig. H1).
- **Lentamente lleve la oreja derecha hacia el hombro derecho, sin subir el hombro**. Lleve la cabeza hacia el centro, luego hacia el hombro izquierdo, y nuevamente hacia el centro. Inhale cada vez que levante la cabeza y exhale al llevarla hacia los lados. (fig. H2).
- Coloque el mentón junto al pecho. Comience a inhalar y a girar la cabeza lentamente hacia la derecha (fig. H3). Lleve primero el mentón al hombro, luego apúntelo hacia arriba. Exhale mientras baja hacia el otro hombro y vuelve a la posición inicial, en el pecho.

fig. H1

REPETIR 10 SERIES

fig. H2

fig. H3

REPETIR 5 VECES DE CADA LADO

Parados, respiremos y concentrémonos en nuestro organismo.

El cuello es uno de los sectores más privilegiados por la práctica del yoga. En él se encuentran los puntos neurálgicos por donde se canaliza la mayor cantidad de energía corporal.

Las piernas

Siéntese en el suelo con las manos al lado de las caderas, las piernas estiradas y los pies juntos (fig. J1). Contraiga y estire los dedos de los pies sin mover los tobillos.
Lleve los pies hacia adelante y hacia atrás, sin mover las piernas (fig. J2).
Separe los pies unos 40 cm.
Empiece a girar el pie derecho en dirección de las agujas del reloj. Cuente hasta 12 y gire el pie en sentido contrario, contando otra vez hasta 12.
Repita el ejercico con el pie izquierdo.
Realice el ejercicio 3, pero ahora con ambos pies a la vez.

- Con el pulgar entre los dedos, inicie la rotación de las muñecas. Primero en el sentido de las agujas del reloj (10 veces) y luego en sentido contrario
- Con los brazos estirados, abra las manos e inicie una flexión de muñecas, subiendo y bajando las manos.

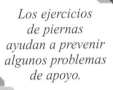

Los ejercicios de piernas ayudan a prevenir algunos problemas de apoyo.

fig. K1

fig. L1

fig. J1

REPETIR 10 VECES

fig. K2

REPETIR 12 VECES

fig. J2

REPETIR 6 VECES

11. El tronco

- Ubíquese de pie, con las piernas levemente separadas y las manos en la cintura.
- Inhale y comience a bajar el tronco hasta que quede en un ángulo de 120°.
- Inhale e inicie lentamente una rotación hacia la derecha (fig. L1).
- Cuando el tronco esté inclinado hacia atrás, comience la exhalación hasta llegar al punto inicial (fig. L2).
- No olvide relajar los hombros.

Este ejercicio debe realizarse sólo después de que el cuerpo haya entrado en "clima".

fig. L2

REPETIR 6 VECES

10. Los brazos

- Siéntese en el suelo con las piernas estiradas y la columna recta.
- Eleve lentamente los brazos hacia adelante hasta que queden paralelos al suelo.
- Abra y estire bien sus manos, luego ciérrelas (fig. K1)
- Cierre las manos con el pulgar encerrado por los otros dedos (fig. K2).

EL LUGAR PARA PRACTICAR LOS ASANAS

Debe ser un sitio tranquilo, silencioso y bien ventilado. El lugar debe estar limpio y —en lo posible— es preferible que predominen los colores claros y suaves. Es mejor colocar una manta o alfombra en el suelo. Nunca los realice con los zapatos puestos (puede usar medias de algodón) y trate de vestir ropas claras, amplias y cómodas.

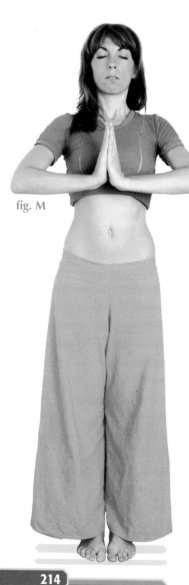

fig. M

Suryanamaskar o saludo al sol

Es un ejercicio que **ejercita la columna, las piernas** y **los brazos**. Además, **ayuda a activar la circulación y a normalizar la columna**. Al igual que los demás asanas, **su realización mejora con la práctica**.

- **1.** Colóquese de pie con las piernas juntas, las palmas de las manos unidas frente al pecho y los ojos cerrados (fig. M).
- **2.** Realice una inhalación completa, a la vez que se elevan los brazos lentamente, y se llevan hacia arriba y hacia atrás. Secuencia de ejercicios en la página 215.
- **3.** Exhalando lentamente, vaya inclinando el tronco hacia adelante hasta tocar el suelo con las manos (o hasta donde pueda llegar). Las piernas deben permanecer derechas, el mentón se pega al pecho y la frente se debe tocar con las rodillas.
- **4.** Inhalando lentamente, pecho y retire le pierna derecha hacia atrás. La pierna izquierda se va flexionando, su rodilla queda frente al pecho y las manos se colocan en el suelo. La cabeza mira hacia arriba.
- **5.** Eleve la cadera, retire la pierna izquierda de modo que ambas piernas queden atrás. El cuerpo queda sostenido por las manos y las piernas bien estiradas.

La cabeza se mantiene entre los brazos y el mentón toca el pecho. Retenga el aire.
- **6.** Exhale lentamente, mientras flexiona los brazos y el cuerpo va descendiendo. La frente, el pecho, las palmas de la mano, los dedos de los pies y las rodillas deben apoyarse en el suelo. La cadera se mantiene despegada.
- **7.** Inhale, mientras apoya el abdomen y las piernas, bien extendidas y juntas. Los brazos se estiran elevando el tronco, que debe mantenerse vertical. La cabeza mira hacia arriba. En este punto, se hace una pequeña retención de aire.
- **8.** Poco a poco, y exhalando, vaya curvando la espalda y lleve las caderas hacia arriba. Los pies y las manos permanecen apoyados. El mentón toca el pecho.
- **9.** Inhale mientras adelanta la pierna derecha y coloca el pie junto a las manos. La rodilla va hacia el pecho y la cabeza hacia arriba. La pierna izquierda queda extendida.
- **10.** Exhale mientras adelanta la pierna izquierda hasta que ambas piernas queden juntas. La cabeza se mantiene entre los brazos, con el mentón contra el pecho. Los brazos y las piernas quedan extendidos.
- **11.** Inhale lentamente y eleve el tronco, a la vez que lleva las palmas de la mano unidas hacia arriba.
- **12.** Exhale bajando las manos con las palmas unidas hacia el pecho.

11 · 12 · 1 · 2 · 3 · 10 · 9 · 4 · 8 · 5 · 7 · 6

Siddhasana o postura perfecta

Este ejercicio **tonifica y mejora la irrigación de los órganos de la zona pélvica**. Es un asana apto para realizar meditación, y más accesible que la postura del loto. Inicialmente, trate de hacerlo por tres minutos, pero sin forzar su cuerpo. **Nunca debe extenderse más de una hora**.

1. Siéntese en el suelo con las piernas extendidas y juntas. Flexione la pierna derecha y coloque la planta del pie contra el muslo izquierdo, de modo que el talón quede haciendo presión sobre el perineo (área entre los genitales y el ano), (fig. N).

fig. N

2. Flexione la pierna izquierda y coloque la planta del pie sobre la pantorrilla derecha, de modo que el talón presione sobre el hueso pélvico. Los dedos del pie izquierdo deben quedar entre la pantorrilla y el muslo de la pierna derecha. Los brazos deben permanecer extendidos y al costado del cuerpo, con las palmas hacia adelante y el pulgar en contacto con el índice.

Cuando logre realizar una "asana complicada" trate de mantenerse en esa posición el mayor tiempo posible. De esta manera, obtendrá el máximo beneficio de esta postura.

215

La posición de la "pinza" suele ser dificultosa para los principiantes.

Viparita-Karani o postura pélvica

Como la mayoría de las posiciones de inversión, es de **efecto beneficioso sobre la tiroides**. Está **contraindicada en casos de hipertensión e hipertiroidismo**. Se realiza sólo una vez. Se aconseja comenzar con 30 segundos, para los principiantes, y luego aumentar hasta un máximo de 3 minutos.

1. Acuéstese boca arriba, con las piernas juntas y los brazos a los costados del cuerpo, con las palmas hacia abajo (fig. Ñ).

2. Inhale lentamente mientras eleva las piernas, bien estiradas y juntas, hasta formar un ángulo recto con el tronco.

3. Comience a exhalar, a la vez que eleva las caderas, ayudándose con los brazos. Los codos se apoyan en el suelo y las manos sostienen la zona entre la cintura y las nalgas. Las piernas deben sobrepasar levemente la cabeza. La respiración debe ser lenta y abdominal.

4. Para deshacer este asana, invierta los pasos. Luego de realizarla, se aconseja relajarse y descansar.

fig. Ñ

Pachimotanasana o la pinza

Este ejercicio es **benéfico para las vísceras abdominales, la vejiga, la zona rectal y los órganos sexuales** –que son abundantemente irrigados– así como para el lumbago y la ciática. Suele ser dificultoso para los principiantes llegar a esta postura, por lo que no debe forzarse el cuerpo, pero se facilita gradualmente con la práctica.

1. Acuéstese boca arriba, con los brazos estirados hacia atrás, de modo que queden más allá de la cabeza. Inhale lentamente y mantenga los ojos cerrados.

2. Mientras inhala, eleve el tronco junto con los brazos hasta quedar sentado. Sin detener el movimiento, exhale mientras lo inclina hacia adelante. La cabeza debe quedar frente a las rodillas, las manos deben tocar los tobillos o los pies, y los codos quedar apoyados en el suelo. Las piernas deben permenecer extendidas. Mantenga la postura entre 3 y 15 segundos (fig. O).

3. Para deshacer la postura, inhale y comience a elevar lentamente el tronco hasta llegar a la posición de acostado. Exhale. El ejercicio debe repetirse tres veces por lo menos. Por su parte, la concentración de la mente debe aplicarse principalmente sobre el plexo solar.

Recuerde que la postura pélvica no se recomienda para las personas que padecen hipertensión. Esta misma advertencia se aplica en el caso de personas en período de gestación.

fig. O

Bhujungasana o postura de la cobra

Este ejercicio refuerza y masajea los músculos de la espalda, y es **benéfico para las personas que padecen de lumbago. Estimula la glándula tiroides, el hígado, el páncreas y los riñones**. Está contraindicado para hipertiroideos.

1. Acuéstese boca abajo y respire presionando el abdomen contra el suelo. Coloque las palmas de las manos formando un triángulo a la altura de la frente, apóyela en las manos y coloque los codos bien abiertos.

2. Inhale lentamente, mientras levanta la cabeza lo más que pueda; luego, exhale.

3. Inhale nuevamente y eleve el tronco, manteniendo la cabeza hacia arriba. El bajo vientre debe quedar apoyado en el suelo, las piernas estiradas y los pies tienen que permanecer unidos. Relaje la columna y concéntrese en los músculos de la espalda. Mantenga la postura de 5 segundos a 1 minuto (fig. P).

4. Para deshacer la postura, invierta los movimientos.

fig. P

Bhujungasana y vajrasana son posturas que benefiecian a personas de todas las edades.

Solamente después de adquirir un buen entrenamiento en esta postura, se recomienda intentar algunas variaciones. Por ejemplo: girar la cabeza para mirar por encima del hombro derecho, tratando de ver el talón izquierdo. Mantener esta postura por 10 segundos. Luego, volver la cabeza al centro y repetir varias veces mientras se mira por encima del otro hombro.

Postura del paro de cabeza o shirshasana, los grandes maestros denominan a esta postura como la madre de todas las asanas.

Vajrasana o postura del diamante

fig. Q

Esta postura **facilita la digestión**, por lo que es aconsejable realizarla luego de las comidas. **Tonifica los músculos, articulaciones y nervios de las piernas. No es recomendable para personas que sufran de várices.**

1. Arrodíllese manteniendo las rodillas juntas. Desde la rodilla hasta los dedos de los pies, el cuerpo debe tocar el suelo. Los pies deben estar estirados.

2. Lentamente, baje las nalgas hasta sentarse en la concavidad que forman los pies. El cuerpo debe mantenerse erguido, la columna recta y los ojos cerrados. Las manos deben quedar relajadas y las palmas se apoyan sobre las rodillas (fig Q).

3. Una vez que se logró la postura, se realiza una respiración completa y lenta. Es una posición de descanso y meditación. Los principiantes sentirán el esfuerzo en las rodillas, pero con la práctica se podrá mantener por más tiempo.

Trokonasana o postura triangular

Este ejercicio **facilita la digestión, estimula los riñones y ayuda a eliminar la grasa de la cintura. Da agilidad a los músculos de la espalda, tonifica los músculos laterales y dorsales, y da elasticidad a las vértebras, pero no se aconseja en caso de nefritis**.

1. Párese con los pies separados, en línea con los hombros.

2. Inhale lentamente y eleve los brazos hasta lograr una línea horizontal. Respire en forma completa.

3. Exhalando, comience lentamente a flexionar el tronco hacia la derecha. Mantenga siempre los brazos en línea recta hasta que la mano derecha toque el pie derecho. Las piernas no se deben flexionar. Gire la cara hacia arriba (fig. R).

4. Deshaga la postura, invirtiendo los pasos. Repítala hacia el otro lado. Puede repetirse de dos a cinco veces, de ambos lados.

fig. R

Salabhasana o postura del saltamontes

Es una posición que **facilita la digestión y el adelgazamiento, y evita la constipación. Ayuda a irrigar los riñones y estimula el bazo.**

1. Acuéstese boca abajo, con los brazos a los lados del cuerpo y las palmas de las manos apoyadas en el suelo.

2. Apoye el mentón en el suelo. Inhale y eleve rápidamente los piernas, sin doblar las rodillas. Desde el mentón hasta la cintura, el cuerpo debe quedar apoyado en el suelo. Mántegase así por aproximadamente 5 a 10 segundos. Retenga la respiración pero sin que signifique esfuerzo (fig S).

3. Lentamente, y exhalando, comience a bajar las piernas. El ejercicio puede repetirse de 3 a 6 veces.

> *La postura del "saltamonte" beneficia a la irrigación sanguínea en los riñones.*

fig. T

Ardamatsyendrasana o postura de torsión

Esta postura **corrige desvíos de la columna vertebral, favorece la cura del lumbago y combate el estreñimiento**.

1. Siéntese en el suelo con las piernas estiradas y las manos apoyadas sobre las rodillas.

2. Coloque el talón derecho debajo del muslo izquierdo, y pase el pie izquierdo por encima del muslo derecho, apoyándolo en el suelo.

3. Gire el hombro y coloque la rodilla levantada en la axila derecha. El brazo derecho debe apoyar el tríceps contra la rodilla levantada y la mano debe tocar la rodilla que está en el suelo.

4. Apoye el brazo izquierdo atrás. Gire el cuello y la cabeza por encima del hombre izquierdo (fig. T).

5. Se deshace invirtiendo los pasos y se realiza del otro costado. Puede mantenerla por unos segundos, mientras la postura resulte cómoda.

fig. S

¿QUÉ ES EL YOGA?

La palabra yoga **proviene de la raíz del idioma sánscrito yuj**, que significa "unión", "yugo" o "conjunción". Esta unión en los sistemas filosóficos y religiosos de la India se refiere a la del espíritu del hombre (atma) con la divinidad (Paramatma). También **es la unión del aspecto material del hombre con su parte espiritua**l. Se refiere también al equilibrio de opuestos: el sol y la luna, las energías positivas y negativas, el día y la noche. El yoga es un sistema o ciencia que busca la purificación del cuerpo y de la mente, liberándolos de todas las perturbaciones, hasta alcanzar los estados más altos de paz y armonía. El libro que describe los procesos y distintas ramas del yoga es el Bhagavad Gita, que va desde los primeros pasos relacionados con el cuerpo y la mente hasta los estados superiores que alcanzan los yoguis más experimentados. El yoga integra un conjunto de aspectos que abarcan concepciones religiosas, filosóficas, hábitos de alimentación, vestimenta, ejercicios de respiración, ejercicios físicos o posturas, etc., considerando al hombre como un todo de cuerpo, mente y alma.

De acuerdo con la evolución a que se haya llegado en su práctica, se dará más énfasis al cuidado del cuerpo, de la mente o del alma. En el yoga, el cuerpo es considerado como templo o receptor del alma. Una de sus ramas, el raja yoga, habla de ocho pasos para alcanzar los niveles más altos de conciencia y meditación: abstinencias, observancias, posturas (asanas), control de respiración y aliento, apartar el pensamiento del mundo exterior, concentración del pensamiento en un punto, meditación y conciencia superior.

Aquellas facetas relacionadas con el aspecto físico y mental se han popularizado mucho más allá de quienes adhieren al conjunto del sistema, porque han demostrado ser altamente beneficiosas.

En el yoga, el cuerpo es considerado como un templo de la mente.

El yoga es una práctica dedicada exclusivamente a buscar el equilibrio entre cuerpo, mente y entorno inmediato.

EL ESTRÉS: UNO DE LOS ENEMIGOS DE NUESTRA SALUD

> *Los científicos llaman eutrés al estrés positivo. Es decir, aquel que nos permite enfrentar con energía los peligros, desafíos y proyectos.*

Actualmente, es muy común que alguien diga: "Estoy estresado".
O que nuestro médico nos aconseje "bajar el nivel de estrés", porque **es uno de los factores que originan y agravan cuadros de hipertensión, arteriosclerosis y enfermedades cardiovasculares**.
Pero ¿en qué consiste el estrés y cómo se origina? Por otra parte, ¿siempre es negativo? Finalmente, ¿cómo se logra "bajar el nivel de estrés"? Son los temas que trataremos en este capítulo.

El hacinamiento, la sobrecarga de trabajo, los problemas económicos y familiares pueden generar reacciones defensivas, con consecuencias nocivas para el organismo.

SÍNTOMAS DEL ESTRÉS

- Depresión, decaimiento anímico.
- Nerviosismo, ansiedad.
- Depresión.
- Tensión, malhumor, conducta evasiva.
- Sudor excesivo.
- Palpitaciones rápidas
- Dolores de cabeza.
- Insomnio.
- Malestar estomacal, constipación o diarrea.
- Reducción o aumento del peso corporal.
- Sarpullidos.
- Disfunción sexual.

Definición de estrés

Esta palabra **proviene del inglés stress, que significa "esfuerzo"** o, como verbo, "someter a un esfuerzo".
Su significado se amplió luego para referirse a la **respuesta del organismo humano frente a determinadas situaciones**.
En una primera definición, podemos decir que es la respuesta del organismo a una demanda real o imaginaria (generalmente, de peligro o de cambio).
Las situaciones estresantes (llamadas estresores) **van desde un enojo transitorio hasta la sensación de una grave amenaza de muerte**.

La "respuesta aguda" y el eutrés

Básicamente, **es una respuesta orgánica** cuyo mecanismo es similar al de nuestros antepasados remotos (e, incluso, al de los animales superiores, en especial los mamíferos). Los científicos que la estudiaron la han llamado "la reacción de lucha o huida". Frente a un peligro (por ejemplo, la posibilidad de ser atacado por un animal feroz o por un enemigo armado), el cerebro envía un mensaje bioquímico a todo el organismo.

El estrés es una respuesta a situaciones que derivan de la interacción con el medio. Una persona que se encuentra bajo una situación estresante debe afrontar un contexto complicado y requiere conductas difíciles de llevar a la práctica.

te mensaje provoca la liberación
catecolaminas (sustancias hormonales
mo la adrenalina o la noradrenalina).
tas originan una descarga inmediata
azúcares y grasas en la sangre.
otras palabras, una rápida inyección
energía, necesaria para que el
ganismo dé una respuesta global
peligro (la lucha o la huida).
**do el organismo se pone
servicio de esa acción:
s músculos se tensan,
s sentidos se agudizan**,
sangre circula con mayor
pidez y la respiración se
elera para oxigenar mejor
s tejidos. Este mecanismo
lo que se llama "respuesta
uda", imprescindible para la vida
la supervivencia. Pasado el peligro,
organismo vuelve gradualmente
la normalidad, a sus niveles habituales
tensión, circulación y respiración.
**s científicos llaman eutrés al estrés
ositivo. Es decir, aquel que nos permite
frentar con energía los peligros,
safíos y proyectos**. Sin este estrés
ositivo sería imposible encarar cosas tales
mo un examen difícil, un proyecto
boral, una competencia deportiva,
superar un trance difícil, etc.
otras palabras, la "respuesta aguda"
necesaria en muchas ocasiones
nuestra vida.

El estrés y los alimentos

Si bien los alimentos no se encuentran
vinculados de manera directa con su
aparición, **los malos hábitos alimenticios
contribuyen a empeorar el cuadro
de estrés crónico**, propiciando
la aparición de un gran número
de afecciones relacionadas con
la enfermedad. Una persona
con una alimentación
desequilibrada, que no
ingiera alimentos ricos en
minerales y vitaminas, se
volverá muy vulnerable,
su sistema inmunológico será
deficiente, y en consecuencia,
su capacidad para enfrentar
el estrés se verá disminuida.
Por el contrario, una dieta balanceada, rica
en nutrientes, que incluya carnes magras,
frutas y cereales, es ideal para combatir los
síntomas de la enfermedad. Es importante
no saltear comidas, buscar una dieta
equilibrada en calorías y reducir el
consumo de bebidas con alcohol y cafeína.

*Existen
combinaciones de
nutrientes que
ayudan a atenuar
los niveles
de estrés.*

El consumo de frutas
es recomendable en casos
de estrés.

El estrés es la respuesta del cuerpo a situaciones que perturban el
equilibrio. El resultado fisiológico de este proceso es el deseo de eludir
o confrontar una situación compleja.

TABLA DE MEDICIÓN PARA EL ESTRÉS

SUCESO	PUNTOS	SUCESO	PUNTOS
Fallecimiento del cónyuge	100	Cambio de trabajo	36
Divorcio	73	Peleas conyugales	35
Condena a cárcel	63	Deudas importante	31
Muerte de un familiar cercano	63	Ida del hijo del hogar	29
Accidente o enfermedad grave	53	Comienzo de estudio	26
Matrimonio	50	Cambio en las condiciones de vida	25
Despido	47	Problemas con el jefe	23
Jubilación	45	Cambio de horario de trabajo	20
Enfermedad de un familiar	44	Mudanza	20
Embarazo	40	Cambio de colegio	20
Problemas sexuales	39	Vacaciones	13
Nacimiento	39	Fiestas importantes	12
Muerte de un amigo	37	Infracciones de tránsito	11

> *Los científicos hablan de distrés o estrés negativo, cuando el organismo no se relaja y permanece siempre en estado de tensión.*

La acumulación de tensiones

Actualmente, **en la vida urbana moderna, difícilmente nos ataque una bestia feroz** o un enemigo armado. **Aunque ciertas situaciones de violencia e inseguridad urbana se parecen mucho a estos ejemplos**. En cambio, vivimos con frecuencia situaciones que pueden provocar reacciones de estrés. Las situaciones estresantes se originan en causas distintas, algunas positivas (por ejemplo, un ascenso en el trabajo o el nacimiento de un hijo) y otras negativas. Algunas se producen ocasionalmente, como un desperfecto en el automóvil, y otras más permanentes, como el desempleo. Los especialistas han estudiado el nivel de estrés que producen diversas situaciones y les han otorgado un puntaje (ver tabla adjunta en pág. 221). El puntaje de estrés, se acumula si se padecen simultáneamente varias de las situaciones señaladas. Los riesgos de enfermarse a corto plazo aumentan, desde ya, cuanto mayor es el puntaje acumulado. Con más de 300 puntos, se estima un 80 % de riesgo; entre 150 y 299, el 50 %, y por debajo de los 150, un 30 %. Por supuesto, no todas las personas reaccionan de la misma manera frente a situaciones similares. Pero la tabla establece parámetros medios para tener en cuenta.

Los trastornos digestivos como la gastritis y la acidez son frecuentes en aquellas personas que padecen estrés. El cuadro puede agravarse si la afección persiste y no es tratada a tiempo.

La "respuesta crónica" o "estado de vigilancia"

Al mismo tiempo que **la acumulación de situaciones estresantes prende luces amarillas o rojas de riesgo de enfermedad**, su reiteración y combinación origina lo que se llama la "respuesta crónica" o "estado de vigilancia". El organismo nunca se normaliza o relaja, permanece siempre en un estado de tensión. Es imposible "desconectarse" de los problemas y disfrutar de los ratos libres y del descanso. Incluso en estos momentos, la mente está pensando en los problemas del trabajo, la familia, etc. Resulta muy difícil dormir o se descansa mal. Es lo que **los científicos llaman distrés o estrés negativo**. Esto trae dos consecuencias. Por un lado, una **sensación de irritación** que nos lleva a reaccionar en forma desmedida y agresiva frente a cualquier estímulo. Por ejemplo, cuando se responde con furia a un hecho menor, como un pequeño problema de tránsito. Por otro, la producción permanente de catecolaminas y corticoides **actúa sobre las paredes arteriales, el ritmo cardíaco** y, en general, **sobre el conjunto del organismo**. Éste **es el origen de diversas enfermedades y dolencias**.
Las consecuencias pueden ser muy graves, e incluyen hasta la muerte. Es hora de cambiar la actitud y el enfoque frente las cosas.

EL GATO Y EL RATÓN

Para responder lo que significa la "respuesta crónica" o "estado de vigilancia" veamos el experimento que realizó su descubridor, un investigador húngaro radicado en Canadá.
Él colocó en una misma jaula, separados por barrotes, a un gato y a un ratón. El gato no puede atravesar los barrotes y comerse al ratón, pero éste se mantiene en alerta.
Pasado el tiempo, se quedará acurrucado en el rincón más alejado de la jaula, tenso e, incluso, sin alimentarse (aunque tenga alimento a su alcance). Si la situación se extiende, seguramente enfermará por el exceso de corticoides secretadas por su organismo.

frentar al estrés

omo vimos, **son muchas las causas situaciones que conducen al estrés**, gunas muy importantes y de difícil lución, otras menores y, finalmente, gunas completamente sin importancia. estrés forma, muchas veces, un círculo cioso que se realimenta a sí mismo. s especialistas aconsejan **tres formas niveles) para combatirlo**.

El primer paso, y el más sencillo, es **cortar el círculo vicioso del estrés a través de actividades físicas e intelectuales** que nos produzcan placer y recreación. Aquí no hay una receta: depende de los gustos y las posibilidades. Caminatas y paseos, deportes, actividades artesanales, un buen libro, una película, una charla con amigos, una tarde tranquila con nuestra pareja y/o nuestros hijos. **Es útil todo aquello que nos permita un corte con el "estado de vigilancia"**. Si es de su agrado y le es posible por sus horarios, también es beneficioso dormir una corta siesta diaria para "separar" el día en dos partes. **En otras palabras, "desenchufarnos" de la tensión cotidiana y poner nuestra atención en lo que nos gusta**. Lo mejor es combinar, al menos, una actividad física con una intelectual. Esto le permitirá recuperar fuerzas y ganas para encarar los problemas cotidianos.

Aquí vale una advertencia: no sirve de nada hacer estas actividades si las enfocamos con la misma tensión que al resto de las actividades-problemas de nuestra vida. Deben servir para relajarnos o, en todo caso, descargar una tensión positiva que luego nos ayudará a relajarnos. La mayoría de las personas pueden bajar su nivel de estrés de esta forma.

Otro paso es **redimensionar nuestras emociones y el valor que damos a las cosas**. En otras palabras, definir nuestras prioridades y en qué medida deben afectarnos los sucesos de la vida. Muchas veces reaccionamos con enojo y furia frente a situaciones de muy desigual importancia. Es lógico que nos preocupen los problemas laborales y económicos, o la enfermedad de un familiar.

Pero no lo es que nos irritemos porque alguien se nos adelanta en un semáforo. Esto es especialmente válido cuando vivimos situaciones estresantes difíciles de resolver. Como vimos en el cuadro de medición de estrés, agregar "puntos" a ese estrés básico puede ser muy peligroso.

Es decir, debemos separar y privilegiar lo que realmente es importante y "dejar pasar" lo que no lo es. No sólo bajaremos el nivel de estrés, sino que podremos concentrarnos en los problemas de mayor peso.

El propio hecho de analizar profundamente cuáles son sus prioridades lo ayudará a poner en claro sus emociones y sus objetivos en la vida, y así disminuir el estrés.

- **El tercer paso** se hace necesario **cuando no se logra bajar el estrés** a través de los dos anteriores. Esto puede producirse por imposibilidad de la persona estresada o por la gravedad (y la dificultad de resolución) de los factores y problemas que lo originan. En ese caso, **se requiere con urgencia tratamiento médico y, posiblemente, asistencia farmacológica recetada que lo ayude a controlar la tensión y descansar mejor. Pero antes de llegar a ese punto, intente los dos caminos que aquí sugerimos**. ¡Logrará buenos resultados!

El estrés forma, muchas veces, un círculo vicioso que se realimenta a sí mismo. Los especialistas aconsejan tres formas (o niveles) para combatirlo.

La actividad física es propicia para combatir el estrés; libera la energía contenida y ayuda a descargar tensiones.

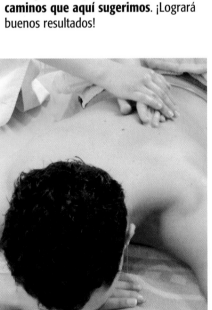

El estrés agudo puede ocasionar fuertes migrañas, problemas musculares e incluso lesiones en tendones y ligamentos.

La salud de una persona se encuentra en peligro cuando el estrés se transforma en un padecimiento crónico.

CONSEJOS PARA MEJORAR EL RENDIMIENTO FÍSICO

Emprender algún tipo de actividad física no sólo ayuda a combatir el sobrepeso sino que además posee una gran cantidad de efectos benéficos para la salud física y mental. El ejercicio fortalece nuestro cuerpo, brindándole flexibilidad, resistencia, tonicidad y actúa como factor de prevención frente a diversos tipos de enfermedades y afecciones.

LOS HÁBITOS SEDENTARIOS

VENTAJAS DEL EJERCICIO FÍSICO

- Alivia los dolores de espalda. Las actividades deportivas que trabajan los músculos abdominales y de la espina dorsal mejoran la postura.
- Previene enfermedades. Combatiendo la obesidad, disminuye el peligro de contraer enfermedades como diabetes, cálculos en la vesícula biliar y trastornos cardíacos.
- Combate la ansiedad y la depresión. El ejercicio aumenta la autoestima, hace sentir mejor y más relajado. Es una fuente de bienestar.
- Fortalece los huesos. Un ejercicio moderado regular fortalece los huesos, reduciendo el riesgo de desarrollar osteoporosis.
- Ayuda a dormir mejor. La actividad física proporciona un sueño profundo y prolongado, mejorando el descanso.

El sedentarismo es un hábito característico de la vida moderna, pero su incremento en los últimos años se relaciona con la aparición de nuevos productos y servicios que fueron suprimiendo o simplificando algunos quehaceres y actividades tradicionales. Las nuevas comodidades nos vuelven más vulnerables a este hábito de la vida moderna y, por ende, a la costumbre de mantener nuestro cuerpo en un estado de reposo permanente.

Es la manera más sencilla y económica de mover el cuerpo. Posee numerosos efectos benéficos para la circulación sanguínea, la oxigenación de la sangre y el sistema respiratorio. Es una actividad que podemos incorporar en nuestra rutina, reemplazando algunos trayectos que generalmente realizamos en ómnibus o automóvil.

CAMINAR

Complicaciones

Las personas que no realizan ningún tipo de actividad física son más propensas a sufrir problemas de sobrepeso y debilitan su cuerpo, favoreciendo la aparición de la enfermedad.

Gimnasia facial

La tonicidad muscular no se pierde sólo con los años; también se relaciona con las oscilaciones en el peso corporal, el cansancio y la fatiga. Los ejercicios representan un método sencillo, económico y eficaz para restablecer o mantener la tonicidad de los músculos del rostro. Los músculos entran en actividad, se intensifica la circulación, aportando una gran cantidad de elementos reparadores y eliminando aquellos que son tóxicos.

Gimnasia modeladora

Es una de las actividades físicas más completas ya que comprende una gran cantidad de movimientos musculares, actuando sobre la mayor parte del cuerpo. Posee un gran número de efectos benéficos relacionados con el descenso del peso y la modelación de la figura. Mejora, además, la postura corporal, activa la circulación y normaliza el funcionamiento glandular.

DEPORTES

Trotar

Requiere de ropa cómoda y un lugar al aire libre, preferentemente, parques amplios, alejados de la contaminación y el bullicio de la ciudad. El trote revitaliza el cuerpo, permite descargar tensiones y ayuda a bajar de peso. Hacerlo en compañía resulta más estimulante y placentero.

Bicicleta

Se requiere de tiempo y del equipo necesario para sostener una rutina que en lo posible llegue a un mínimo de tres horas por semana. Además de ayudarnos a bajar de peso, fortalece los músculos de las piernas y de los glúteos, estimula la circulación sanguínea y oxigena la sangre.

Natación

Los beneficios de la natación son múltiples. Libera tensiones y relaja los músculos, ayuda a disolver la acumulación de tejidos adiposos, estimula la circulación de la sangre y fortalece el sistema inmunológico.

Yoga

Aquellas personas que practican yoga, sin importar su edad, pueden encontrar mediante esta práctica un mayor bienestar, desarrollar más flexibilidad en su cuerpo, mejorarlo estéticamente, y sentirse más lúcidos y despiertos. Además, esta disciplina mejora la digestión, la respiración, la concentración en las tareas cotidianas, y todo el sistema cardiovascular.

10 DE LOS FACTORES QUE MÁS NOS ESTRESAN

El alcohol y el tabaco no sólo no disminuyen el estrés, sino por el contrario, lo amplifican.

ESTRÉS

El estrés es la respuesta del cuerpo a situaciones que perturban el equilibrio. El resultado fisiológico de este proceso es el deseo de eludir o confrontar una situación compleja.

SE PRODUCE POR

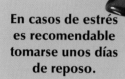

En casos de estrés es recomendable tomarse unos días de reposo.

1 **Contaminación**

2 **Grasas hidrogenadas**

3 **Tabaco y alcohol**

4 **Exposición excesiva al sol**

5 **Exceso de trabajo**

La mejor recomendación para tener en cuenta ante casos de estrés agudo es que este "contratiempo" puede superarse.

6 **Problemas emocionales**

7 **Divorcio/separación**

8 **Alergias e intolerancias alimentarias**

9 **Carencias nutritivas**

10 **Colesterol elevado**

ANTE TODO, OPTIMISMO

Tomarse la vida con optimismo también puede ayudar a reducir el estrés. A veces los factores externos que inciden en el aumento de nuestro nivel de adrenalina se nos escapan de control y por más que intentemos mil formas de subsanar esos factores, no encontramos la solución. En estos casos es necesario que entendamos primero que somos humanos y que por lo tanto tenemos nuestras limitaciones. En segundo lugar que respetemos nuestros tiempos internos y no nos dejemos avanzar por la dinámica feroz del mundo que nos rodea. Por último, disfrutemos del momento que nos tocó vivir, de sus aspectos interesantes y no de sus falencias.

LAS PLANTAS Y LA ENERGÍA

Tanto su verdor como sus colores, aromas y formas concentran una rica y curiosa energía. Esta fuerza, a su vez, es utilizada por los seres humanos para lograr el bienestar y potenciar su fortaleza. Desde funciones decorativas, hasta brebajes vigorizantes y alimenticios, las plantas renuevan nuestra salud y energía todos los días. Conozcamos algunas de las recetas y especies más populares utilizadas en la actualidad…

ALIADAS DE LA SALUD

La naturaleza es una fuente inagotable de vida y de salud. Muchas plantas y vegetales no sólo son alimentos indispensables, sino verdaderos aliados que previenen muchas dolencias, mejorando notablemente la calidad de vida.

En la Antigüedad, los hombres obtenían de la naturaleza todos los elementos necesarios para vivir. Creaban sus casas con las ramas de los árboles y alimentaban a los suyos con frutos, raíces y algunos animales. Con el correr de los siglos, todo este sistema fue evolucionado y perfeccionándose, hasta convertirse en grandes conglomerados que proveen de modo eficiente y veloz un sin fin de soluciones rápidas.

Sin embargo, esta antigua forma de relacionarse con el mundo todavía persiste en las tradiciones de muchos pueblos. En estas culturas todavía se mantiene viva la costumbre de cuidar la salud con los elementos que provee la naturaleza. De ella extraen una **gran cantidad de compuestos que nutren y dan vitalidad al organismo**. Esta práctica natural, olvidada por mucho tiempo, hoy recupera espacio y consideración. Se basa en la idea de que la naturaleza nos provee una gran cantidad de alternativas para prevenir enfermedades y mantenernos fuertes.

El aloe vera tiene múltiples aplicaciones: entre ellas, mejorar la cicatrización de las heridas.

Recuperar la energía

En la actualidad, el modo de vida al que estamos expuestos en los grandes centros urbanos afecta notablemente a nuestro organismo, debilitándolo y restándole sus naturales potenciales.

Con mucha frecuencia nos sentimos cansados o con muy poca energía para seguir diariamente con nuestras actividades y recurrimos a diversos productos de venta libre que nos permiten recuperar parte de ese caudal perdido.

Son productos que nos brinda la industria moderna y que se caracterizan por la utilización de una tecnología cada vez más compleja de drogas de producción industrial. La mayoría de estos compuestos industriales tiene efectos que, a la larga, terminan acumulando toxinas en nuestro organismo.

En muchas ocasiones olvidamos que en el mundo que nos rodea existen muchos recursos a los que, si supiéramos de su valor, les prestaríamos más atención. Por ejemplo, un simple aloe vera puede proporcionarnos más alivio a una picazón que muchas cremas de uso común.

Posiblemente por alguna de estas razones, la OMS (Organización Mundial de la Salud, organismo de las Naciones Unidas) definió en 1978, en su 31º Asamblea General, el lanzamiento de un programa mundial para evaluar y utilizar los elementos y los métodos antíguos de prevención y cuidado popular.

sto significa, por un lado, plantas y
imentos. Por el otro, **revalorización
e métodos y técnicas no agresivas**
ara el cuerpo, en muchos casos de
adición milenaria como la acupuntura,
 digitopuntura y el yoga entre otras
rapias de apoyo.
s importante aclarar que esto no significa
n rechazo al saber de la medicina
adicional o a la ciencia, ni un respaldo
 curanderismo o la automedicación.
or el contrario, es parte de una corriente
undial cada vez más fuerte, que busca
 **aprovechamiento integral de todo
 potencial de la naturaleza**, como
lternativa o complemento del criterio
cnológico predominante. En esta sección
retendemos, entonces, realizar un aporte
 esta marcada tendencia e intentamos
esumir el cada vez más numeroso material
xistente. El lector encontrará en ella
s principales y más conocidas hierbas
 plantas con sus distintos usos. Si bien
e quedan afuera una gran cantidad
e especies, hemos seleccionado una gran
ariedad, detallando sus propiedades más
mportantes. De esta manera, este apartado
esulta de gran ayuda para todas aquellas
ersonas que quieran potenciar su salud
e una manera simple y natural.

Las especias constituyen una excelente opción
para realzar el gusto de las comidas.

Es realmente muy gratificante adentrarse
en este maravilloso universo que constituyen
las plantas y sus propiedades naturales.
Para cada especie detallamos, a continuación,
las principales características, el origen
(de dónde proviene), el nombre científico
y los nombres que recibe en diferentes
idiomas; para luego indicar las cualidades
que presenta y las diferentes maneras
en que podemos aprovecharla
y sumarla a nuestra vida cotidiana.
En muchos casos, se indica también la manera
de elaborar distintos preparados caseros
y la forma más conveniente de aplicarlos
según el uso que se les quiera dar.

*Las benéficas
plantas ofrecen
distintas variantes a
la hora de ser
consumidas: muchas
pueden prepararse
como tisanas o jugos
naturales, otras
permiten aromatizar
nuestros platos,
algunas pueden
consumirse crudas;
y otras tantas
pueden utilizarse en
preparados caseros
que permiten aliviar
desde quemaduras
hasta dolores
de cabeza.*

Para restablecer el equilibrio
energético, las tisanas
son ideales.

FORMAS DE PREPARACIÓN DE LOS VEGETALES

La mayoría de las plantas que a continuación se detallan pueden consumirse de
distintas formas. Algunas, simplemente, pueden comerse **crudas** (lo cual proporciona una mayor cantidad de nutrientes); otras, en cambio, deben necesariamente "prepararse" de alguna manera, ya que es imposible comerlas crudas.
Muchas especies soportan una **cocción al vapor**, otras deben combinarse con
otros ingredientes debido a que son demasiado dulces o excesivamente amargas.
Una buena forma de consumirlas puede ser a través de tés.
En general este tipo de elaboraciones son típicas de los países orientales (sobre
todo China y Japón) y centran todo su accionar en restituir el equilibrio corporal
y mental. Las **infusiones** de plantas aromáticas (las famosas tisanas por ejemplo)
se han empleado a lo largo de los siglos con comprobadísimos efectos medicinales. De hecho la palabra "tisana" procede del griego antiguo y significa "infusión medicinal".
Las tisanas no contienen ni taninos ni cafeína (que se encuentran generalmente en los tés).
Muchas de estas mezclas de plantas aromáticas dan **bebidas refrescantes** que se pueden consumir calientes o frías. En los países de Europa
del Este la tisana tiene siglos de tradición.

EL AJO

El ajo pertenece a la familia de las Liliáceas, al igual que la cebolla, con la que comparte varias cualidades curativas.

La naturaleza fue brindándole al ser humano los alimentos que necesita para mantenerse no sólo vivo, sino –y esto es fundamental– saludable. Así se identificaron los vegetales aptos para comer y con posterioridad se los cultivó. Pero además de lo necesario, **el hombre fue conociendo las especies que beneficiaban en modo particular su salud**. Cada tanto aparecía un magnífico regalo de la madre natura: alguna especie rica para comer, pero al mismo tiempo plena de cualidades energéticas. El ajo es una de ellas.

El ajo es efectivo en el tratamiento de resfríos, tos, fiebre e inflamaciones de la boca.

• Características

Es una planta nativa del continente asiático, desde donde se extendió a Europa y a los países de la cuenca del Mediterráneo. Sin embargo, **se adapta a cualquier terreno** y puede cultivarse en todas partes si el clima no es excesivamente frío. Es una herbácea con bulbos compuestos por 10 a 12 "dientes" o bulbillos agregados de forma ovoide y arqueada, recubiertos por una membrana delgada que al macerarse despiden un fuerte olor. El bulbo -o cabeza- está cubierto por varias películas de un color muy claro o purpúreo que agrupan varios dientes apiñados unos con otros. De la cabeza cuelgan las raíces cortas, y surge el tallo, erguido, de unos 40 cm de altura, coronado por un grupo de pequeñas flores. Las hojas, alargadas, envuelven y protegen el tallo. Se cosecha a principios de verano.
El nombre científico del ajo es Allium Sativum Linnaeus. En alemán se lo llama, knoblauch; en bajo holandés, look. Los castellanos lo llaman aios; los catalanes all; en vascuence es baratxuri y en gallego albo. En inglés es garlic y poor man's treacke (el remedio del pobre).

• Una breve mirada histórica

Puede decirse que no hubo –ni hay– pueblo que no consuma ajo. Desde la más remota Antigüedad el hombre conoció los múltiples beneficios de este bulbo. Cada época, **cada cultura contribuyó en algo al conocimiento de sus virtudes**, aunque es necesario aclarar que también algunas de ellas no eran reales y hoy se las ve como meras supersticiones. A diferencia de otras plantas con poderes curativos, el ajo es utilizado en forma habitual en la alimentación diaria como condimento; crudo o cocido forma parte de la gastronomía más tradicional y de la más moderna.
Los hebreos, que lo llamaron sum a causa de su olor, fueron los que lo introdujeron en Europa Occidental. Los griegos, más poéticamente, lo llamaron "rosa picante" (skorodon).

EL BULBO

Es una yema subterránea cuyas hojas están cargadas de sustancias de reserva.
Existen diversas variedades de ajo, de bulbo más grande o de olor más penetrante, pero se reconocen por el color. La más común es de bulbo blanco –pudiendo llegar al plateado–, pero las hay de color rosado y existe además otra especie, de intenso color rojo.

jo deriva del latino allium, que proviene a
u vez de la voz celta allum.
a primera mención cierta sobre el uso de
ste condimento medicinal se encuentra en
Historia del griego Herodoto (siglo V a.C.);
llí consigna que leyó una inscripción
rabada en la pirámide de Gizeh –en Egipto–
n la que se informaba que cada obrero que
abajó en la construcción del monumento
nerario había recibido un diente de ajo
iario para reconstituir sus fuerzas.
parentemente, el ajo también fue motivo
e la primera huelga de la que se tenga
emoria, que fue protagonizada por esos
ismos obreros cuando no se les proveyó
l diente de ajo que les correspondía.
omero, en la Odisea, afirma que Ulises
e libró de los encantamientos de la maga
irce utilizando ajo. La creencia de que el ajo
ra muy eficaz contra la magia era común
n la Grecia clásica, pero el padre de la
edicina, Hipócrates, lo recomendaba para
atar la esterilidad –que en esos años se
reía exclusivamente femenina–; así, en sus
atados sostiene que: "....para saber si una
embra es apta para la concepción, sólo
ace falta aplicar un diente de ajo en una
ompresa puesta abajo.
l día siguiente, si su aliento huele a ajo,
lla podrá concebir; en el caso contrario,
ermanecerá estéril."
ara los romanos, el ajo también estaba
inculado con la sexualidad, pero se
seguraba que era el hombre quien debía
onsumirlo si quería vencer alguna
debilidad" fruto de la edad o la vida
isipada. Los árabes llevaron el fragante
ondimento a España; lo llamaban bassal
sus médicos, siguiendo las indicaciones
el Profeta, lo empleaban para
l tratamiento de la peste.

Sugerencias para prepararlo

sí como hay distintas variedades de la
ebolla, hay distintos ajos silvestres.
le aquí al más conocido de ellos:
jo de oso
s natural del centro y norte de Europa.
refiere los **terrenos húmedos y
ombreados**. Se da sobre todo en
nglaterra y Europa Central.

Tiene un aspecto muy parecido al ajo
común, pero un **porte más pequeño**
y sus propiedades son exactamente iguales.
Se utilizan las hojas frescas, picadas, pero
sólo en las zonas donde crece en forma
silvestre, ya que su cultivo en jardín resulta
imposible. Su sabor y perfume es
intermedio entre el ajo y el cebollino.
Una ensalada de papas condimentada
con esta hierba puede resultar
sorprendentemente más sabrosa. Las hojas
también pueden conservarse secas, porque
mantienen su fragancia por mucho tiempo.

• Beneficios

El ajo posee una **acción antibiótica ligera**,
que se manifiesta especialmente en las
superficies mucosas, por donde se eliminan
muchos de sus principios activos. De modo
preventivo es conveniente tomar un diente
diario. Por lo mismo, también es efectivo
para el **tratamiento de resfríos, tos,
fiebre e inflamaciones de la boca**.
Se recomienda en el **tratamiento de
durezas y verrugas**, ya que posee una
cierta acción que las ablanda. Para las
verrugas se recomienda cortar un ajo en
rodajas y remojarlas en vinagre. Cada día
se aplica una rodajita sobre la verruga,
tapándola con un vendaje. Al cabo de una
semana, o algo más, la verruga caerá.
El ajo también tiene una interesante
actividad parasiticida, siendo
recomendado especialmente para
los niños que tienen oxiuros.
En los últimos tiempos ha
comenzado a comercializarse
un piojicida muy eficaz cuya base
es el extracto de ajo.

Dentro de las su-
persticiones popula-
res se ha mantenido
la creencia de que el
ajo es eficaz para
evitar el mal de ojo,
y ésa es la razón por
la cual suele vérselo
colgando en ristra en
más de una cocina.
Esta misma supersti-
ción ha llevado a la
manufactura de pe-
queñas ristras, en
materiales como la
cerámica, y que se
regalan para atraer
la buena suerte.

*El ajo está
presente en
la mayoría de
las cocinas
del mundo.*

La ciencia no tiene una explicación convincente, pero para sacarse el olor a ajo de las manos hay un método infalible: abrir la canilla y bajo el chorro de agua pasar los dedos sobre la hoja de un cuchillo –u otro utensilio– de acero inoxidable.

Picado o rallado, el ajo puede aromatizar salsas y guisados, entre muchas otras preparaciones.

En medicina, el ajo se usa como diurético, digestivo, estimulante y antiespasmódico. Sus generosas propiedades se conocen desde la Antigüedad, y fueron aprovechadas por muchas civilizaciones.

• Modos de uso

El modo de uso más frecuente y recomendado es ingerirlo crudo y directo de la planta, pero las personas que no toleran su sabor pueden recurrir a píldoras desodorizadas, cápsulas, jarabe, tinturas y tópicos. Sin embargo, y dado que la elaboración de subproductos del ajo no está suficientemente controlada, lo más seguro es recurrir al producto natural. Pero en caso de ingerir cápsulas o comprimidos, lo más recomendable es tomarlas en ayunas y tragarlas con un vaso bien lleno de agua.

• Ingestas recomendadas

Crudo: como preventivo alcanza con un diente diario. En caso de cápsulas, píldoras o tabletas, para un adulto se recomienda una dosis de 2 ó 3 unidades diarias de 300 mg, siempre que contengan por lo menos un 13% de allicina (principio activo del ajo). También es posible tomar el jugo; en ese caso alcanzará con 10 a 30 gotas por día, en una solución de una parte de extracto en una de agua o alcohol. Este mismo preparado se puede aplicar en forma tópica externa (por ejemplo, en los casos de otitis).

• Para evitar la tos

El jarabe es muy simple de preparar: se machacan 100 g de ajos pelados, se mezcla con 200 ml de agua y se disuelve en ella 100 g de azúcar. Se vierte en un frasco de vidrio, se lo cierra bien y se deja estacionar por 7 días. Al cabo, se filtra y administra 2 ó 3 cucharadas por día.

• Recomendaciones para su preparación

Además del uso habitual como condimento, el ajo puede utilizarse para prevenir enfermedades y mantener la salud, ya que es un eficaz bactericida y aumenta las defensas naturales del organismo.
Vinagre de ajo: estos exquisitos preparados han entrado a formar parte de la alacena, pero prácticamente todos los que se comercializan han sido elaborados con hierbas aromáticas como estragón, orégano o salvia.

El ajo es una planta nativa del continente asiático que luego se extendió a Europa.

El vinagre de ajo, que se usa como condimento de las ensaladas, es muy fácil de preparar: a un litro de vinagre blanco (de alcohol) o de vino se le agregan los dientes –pelados y enteros- de una cabeza. Se reserva por un mes, más o menos, tras lo cual estará listo para su empleo.
Alioli: delicioso aderezo, propio de la cocina italiana, sirve para acompañar pastas, aves y pescados. Al tiempo que da un toque original a las preparaciones, resguarda la salud. Los ingredientes son sólo tres: 1 cabeza grande de ajo, 100 ó 200 ml de aceite de oliva virgen y sal.
Se machacan los ajos en un mortero hasta que tengan una consistencia totalmente pastosa, sin que pueda apreciarse ninguna fibra del ajo. Luego se le va incorporando el aceite, de a poco y revolviendo muy bien hasta obtener una masa pastosa, lo más homogénea posible. Si se prefiere ahorrar tiempo y esfuerzo, se puede recurrir a la procesadora de alimentos o licuadora.
Nota: no está de más recordar que el aceite de oliva también contribuye a eliminar el colesterol llamado "malo", por lo cual se puede advertir que el alioli es una verdadera fuente de salud.

PARA TENER EN CUENTA

El ajo hervido pierde sus propiedades ya que **con el calor se destruyen sus principios activos**. No ocurre lo mismo cuando se lo fríe, pues pasado por la sartén con su cáscara sólo se calienta la parte externa, conservando así todo su valor. Además de su uso directo en la preparación de toda clase de platos, vegetales o cárnicos, también se usa para saborizar encurtidos, aceites y vinagres.

Aunque no sea un uso extendido, **las hojas crudas picadas son un muy buen aderezo**, pues su perfume es mucho más suave. Las molestas regurgitaciones no suceden si se ha tenido la prudencia de quitar el brote interior de cada diente. Es un excelente sustituto de la sal común (cloruro de sodio). Para ello puede utilizarse el diente crudo y bien picado, o el jugo. Por otra parte, también se puede adquirir seco y pulverizado, en cuyo caso, se espolvorean los platos una vez servidos.

opa de ajo: particularmente indicada ara prevenir resfríos o congestiones ectorales, ya que favorece expectoración.

n invierno resulta articularmente econfortante para quienes an estado expuestos frío.

gredientes:
2 cabezas de ajo
6-8 rebanadas de pan seco
100 ml de aceite de oliva
1 litro de caldo vegetal o de agua
Sal

e pelan los ajos y se cortan en láminas nas. Se calienta el aceite en la cazuela onde se hará la sopa y se sofríen los ajos asta que estén bien dorados. Luego, se tiran y reservan. En el mismo aceite se fríe pan hasta que esté dorado, se añaden caldo caliente y los ajos y se dejan hervir urante diez minutos. Al servir se puede spolvorear cada plato con queso rallado, erejil fresco o pimienta molida en el omento. Para quien desee aumentar su oder nutritivo, puede incorporar un huevo atido por porción durante la cocción. o más indicado es tomar la sopa bien aliente.

ota: en caso de utilizar agua y no caldo, e puede incorporar una hoja de laurel y na pizca de tomillo, otra de orégano y ají olido o pimentón dulce.

• **Cosmética natural**

El uso de ingredientes de origen vegetal es no sólo frecuente, sino **fundamental en la cosmética moderna**.

El cabello, por ejemplo, sufre agresiones de todo tipo; también demuestra con su aspecto el grado de estrés o la dieta inadecuada. Los vegetales más beneficiosos para el cabello dañado son cola de caballo, ortiga, mejorana, abedul y, desde luego, ajo.

Se puede preparar en forma casera un excelente **acondicionador al ajo** y usarlo sin temor, porque no deja ningún olor en el cabello.

Se mezclan bien 12 dientes de ajo machacados y 150 ml de aceite de ricino hasta obtener una mezcla homogénea. Luego se guarda en un frasco hermético y se deja en reposo durante tres días. Pasado el lapso, se filtra y pasa a un pote, preferentemente de vidrio. Antes del lavado, se aplica sobre el cuero cabelludo masajeando muy bien, tras lo cual se envuelve la cabeza en una toalla o paño seco –si está caliente, el acondicionador será más efectivo– y se deja durante 45 minutos. Finalmente, se lava el cabello con el champú habitual, aplicando o no crema de enjuague o savia coloidal.

El alioli, condimento de la cocina italiana, se elabora a partir de ajo y aceite de oliva de máxima calidad. Es una preparación que aúna las virtudes de ambos ingredientes; a la vez que se presenta como un aliño exquisito, realiza grandes aportes a la salud.

Para evitar molestias, hay que quitar el brote interior de cada diente de ajo.

LA BATATA

Por su valor energético, la batata es un alimento adecuado para personas que realizan grandes esfuerzos físicos.

Es una planta herbácea de la familia de las Convolvuláceas, propia de climas subtropicales. Posee tallos rastreros y hojas alternadas. Su flores, blancas o rosadas, se asemejan a campanillas.
Sus tubérculos son suculentos y dulces, y constituyen un alimento muy difundido. Según las especies, cambia mucho su tamaño, forma y sabor.

• Nombres

Su nombre científico varía según la especie. Las más comunes son Convolvulus batatas e Ipomoea batatas. En inglés se llama sweet potato; en francés, patate; en italiano, patata dolce, y en portugués, bata-doce.

• Cultivo

Se planta por ramas, durante el verano. Requiere calor, humedad y tierra suelta. Los tubérculos se cosechan entre cuatro y seis meses después.

• Propiedades

La batata es un alimento de **elevado valor nutritivo** por su contenido de vitaminas y minerales.
La decocción de sus hojas tiene **propiedades emolientes**.

EL BOLDO

La tisana de boldo es ideal para trastornos estomacales y hepáticos.

Es originario de Chile, de la familia de las Monimiáceas. Alcanza de 6 a 8 metros de altura, y exhala un perfume similar al de la menta. Sus hojas son ovaladas y elípticas, muy aromáticas y de sabor picante, cubiertas con pelos desagradables al tacto.
De él **se extrae un aceite** usado como ingrediente para dulces y tortas.
De sus hojas, también se obtiene la boldina, según muchos, la base de las propiedades curativas de esta planta.

• Nombres

Su nombre científico es Puemus boldus. En inglés se llama boldutree; en francés, italiano y portugués, recibe el mismo nombre que en español.

• Cultivo

Se siembra por semillas. Es una planta de clima templado.

• Propiedades

Se le atribuyen muchas virtudes terapéuticas, pero se destacan dos.
La primera se refiere a su **efecto beneficioso en afecciones estomacales y hepáticas** (estreñimiento, hepatitis, cólicos, etc.), y la segunda, como **excelente digestivo**. También se lo recomienda como sedativo para casos de vértigos e insomnios.

• Formas de uso

El uso del boldo está muy extendido, y es muy común comprar preparados para infusiones en comercios o herboristerías, con indicaciones sobre su empleo.
Un té de boldo luego de cada comida es excelente para **favorecer una buena digestión**.

EL CACAO

El cacao proporciona una importante cantidad de fibras.

ste árbol, originario de la zonas opicales americanas, pertenece a a familia de las Esterculiáceas. lcanza entre 6 y 12 m e altura, sus hojas son randes y ovales, las flores, amarillas blancas, se presentan n ramos. Los frutos son vales y rígidos, de color marillo cuando están aduros. Contienen una pulpa cuosa y comestible, junto con umerosas semillas achatadas. on la pulpa se preparan dulces y jaleas; on las semillas tostadas y molidas se roduce el chocolate. Su consumo como limento y bebida se ha difundido en todo l mundo.

Nombres

u nombre científico es Theobroma cacao. n inglés se llama cocoa bean; en francés italiano tiene el mismo nombre que en spañol, y en portugués, se llama cacauerio.

Cultivo

s una planta muy exigente en relación con l clima, ya que requiere mucho calor y umedad. Prefiere los suelos profundos, rescos y muy ricos en materia orgánica. e siembra a través de semillas o plantitas empieza a producir luego del segundo ño. Se cosecha en primavera.

Propiedades

s tónico, **estimula las funciones del istema urinario** y se emplea **contra a debilidad y el agotamiento físico**. Constituye un eficaz **excitante nervioso**, racias a su contenido en teobromina. Dos tazas de cacao soluble por día roporcionan al organismo el 50 % de a cantidad de polifenoles necesaria para yudar a prevenir trastornos ardiovasculares.

Así lo determina una investigación llevada a cabo por expertos de la Facultad de Farmacia de la Universidad de Barcelona (España), que ha sido patrocinada por Nutrexpa. El estudio, (el primero de estas características que se realiza en el mundo para analizar la composición de polifenoles presente en este alimento), concluye que una taza de cacao contiene aproximadamente unos 82 miligramos de estas sustancias.

El interés del estudio radica en la importancia creciente que la comunidad científica internacional otorga al consumo de alimentos ricos en polifenoles, por su efecto beneficioso para el organismo.

• Formas de uso

Además de las distintas infusiones que se preparan normalmente, la popular **manteca de cacao** (suministrada por la industria farmacéutica a precios muy económicos) produce excelentes resultados en el tratamiento de asperezas de la piel causadas por el frío, así como de grietas en los labios, provocadas por el frío o el sol, y en los pezones, durante la lactancia.

El extracto de cacao reduce el riesgo de padecer enfermedades cardiovasculares.

El árbol del cacao es una planta perenne que rinde varias cosechas al año.

El cacao es originario de América, donde era un producto conocido, valorado y cultivado por muchas civilizaciones aborígenes antes de la llegada de los colonizadores españoles.

EL CEDRÓN

La tisana de cedrón mejora la digestión y reduce los síntomas del resfrío.

Es una hierba originaria de Perú, de la familia de las Simarubáceas. Posee tallo y hojas alargadas, y frutos en drupa. Con fines medicinales, se utilizan las flores y las hojas, de olor muy agradable.

• Nombres

Su nombre científico es Lippia citriodora. También se la conoce como hierba Luisa o hierba María Luisa.

• Cultivo

Es una planta silvestre, que crece espontáneamente en diversos terrenos. Es leñosa, arbustiva y caducifolia y alcanza entre 2 y 4 m de altura.

• Propiedades

Tiene excelentes **propiedades estomacales, estimulantes** y **antiespasmódicas**. Es especialmente indicada en casos de inapetencia, digestiones lentas y difíciles, así como para el nerviosismo y el decaimiento.

• Formas de uso

Las **tisanas e infusiones** se preparan con dos cucharaditas de picaduras de hojas y flores, por cada taza de agua caliente, y se beben dos o tres tazas diarias. En comercios y farmacias se consiguen preparados de muy fácil uso.

El centeno contiene propiedades nutritivas similares a otros cereales como el trigo y el maíz.

EL CENTENO

Es de la familia de las Gramíneas. Su tallo es semejante al pasto común, pero produce espigas compactas, rodeadas de esporas. Inicialmente, se la consideró una plaga que disputaba los terrenos al trigo, pero luego se descubrió su valor propio. Los granos se utilizan para producir harina; es muy empleada para productos alimenticios y muy recomendada en regímenes especiales.
La paja se emplea en la fabricación de sombreros, envases, etcétera.

• Nombres

Su nombre científico es Secale cereale. En inglés se llama rue; en francés, seigle; en italiano, segale; y en portugués, centeio.

• Cultivo

Se cultiva por semillas y se adapta a todo tipo de clima y terreno.

• Propiedades

Tiene acción **estimulante sobre las fibras musculares lisas**. La harina se emplea en cataplasmas antiinflamatorias. Se lo utiliza para detener hemorragias y, también, para la retención de orina.

• Formas de uso

Deben emplearse sólo los granos sanos, sin "cornezuelo" (una resina pegajosa, de olor nauseabundo), pues su ingestión puede ser peligrosa.
Contra las hemorragias: hervir 30 g de semillas de centeno durante media hora en un litro de agua. Beber durante el día.
Decocción laxativa: hervir 30 g de semillas de centeno durante 20 minutos en un litro de agua. Beber al sentir sed.

Este cereal, muy resistente al frío, se utiliza sobre todo para elaborar pan.

EL CILANTRO

s una planta de la familia de las mbelíferas. Presenta un tallo cilíndrico, recto y estriado, de 50 cm de altura. us hojas son de color verde brillante las flores, blancas o rosadas. Los frutos on redondos, pequeños y azucarados, y xhalan, como toda la planta, un olor fuerte.

Nombres
u nombre científico es Coriandrum attium. En inglés se llama coriander; en rancés, coriandre; en italiano, coriandolo.

Cultivo
e siembra en suelo liviano y fértil, a inicios e la primavera y en lugares soleados.

Los frutos se recogen al final del verano, se secan a la sombra y se trituran al aire libre.

• Propiedades
Tiene propiedades carminativas, estomacales y estimulantes de las funciones hepáticas.

• Formas de uso
Tintura estimulante estomacal: macerar 5 g de frutos en 50 cm³ de alcohol, a 60°, durante cinco días. Filtrar, guardar en un frasco con gotero y tomar 15 gotas después de las comidas. **Infusión estimulante hepática**: verter 5 g de frutos secos en una taza de agua hirviendo. Filtrar, endulzar con miel, y beber después de las comidas.

Las hojas de cilantro sirven para aromatizar sopas, salsas y carnes.

EL CIRUELO

s un pequeño árbol fructífero de la familia e las Rosáceas. Sus hojas son alternadas, imples y serradas. Las flores son de color lanco o rosado. El fruto (la ciruela) es una rupa de pulpa dulce y de diversos colores, mpliamente consumida fresca, cocida, eca o en pasas. Con fines medicinales, uede utilizarse de cualquier manera. as hojas, frescas y tiernas, también se tilizan con fines terapéuticos.

• Nombres
Su nombre científico es Prunus doméstica. En inglés se llama plum tree; en francés, prunier; en italiano, prugno, y en portugués, ameizeira.

• Propiedades
Sus principales virtudes son **laxativas**, aunque también se utiliza para ciertas **afecciones respiratorias** y **estomacales**.

• Formas de uso
Licor digestivo: cocer 20 g de ciruelas frescas, sin piel y sin carozo, en dos litros y medio de vino blanco. Luego de 15 minutos, apagar el fuego, agregar 3 g de corteza de canelo, y dejar macerar durante 3 días. Filtrar, añadir 1/2 kg de azúcar o miel, y hervir durante algunos minutos. Una vez frío, añadir 1/2 litro de alcohol a 90°. Preparado para el estreñimiento: mezclar y machacar 30 g de pulpa de ciruela fresca, 10 g de bayas de saúco y 5 g de cremor tártaro. Añadir miel hasta formar una pasta. Consumir de 20 a 30 g diarios.
Jarabe estomacal: macerar 5 g de pulpa fresca en 100 cm³ de alcohol a 70° durante un día. Hervir 335 g de azúcar en 165 cm³ de agua hasta formar un jarabe. Dejar enfriar y agregar al primer preparado. Dejar reposar una hora, filtrar y tomar diariamente varias cucharaditas.

El ciruelo es rico en vitaminas y minerales. Sus hojas son utilizadas con fines terapéuticos.

LA CÚRCUMA

Esta planta, nativa de la India, se utiliza sobre todo para la elaboración del curry.

Es una planta perenne, de la familia de las Zingiberáceas. Tiene hojas largas y estrechas, que crecen desde la base, y flores de color blanco amarillento.
Las raíces son rizomas cortos y gruesos.
Los rizomas son empleados como aderezo, en perfumería, y con fines medicinales.

La cúrcuma actúa como un poderoso antiinflamatorio de las vías respiratorias y urinarias.

• Nombres
Su nombre científico es Curcuma longa; en inglés se llama turmeric; en francés, curry; en italiano y portugués se llama igual que en español.

• Cultivo
Necesita clima cálido y húmedo, y suelo liviano, bien drenado. Los fragmentos de rizomas se plantan a gran profundidad y se cosechan 10 meses después.
Deben limpiarse, hervirse y secarse. Pueden conservarse enteros o molidos.

• Formas de uso
La cúrcuma puede consumirse normalmente **en diversas salsas**, como el curry, con la mostaza, o en reemplazo del azafrán, para **dar color a varias comidas** y **enriquecer preparaciones**.

LA DALIA

Nombre de varios tipos de plantas herbáceas de la familia de las Compuestas. Se usan como plantas ornamentales y son muy conocidas por los floricultores. Las flores son de color rojizo con centro amarillo. La dalina que contiene es usada con fines terapéuticos.

• Nombres
Su nombre científico es Dahlia pinnata. En inglés y francés se llama dahlia; en italiano y portugués es dália.

• Cultivo
Se multiplican a través de bulbos. Sólo se plantan por semillas cuando se quieren obtener nuevas variedades, y se realizan injertos.

• Propiedades
Tiene propiedades **diuréticas** y **sudoríficas**, y es beneficiosa para eliminar gases y para otros problemas intestinales. Sus flores son utilizadas en **homeopatía** para aliviar enfermedades eruptivas.

• Formas de uso
Infusión general: verter 5 g de sumidades florales en una taza de agua hirviendo. Filtrar, endulzar y beber tibio.

La dalia es una herbácea de porte medio, perenne, perteneciente a la familia de las Compuestas. Actualmente se registran más de diez mil variedades.

EL DAMASCO

Árbol frutal de la familia de las Rosáceas. Alcanza 7 m de altura. Tiene flores grandes, rosadas o blancas, y frutos en drupa, comestibles y muy conocidos.

• Nombres

Su nombre científico es Prunus armeniaca. En inglés se llama apricot tree; en francés, abricotier; en italiano, amoscino, y en portugués, damasqueiro.

• Cultivo

Es una planta de clima templado y requiere terreno rico, profundo y con buen drenaje. Se cultiva por injertos.

• Propiedades

Es utilizado para distintos tipos de cólicos y, externamente, contra las hemorroides.

• Formas de uso

Se emplea el **aceite de sus semillas**, que puede obtenerse por prensado o machacado de estas. En el caso de hemorroides, se aplica con hisopo. Para aliviar los cólicos debe beberse diluido.

> *El damasco es ideal para afecciones de la piel y del sistema respiratorio.*

EL DIENTE DE LEÓN

Es una planta vivaz de la familia de las Compuestas. Tiene raíz carnosa y tallo erecto, de 50 cm de altura, en cuyo extremo florece una cabezuela de color amarillo oro. Al marchitarse, aparecen las semillas que, luego, son dispersadas por el viento. Sus hojas grandes tienen la forma que le da nombre a la planta y pueden ser consumidas en ensaladas. Con fines medicinales, se usan las hojas y las raíces.

• Nombres

Su nombre científico es Taraxacum officinalis. En inglés se llama dandelion; en francés, dent-de-lion; en italiano, dente di leone, y en portugués, dente-de-leão o taraxaco.

• Cultivo

Crece espontáneamente pero puede plantarse sin dificultades por semillas o por división de raíces.

Para evitar la reproducción excesiva, pueden eliminarse las cabezuelas florales en cuanto aparecen. Las hojas y raíces se pueden secar y guardar en lonjas de 10 a 15 cm.

• Propiedades

La planta fresca es **rica en vitaminas y minerales**. Tiene propiedades diuréticas, depurativas, laxativas y refrescantes de la funciones hepáticas. Su jugo se emplea en afecciones de los sistemas urinario y digestivo.

• Formas de uso

Jugo de uso general: macerar trozos de la planta hasta obtener su jugo. Tomar una o dos cucharadas soperas en ayunas y una cucharada de té cada dos horas. **Decocción (depurativa, hepática, digestiva)**: hervir 80 g de raíz en 1 litro de agua, durante 5 minutos. Colar y beber como té, solo o endulzado, 2 ó 3 tazas diarias.

> El diente de león puede utilizarse para depurar la sangre y proteger el hígado. Además de sus propiedades medicinales puede combinarse con verduras frescas en ensaladas y rellenos.

EL DURAZNO

Árbol frutal de la familia de las Rosáceas. No excede los 5 m de altura. Sus ramas están revestidas por una corteza rojiza. Las hojas son sencillas y lanceoladas. Da flores moradas, y frutos carnosos y comestibles, de piel aterciopelada. Con fines medicinales, se utilizan las hojas tiernas, las flores, los frutos, y el látex de la corteza del tronco y de las ramas.

• Nombres

Su nombre científico es Prunus persica. En inglés es peach tree; en francés, pecher; en italiano, pesco, y en portugués, pessegueiro.

• Cultivo

Es un árbol de clima templado que se adapta a diversos terrenos. Se cultiva mediante plantíos injertados en invierno.

Las infusiones con hojas del duraznero ayudan a hidratar la piel y reconstruir los tejidos.

Requiere podas para fortalecerse y fructificar. La cosecha se hace en verano.

• Propiedades

El fruto fresco y las hojas son aperitivos y digestivos. El jugo es **diurético**, las flores se usan en **afecciones intestinales**.

• Formas de uso

Jugo diurético: pelar y cortar uno o dos duraznos. Quitar los carozos, machacar y pasar por un tamiz para obtener el jugo. Tomar en ayunas, durante 10 días.

Infusión digestiva: dejar en infusión 10 g de hojas de duraznero, 15 g de hojas de limón y 5 g de hojas de salvia en una taza de agua hirviendo durante 10 minutos. Filtrar, agregar una pizca de bicarbonato de sodio y beber enseguida.

Los frutos del endrino son muy utilizados en la elaboración de mermeladas y licores.

EL ENDRINO

Es un arbusto de la familia de las Rosáceas. Tiene ramas tortuosas, con espinas y corteza verde oscura. Las hojas son lanceoladas y levemente dentadas en el borde. Las flores, pequeñas y abundantes, son de color blanco. El fruto es una drupa redonda de color azul oscuro y sabor ácido y amargo.

• Nombres

Su nombre científico es Prunus spinosa. En inglés se llama wildplum; en francés, prunellier; en italiano, prugnolo, y en portugués, abrunheiro.

• Cultivo

Es un planta silvestre que crece sin necesidad de cultivo, aunque puede plantarse en jardines como un rosal.

Las infusiones con flores de endrino son ideales para la prevención de enfermedades neumáticas.

• Propiedades

La corteza posee **propiedades astringentes** y **purgativas**, pero es peligrosa. Los frutos se emplean en diversos licores, aperitivos y estimulantes.

• Formas de uso

Licor: machacar 500 g de frutos enteros y poner la pasta a macerar en 1 litro de alcohol a 90°. Dejar unos días, filtrar y trasvasar. Exprimir algunos frutos, agregar 1/2 litro de agua, filtrar y agregar al primer líquido. Preparar un jarabe hirviendo con 1/2 kilo de azúcar en 300 cm³ de agua. Dejar enfriar, unir todo y volver a filtrar. Colocar en un frasco y dejar unas semanas antes de consumir una copa diaria, previa a las comidas.

EL ESPÁRRAGO

El espárrago es un vegetal con propiedades rejuvenecedoras. Su consumo, preferentemente crudo, mejora el aspecto de la piel y del cabello.

...ierba perenne de la familia de las Liliáceas. ...osee tallo ramificado y hojas pequeñas. ...as flores son campánulas blancas, y los ...utos son bayas rojas del tamaño de un ...uisante. Los brotes tiernos de sus tallos ... hojas son un alimento muy apreciado ...n todo el mundo por su agradable sabor ... su valor alimenticio.

Nombres

...u nombre científico es Asparagus ...fficinalis. En inglés es asparagus; en ...ancés, asperge; en italiano, asparago, ...en portugués, aspargo o espargo.

Cultivo

...rece como hierba silvestre, pero es muy ...ultivado como hortaliza, en invernadero. ...e planta por semilla en otoño. Luego de ...n año, los plantíos se trasladan a terrenos ...icos y profundos, de clima suave.

Se colocan en surcos de 40 cm de profundidad, con dos metros de distancia entre cada surco y 40 cm entre cada plantín. Se cosecha a los dos años.

• Propiedades

Tiene propiedades **diuréticas** y **sedativas**. Se emplea en tratamientos para trastornos cardíacos. No debe usarse en casos de inflamación de las vías urinarias.

• Formas de uso

Puede emplearse su jugo, solo o combinado. **Jarabe diurético**: moler una porción grande de puntas de espárragos, separar el jugo y filtrar con papel. Agregar un kilo de azúcar por cada litro de jugo y dejar cocer a baño María hasta que adquiera consistencia de jarabe. Guardar en frascos herméticos y tomar 5 cucharadas soperas por la mañana y 5 por la noche.

El espárrago contiene vitaminas E y B. Su consumo favorece la oxigenación de las células e incrementa el vigor corporal.

EL ESPINO

...rbol pequeño de la familia de las Rutáceas. ...iene ramas dispersas y sarmentosas, hojas ...ompuestas, y flores pequeñas verde-...marillentas. Existen especies similares, ...amadas espino blanco y espino negro. ...on fines medicinales, se usa su corteza ... el jugo de las hojas.

Nombres

...u nombre científico es Fagara pterota. ...n inglés se llama bramble; en francés, ...aliure, y en portugués, espinheiro.

Cultivo

...s un planta silvestre que se propaga por ...squejes y puede cultivarse con injertos.

• Propiedades

La corteza tiene **propiedades sudoríficas** y de **estimulante arterial**. El jugo de las hojas es oleaginoso y tiene diversas aplicaciones.

• Formas de uso

Su corteza, machacada se utiliza para ayudar en las curación de enfermedades cutáneas. Su jugo se emplea para aliviar el dolor de dientes. El **jugo de sus hojas** es excelente para usar como aceite, junto con otros componentes, como el aceite de ricino, en frotaciones que alivian los dolores musculares. También posee propiedades vaso dilatadoras, que favorecen la circulación.

El espino ayuda a prevenir enfermedades cardíacas y actúa como regulador de la presión arterial.

EL EUCALIPTO

> *El eucalipto es un excelente remedio para tratar enfermedades de las vías respiratorias.*

Es un árbol de la familia de las Mirtáceas, originario de Australia. Puede alcanzar hasta 100 m de altura en regiones cálidas. También se adapta a zonas frías, pero su desarrollo es menor. Sus hojas son duras y resistentes, de forma alargada y puntiaguda. De ellas se obtiene el aceite perfumado, característico de este árbol. Las flores son amarillas y pueden aparecer aisladas o unidas. Los frutos son bayas duras y de intenso aroma.

El aceite esencial de eucalipto se elabora con las hojas y posee propiedades broncodilatadoras y antisépticas.

• Cultivo

Se planta a través de vástagos. Es un árbol de rápido crecimiento, y sus distintas especies se adaptan a diversos suelos y climas. Al plantarlo, debe tenerse en cuenta la envergadura que suele alcanzar. También hay que considerar que absorbe gran cantidad de agua e impide el crecimiento de otras plantas. Por eso, muchas veces es utilizado para secar zonas pantanosas.

• Propiedades

Las hojas de eucalipto tienen numerosas glándulas pequeñas que producen un aceite esencial perfumado, llamado **eucaliptol**. Es el principal agente curativo que se aprovecha de este árbol, y forma parte de los componentes de muchos medicamentos industrializados.

Es **antiséptico** y **desinfectante**, apto tanto para uso externo, como para elaborar bebidas y jarabes. Posee **propiedades expectorantes**, excepcionales para catarros. Estimula la circulación, es decir, tiene **efecto vasodilatador**. Aplicado como ungüento, sirve como calorífico en **dolencias respiratorias**, y como **analgésico** en afecciones artríticas y reumáticas. El aceite esencial se obtiene destilando hojas frescas, o se puede adquirir en casas especiales.

Las propiedades antisépticas del eucalipto pueden ser aprovechadas para el tratamiento de afecciones de la piel.

Las hojas secas se utilizan para preparar diversas infusiones, inhalaciones, cápsulas, y para fumigar ambientes.

• Formas de uso

Inhalación para resfríos y catarros: hervir agua en un recipiente, y agregarle 10 gotas de aceite esencial o 25 g de hojas secas. Inhalar durante 10 minutos. Repetir dos veces por día. Infusión **para tos, catarros y gripes**: hervir un litro de agua. Verter en ella 30 g de hojas secas y mantener el recipiente caliente durante 15 minutos. Colar, filtrar y endulzar con mucha miel. Beber hasta cuatro tazas diarias.

Cápsulas para la bronquitis: tomar un puñado de hojas de eucalipto bien secas. Picarlas hasta que se reduzcan a polvo y preparar cápsulas de 200 mg. Tomar tres cápsulas diarias.

Expectorante: se utiliza una botella de miel de abejas, jugo de limón y los jugos extraídos de tilo, borraja, sauce, pulmonaria, menta, poleo, pepas de eucalipto, mora de castilla y mora común. Colocar el jugo de cada una de las plantas mencionadas en un pocillo tintero. Cocinarlos con la miel y el limón. Luego, colar y envasar, y tomar tres copitas diarias. Repetir hasta curar. **Desinfectante para el baño**: usar jugo de romero, toronja, y eucalipto. Colocar dos gotas sobre el cilindro de cartón del papel higiénico. **Desodorante para el calzado**: emplear jugo de eucalipto, bergamota y ciprés. Utilizar luego una gota de cada uno (o tres gotas de uno solo de ellos) para impregnar un papel absorbente, que deberá dejarse adentro del calzado durante toda una noche. **Desinfectante**: utilizar 7 gotas de eucalipto, 10 de lavanda y 4 de limón, diluidas en 4 tazas de agua, y usar como vaporizador, o embeber una esponja para aplicar.

LA FRUTILLA

Es una planta herbácea de la familia de las Rosáceas. Alcanza unos 20 cm de altura. Tiene hojas compuestas, de tres folíolos, y flores blancas o rosadas, de cinco pétalos. Los frutos son numerosos aquenios, pequeños y duros, en receptáculos rojos carnosos de sabor y olor deliciosos.

Nombres

Su nombre científico es Fragaria vesca. En inglés se llama strawberry; en francés, fraisir; en italiano, fragola, y en portugués, morangueiro.

Propiedades

La frutilla es **digestiva, facilita la función hepática** y ayuda a **mantener los niveles de ácido úrico**. Con las hojas se preparan numerosas infusiones medicinales.

• Cultivo

Se cultiva a través de plantíos, por división de yemas, en otoño. Necesita suelos arcillosos, ricos en materia orgánica y minerales. La cosecha se realiza 2 ó 3 meses depués de la plantación. Las hojas y raíces deben secarse al aire libre.

• Formas de uso

Decocción general (diurética, intestinal y digestiva): hervir 2 g de rizoma seco en una taza con agua. Filtrar, endulzar y beber enseguida. Tomar 3 dosis diarias. La misma preparación puede emplearse en gárgaras para la inflamación de la boca o la garganta. **Compresa dérmica**: machacar algunas hojas frescas y aplicarlas sobre la piel en casos de enrojecimiento provocado por el sol, el frío o el viento.

La frutilla se consume al natural en todo el mundo, y se emplea en dulces, jaleas, repostería, licorería, etc.

EL GARBANZO

Planta anual de la familia de las Leguminosas. Tiene tallo grueso, erecto y ramoso de hasta 60 cm de altura. Sus hojas son alternadas y compuestas, y da flores solitarias, blancas o rojizas. Los frutos son vainas cilíndricas con dos semillas comestibles, altamente nutritivas.

Nombres

Su nombre científico es Cicer arietinum. En inglés se llama spanish pea; en francés, pois chiche; en italiano, cece, y en portugués grão-de-bico.

Cultivo

Es una planta de clima templado. Se propaga por semillas y para su cultivo exige bastante agua.

• Propiedades

Además de su **valor nutritivo**, tiene propiedades diuréticas. En diversos países, las hojas crudas o hervidas se emplean para combatir la dispepsia y el estreñimiento.

• Formas de uso

Como diurético, puede emplearse el jugo, obtenido por presión sobre las semillas, o el líquido resultante de la decocción de ellas. Para la dispepsia y el estreñimiento se emplea el **jugo de los tallos o las hojas**, cocidas como espinacas, además del jugo logrado con esta decocción. Por su bajo contenido en sodio, los garbanzos pueden ser incluidos en dietas que controlen la hipertensión.

La raíz y las hojas de las frutillas son utilizadas con fines medicinales.

El garbanzo posee un alto contenido de fibras e hidratos de carbono. Es un alimento indispensable en una dieta sana y equilibrada.

LA GENCIANA

La genciana constituye uno de los mejores remedios contra trastornos estomacales.

Es una planta de la familia de las Gentanáceas. Propia de zonas montañosas, es alta y de aspecto atractivo, ya que da flores en varas de hasta 30 cm. Su sabor es amargo y, desde hace muchos siglos, su raíz se emplea en bebidas aperitivas y digestivas, o preparados medicinales.

• Nombres

Su nombre científico es Gentiana lutea. Otras especies similares son la Gentiana scabra y la Gentiana macrophylla, llamada qin jiao en China.

• Cultivo

Crece en estado silvestre en zonas montañosas y serranas, entre los 700 y 2.400 m de altura. Puede cultivarse a través de la división de matas o por semillas.

Necesita suelo rico y reparo del viento. La raíz se cosecha a inicios del otoño y debe dejarse secar cuanto antes.

• Propiedades

Se utiliza en muchas preparaciones de **bebidas amargas**. Estimula el apetito y **ayuda a las funciones digestivas, hepáticas y vesiculares**.

• Formas de uso

Tintura para el apetito: macerar 15 g de raíz seca en 1/2 litro de alcohol a 60°, durante 10 días. Colar y pasar a un frasco con gotero. Tomar 2 ó 3 gotas con agua antes de las comidas. **Decocción digestiva**: hervir 20 g de raíces secas en un litro de agua. Dejar entibiar y filtrar. Tomar una copita antes de las comidas principales.

Los flavonoides presentes en el ginkgo neutralizan a los radicales libres.

EL GINKGO

El ginkgo actúa sobre los vasos sanguíneos, dilatándolos y estimulando la circulación de la sangre.

Es un árbol originario de China, de la familia de las Ginkgoáceas. Sus hojas parecen un abanico; en otoño, éstas se tornan de color dorado. Los frutos son redondos y producen una sola semilla. Con fines medicinales se emplean las hojas y las semillas.

• Nombres

Su nombre científico es Ginkgo biloba. La denominación usada en español se emplea en otros idiomas.

• Cultivo

Es una planta de clima templado. Se cultiva en viveros, como planta ornamental, y a través de gajos. Las hojas deben dejarse secar. Las semillas pueden usarse sin necesidad de hacerlas secar.

• Propiedades

Tiene las propiedades de mejorar la circulación y la irrigación cerebral. También posee efectos **antialergénico** y **antiinflamatorio** (semillas). Actualmente, su uso se ha generalizado y forma parte de numerosos preparados en medicina.

• Formas de uso

Tintura para la circulación: macerar 20 g de hojas secas en 1/2 litro de alcohol a 60°, durante 15 días. Filtrar y pasar a un frasco con gotero. Tomar 5 ml con agua 2 ó 3 veces al día.
Decocción para los bronquios: hervir 10 g de semillas en un litro de agua. Filtrar y beber dos tazas diarias para combatir el catarro o los espasmos bronquiales.

EL GINSENG

El ginseng pertenece a la familia de las araliáceas. Alcanza cerca de 60 cm de altura y posee hojas compuestas con cinco folíolos almeados. Produce frutos de color rojo brillante, pero pueden recogerse cuando la planta supera los seis años de edad.

Nombres

El nombre científico del ginseng es Panax ginseng. La especie estadounidense se denomina Panax quinquefolius. Tanto en castellano, como en inglés, francés e italiano se lo llama ginseng.

Propiedades

Los valores nutritivos del ginseng son múltiples. Parte de sus propiedades están relacionadas a la presencia de **potasio,** imprescindible para el organismo humano.

Posee además **hierro**, **cobre** y **manganeso**, tres minerales asociados a la **formación de hemoglobina** y, por tanto a la calidad de la sangre. El ginseng también es **rico en vitaminas** y **proteínas**.

• Formas de uso

Estimulante sexual: el tratamiento es sencillo: tomar té de ginseng tres veces diarias, mejorar la alimentación y no ingerir alcohol.

Fortalecer el sistema óseo-articular: la presencia de potasio y otros minerales hace que el ginseng no sólo alivie los dolores propios de este sistema, sino que resulta eficaz como parte de un tratamiento para combatirlas. Para ello, es suficiente la ingestión de varias tazas de té diarias.

El ginseng contiene ginsenásido, una sustancia que neutraliza el estrés y ayuda a recuperar la energía perdida.

EL GIRASOL

Planta anual de la familia de las Compuestas. Su tallo es recto y puede sobrepasar los 2 metros de altura. Las hojas son pecioladas y grandes. Cada tallo culmina en una flor grande, similar a una margarita gigante, de color amarillo y blanco, en cuyo interior se encuentran numerosas semillas oleaginosas.

Nombres

Su nombre científico es Heliantus annuus. En inglés se llama sunflower; en francés, tournesol, en italiano, girasole, y en portugués, girassol.

Cultivo

Es una planta de clima templado, que se multiplica por semillas y se adapta a todo tipo de suelo fértil.

Las flores aparecen 3 ó 4 meses después de la siembra. Las semillas están maduras cuando las cabezas florales comienzan a inclinarse; deben cortarse y ponerse a secar.

• Propiedades

Tiene propiedades **diuréticas** y **expectorantes**. En homeopatía, se emplea en preparados contra los resfríos, las afecciones estomacales, las hemorragias nasales, etc.

• Formas de uso

Las **semillas de girasol** pueden consumirse secas y tostadas, y su **aceite** es indicado para dietas destinadas a bajar el índice de colesterol. Las hojas y semillas machacadas pueden emplearse para favorecer la curación de llagas y heridas.

La calidad de los aceites grasos del girasol ayuda a reducir el riesgo de padecer enfermedades cardíacas.

LA GUARANÁ

La guaraná es una planta considerada por algunos indios sudamericanos como sagrada. Generalmente la utilizaban tanto en su alimentación como para tratar diversas enfermedades.

Los aborígenes cuentan muchas leyendas sobre el origen de esta planta.

• Una fuente energética natural

El río Amazonas es, sin lugar a dudas, la gran reserva de vida del planeta. La diversidad de animales y plantas es tan cuantiosa que en pleno siglo XXI siguen descubriéndose especies y variedades nuevas. La guaraná es uno de esos vegetales amazónicos que, descubierto a mediados del siglo XX, ha logrado imponerse en todo el mundo gracias a sus propiedades tonificantes, que reconfortan y estimulan.

• Características

La guaraná es un arbusto sarmentoso que mide hasta 12 metros de altura y se enrosca en los árboles más cercanos sin perjudicarlos (tal como se comporta la vid, por ejemplo). Posee hojas alternadas, impares y compuestas por cinco folíolos en forma de lanzas ovales, con bordes serrados. Sus flores son pequeñas, fragantes y blanquecinas o de un amarillo pálido. Los frutos, con forma de cápsula, recuerdan pequeñas peras de color rojo oscuro, que en el interior contienen tres semillas ovales. Éstas son de color negro parduzco, del tamaño aproximado de una uva y asemejan a pequeñas castañas de Indias, rodeadas cada una de ellas por un arillo color carne, y que se separan fácilmente cuando el fruto se seca.

El fruto es una cápsula roja en forma de pera o aovada con un pico corto y seis costillas, manteniendo generalmente una sola semilla. Su nombre científico es Paullinia cupana, y pertenece a la familia de las Sapindáceas. En Venezuela también se la denomina cupana. En inglés se la identifica como guaraná paullinia o guaraná bread; los italianos no le cambian el nombre, es guaraná; los franceses han adoptado su nombre científico: paullinia; para los alemanes es guaranágebende.

El portugués es el idioma que le reconoce más sinónimos: guaranazeiro, naranazdro, guaranauva, guaranalna y uaraná.

• Comercialización

Si usted pide guaraná en una tienda naturista o farmacia especializada en homeopatía (medicina que también la emplea con fines terapéuticos), le venderán un polvo castaño, de agradable olor: son las **semillas tostadas** y **pulverizadas**, ya que ésta es la única parte de la planta que se comercializa y tiene propiedades medicinales. Verifique que el envase sea hermético y no haya sufrido ningún daño. Para asegurar la integridad del producto, deberá guardarlo al abrigo de la luz y la humedad (nunca en el botiquín del baño), a una temperatura no inferior a los 15 °C ni superior a los 30 °C, nunca en el refrigerador. Controle la fecha de vencimiento, y aunque no haya terminado el contenido, deséchelo si ha sobrepasado esta fecha.

La guaraná es utilizada como ingrediente de muchas bebidas gaseosas y energizantes.

los extractos de jugo de guaraná son estimulantes del sistema nervioso central.

Beneficios

La guaraná puede utilizarse, además, como **tónico reconstituyente general**, sin que haya una afección más o menos severa específica.

Dado que es más saludable que el café, por ejemplo, se puede adoptar como bebida de sobremesa.

Para este uso general, se verterá en un litro de agua hirviendo 20 g de guaraná (semillas en polvo). Después de 10 minutos de reposo, se cuela y bebe, frío o caliente, adulzado o no.

Precauciones y recomendaciones

Si bien la guaraná es una sustancia natural, a la que no se le han detectado propiedades tóxicas, algunas personas deben abstenerse de consumirla:

Los que padecen de úlcera. Puesto que la guaraná estimula la secreción de los jugos del estómago e intestinos podría agravar las condiciones de la úlcera.

Los que sufren acidez crónica o frecuente, por la misma causa que la anterior.

Los afectados por arritmias cardíacas. La guaraná podría empeorar el cuadro debido a su efecto estimulante del sistema nervioso central.

Los propensos a la hipertensión arterial. La guaraná podría provocar bruscas alzas de la tensión sanguínea debido a su efecto estimulante del sistema nervioso central.

- Los que se ven afligidos por un trastorno tan frecuente en estas épocas: la ansiedad. La guaraná podría agravar las crisis de angustia debido a su efecto estimulante del sistema nervioso central.
- Las personas excesivamente nerviosas, ya que la guaraná podría agravar una crisis debido a su **efecto estimulante** del sistema nervioso central.
- Las personas con perturbaciones metabólicas, como el hipertiroidismo, ya que la guaraná tiene acción precisamente sobre el metabolismo, al que acelera.
- Niños pequeños. La guaraná no debe usarse en niños menores de 12 años debido a su efecto estimulante.
- Las madres deberán abstenerse de ingerir guaraná durante su embarazo. En realidad, no hay datos que indiquen que puede ser perjudicial para el desarrollo del futuro bebé, pero los estudios disponibles se han realizado sobre animales, y aunque se les han administrado dosis muy superiores a las que consumiría un humano, la falta de pruebas sobre seres humanos aconseja prudencia. En una palabra: "ante la duda, abstente".

En cuanto al uso durante la lactancia, está totalmente desaconsejada, ya que la acción estimulante de la guaraná puede pasar a la leche materna y provocar insomnio en el bebé.

Tenga en cuenta que la guaraná potencia la excitación producida por el café, el mate, el té y las bebidas de cola. Es preferible abstenerse de mezclarlas.

En guaraní, el nombre de esta planta significa "fruta similar a los ojos".

Muchas veces la guaraná se emplea como suplemento dietario y para favorecer la pérdida de peso.

• Un estimulante todo terreno

En apretada síntesis, podría definirse a la guaraná como un **estimulante físico, psíquico, intelectual y sexual**. Por lo tanto, tiene una beneficiosa acción cuando algunos de estos aspectos están deprimidos. En el caso del cerebro, por ejemplo, cumple muchísimas funciones como estimulante del sistema nervioso (de hecho, fue una de las primeras propiedades que llamó la atención en el campo de la nutrición). En el caso de las etapas de la vida que requieren mayor atención (como la vejez) la guaraná auxilia en la dilatación y conservación de los vasos sanguíneos, facilitando así la circulación y prevención de la arteriosclerosis. Así, un consumo habitual de este polvo disminuirá tanto la pérdida de memoria como el peligro de infartos o ataques cerebrovasculares.

• Una ayuda al hígado

Uno de los grandes beneficiados por este alimento es el hígado. Este es uno de los órganos vitales del organismo, tanto es así que en alemán, por ejemplo, su nombre deriva de la palabra que designa "vida". Sin embargo, es uno de los órganos más agredidos, sobre todo por los pésimos hábitos alimentarios de la vida moderna. Cuando funciona mal, afecta al organismo entero, ya que no se pueden asimilar correctamente los nutrientes y no se desechan las toxinas.

Recuerde que conseguir estar sano o en mejor forma física no depende de la edad, sino más bien del tiempo que se lleva manteniendo malos hábitos.

La guaraná mejora la circulación, y puede ayudar en la prevención de infartos o ataques cerebro vasculares.

La guaraná es un **protector hepático natural**. Por eso se aconseja su consumo tanto como bebida de sobremesa habitual, como en casos de intoxicación ocasionales provocados por el consumo excesivo de alcohol.

• Mucho más que cafeína

La cafeína es el principio activo que contiene el café, de reconocida acción estimulante. Si bien la guaraná contiene esta sustancia y muchos de sus efectos pueden explicarse por su presencia, pues tiene dos o tres veces más cafeína que el café o el té, aun así es bastante más que un sustituto de estas bebidas. La guaraná –a diferencia del café o el mate– contiene también sustancias llamadas **saponinas**, **taninos** y **antioxidantes**. La guaraná está considerada por la medicina naturista como uno de los mejores aliados para mantener las funciones vitales en el mejor estado. Sigue siendo un gran alimento, pero por sus beneficios debería ser tenido como sagrado, tal como lo consideran los indígenas amazónicos.

Es un arbusto originario del Amazonas y se encuentra en Brasil, Colombia y Venezuela.

Sentirse bien siempre

La guaraná proporciona una sensación de bienestar y vigor, pero al mismo tiempo favorece el buen funcionamiento de los órganos más importantes.

En 1982 visitó Brasil la Doctora Ana Aslan, una de las científicas que más ha contribuido al adelanto de la gerontología; durante esa estadía, y luego de conocer más a fondo las investigaciones que se estaban realizando sobre las semillas de la guaraná, manifestó: "Ustedes tienen, en forma natural, una de las fuentes de la juventud más poderosa que se conoce".

En la actualidad, la guaraná se utiliza como preventivo del deterioro que sobreviene con la edad avanzada. Por lo general, se la combina con otros dos grandes aliados de la naturaleza: la **jalea real** y el **propóleo**. La acción tonificante se garantiza con una fórmula que incluye 500 mg de guaraná, 500 mg de jalea real y 100 mg de propóleo purificado.

En Brasil, las ventas de bebidas con guaraná superan a las bebidas cola.

Algunas sugerencias para su consumo

Siguiendo el ejemplo de los indios amazónicos, la guaraná ha entrado a formar parte de la dieta cotidiana. De momento, sólo en Brasil se utiliza la guaraná con fines culinarios, pero dados sus beneficios, el ejemplo bien podría cundir en otras naciones. En Brasil se elabora de modo industrial un **refresco gasificado** en base a guaraná y su sabor es tan bueno como sus efectos; por esa razón, cuando los brasileños se encuentran fuera de su país suelen extrañarlo más que a cualquier comida o bebida que les son propias.

Pero a falta de un refresco embotellado, buenas son las preparaciones caseras. Alcanza con disolver en un litro de agua hirviendo tres cucharadas de polvo de guaraná, enfriar y filtrar; luego agregarle abundante miel o azúcar y guardar en el refrigerador. A la hora de la sed, se diluye con agua gasificada o no.

• Una ayuda para deportistas

Muchas personas practican algún deporte o concurren a un gimnasio para cuidar su salud. La actividad física esporádica obliga al organismo a consumir cantidades desusadas de energía, por lo cual, después del ejercicio aparecen **signos de fatiga** que pueden ser molestos: temblores musculares, decaimiento general, dolores articulares. Con lo cual, el supuesto beneficio se torna bastante relativo. La guaraná ayuda a prevenir fatigas disponiendo mejor la producción de ácido láctico de los músculos (ver página 197). Tanto por su acción depuradora general como por la relajación muscular que produce, es ideal para consumir tanto antes como después de realizar esfuerzos físicos. Por otro lado, es un **excelente broncodilatador**, con lo cual permite una buena oxigenación de la sangre, disminuyendo así los riesgos que puede ocasionar un ejercicio físico violento u ocasional. Es altamente desaconsejable tomar guaraná mezclada con jugos cítricos; porque puede aumentar los efectos de la cafeína presentes en la primera. Y podrían aparecer síntomas como excitación, irritabilidad, e incluso temblores.

Esta planta puede combatir los signos de fatiga que aparecen después de la actividad física intensa.

La guaraná tiene notables propiedades diuréticas.
Ayuda al aumento de la eliminación de orina, favorece la pérdida de peso y ayuda a liberar al cuerpo de toxinas acumuladas.

La guaraná contiene cafeína, pero es más ligera para el sistema digestivo, por ello es un excelente sustituto del café, aunando el mismo efecto estimulante con un sabor perfumado.

EL HINOJO

El hinojo posee propiedades carminativas y digestivas.

Planta perenne de la familia de las Umbelíferas. Tiene raíz leñosa, tallo y ramas cilíndricas y estriadas de color verde. Alcanza 1 m de altura. Las hojas son finas, divididas y subdivididas en segmentos. Las flores son amarillas y se reúnen en umbelas. Los frutos son pequeñas cápsulas con semillas ovales. Su sabor es similar al del anís. Las hojas y ramas tiernas son comestibles en ensaladas o cocidas.

• Nombres

Su nombre científico es Foeniculum vulgare. En inglés se llama fennel; en francés, fenouil; y en italiano, finocchio.

• Cultivo

Se cultiva por semillas plantadas en primavera, en agujeros de 5 cm de profundidad y en hileras, a 35 cm de distancia unas de otras.

• Propiedades

Tiene propiedades **diuréticas, expectorantes, refrescantes** y **digestivas**. Sus semillas activan la producción de leche durante la lactancia. Además, tienen efecto aperitivo y carminativo.

• Formas de uso

Infusión general: verter 10 g de semillas en un litro de agua hirviendo. Colar, endulzar un poco con miel, y beber de cuatro a cinco tazas diarias.
Decocción contra la diarrea: hervir 25 g de raíz seca en un litro de agua, durante 20 minutos. Filtrar y beber en tres dosis diarias.

Las infusiones de hinojo son útiles para el tratamiento de la anemia.

EL INCAYUYO

El incayuyo requiere suelos profundos y fértiles y mucho sol.

Esta planta era considerada sagrada por los indígenas de América del Sur, por sus extraordinarias virtudes curativas. Esa tradición fue recogida por los incas, y de allí deriva su nombre. En la actualidad, es muy empleada en la medicina popular latinoamericana.

• Nombres

Su nombre científico es Virginia excelsis. En otros idiomas se denomina igual que en español, con alguna variante fonética.

• Cultivo

Es una planta silvestre que crece en las cumbres montañosas y serranas de las provincias argentinas de Mendoza, San Juan, La Rioja, Catamarca y Córdoba.

• Propiedades

Tiene **propiedades depurativas** de los órganos respiratorios, del aparato digestivo y del canal intestinal.
Es un excelente aperitivo y digestivo.

• Formas de uso

Junto con otras hierbas, el incayuyo forma parte de diversas bebidas comerciales. También puede obtenerse sin problemas en herboristerías y farmacias naturistas.
Infusión general: verter 50 g de incayuyo (raíces y hojas) en 1 litro de agua hirviendo. Colar, endulzar con miel pura, si se desea, y beber 3 ó 4 tazas durante el día, después de las comidas. Debe tomarse caliente. Esta infusión tiene propiedades diuréticas, emenagogas y estomacales.

El té de incayuyo es ideal para el tratamiento de trastornos gástricos. Se recomienda beber una taza bien caliente después de las comidas.

EL JAZMÍN

Nombre de varios arbustos de la familia de las Oleáceas. Es una planta ornamental, muy común en jardines.
Sus flores, reunidas en pequeños ramos, son muy aromáticas. Los frutos son bayas chicas y poco desarrolladas.

• Nombres

El nombre científico de la especie más común es Jasminum officinale.
En inglés se llama jasmine, en italiano, gelsomino, y en portugués, jasmin.

• Cultivo

Se multiplica por semillas o injertos, entre el otoño y el invierno. La tierra debe ser rica en humus.

• Propiedades

Tiene propiedades **antiespasmódicas** y **analgésicas**.

• Formas de uso

Las flores se emplean vía oral en preparados antiespasmódicos, y en líquidos de uso externo, para las afecciones oculares.

Con las flores del jazmín se elabora un aceite esencial, muy eficaz para prevenir trastornos uterinos y problemas de la piel.

EL JENGIBRE

Planta herbácea anual de la familia de las Zingiberáceas. Posee rizomas subterráneos y carnosos, de sabor dulce y aroma intenso. Es un componente esencial del curry, que aromatiza carnes, sopas y quesos. Además, integra algunas bebidas sin alcohol. El rizoma se utiliza con fines curativos.

Nombres

Su nombre científico es Zingiber officinale. En inglés se llama ginger; en francés, gingembre; en italiano, zenzero, y en portugués, gengibre.

Cultivo

Se multiplica por división del rizoma. Requiere clima cálido y húmedo.

Se cosecha a partir de los 9 ó 10 meses. El rizoma se debe limpiar, hervir y pelar, y secar al sol, durante una semana. Se debe guardar en frasco hermético.

• Propiedades

Tiene propiedades **aperitivas, digestivas, antidispépticas y carminativas**. También posee virtudes antisépticas y expectorantes. En homeopatía, se emplea en el tratamiento de diversas dolencias.

• Formas de uso

Tintura general (aperitiva-digestiva): verter 30 g de rizoma de jengibre seco en polvo en 1/2 litro de alcohol a 60°, durante una semana. Tomar 30 gotas con un poco de agua dos veces por día. Es un buen estimulante gastro intestinal.

El jengibre se utiliza tradicionalmente para saborizar alimentos.

El jengibre favorece la producción de las enzimas que estimulan la digestión.

EL LIMÓN

El limón es pariente de la naranja, la lima, el pomelo, la mandarina y la bergamota, con los que comparte sus propiedades salutíferas, aunque con matices de eficacia.

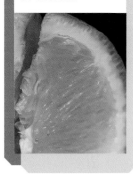

El jugo de limón se utiliza como refresco, como ingrediente de otras bebidas y como aliño para ensaladas, pescados y también para evitar la oxidación de frutas como la manzana.

• El fruto del sol

Pocos árboles tienen mayor presencia en las huertas y jardines del mundo que el limonero. Y no es por casualidad, ya que las propiedades medicinales de sus frutos son tantas que estos bien podrían merecer el nombre de **"panacea universal"**; o sea, aquel remedio que intentaron encontrar los alquimistas de la Edad Media que fuera capaz de curar todos los males. No advirtieron que lo tenían al alcance de la mano. La ciencia moderna ha seguido las huellas de la sabiduría popular y ha ido confirmando las singulares cualidades del limón.

• Características

El limonero es un árbol de entre 3 y 6 m de altura, pertenece a la familia de las Rutáceas. El tronco es liso, con las ramas y hojas adultas grandes, ovales, duras, de un color verde profundo, con un largo pecíolo en cuya base aparece una espina. Las flores están formadas por cinco pétalos blancos y rosa pálido. El fruto amarillo intenso, el limón, de unos 10 cm de largo, tiene forma oval y superficie rugosa. Su piel, no muy gruesa, protege la parte carnosa, dividida en gajos, muy ácida. Su nombre científico es Citrus limonum. En castellano también se lo llama citrón; en catalán recibe el nombre de llimoner; en vascuence: limoiondo; en gallego: cidreira; en portugués: limão; en francés: citronnier; en italiano: limone; y en inglés: lemon. Pertenece al grupo de los cítricos, frutos que se caracterizan por su pulpa ácida.

• El fruto de oro

El listado de enfermedades que ayuda a prevenir el limón es muy extensa. Sin embargo, sus principales cualidades son la de **proveer vitamina C**, tener una acción benéfica sobre el hígado, ser antiséptico y tonificante de los vasos capilares. Se puede usar con toda confianza, porque no tiene contraindicaciones de ninguna clase.

• Adolescentes

Uno de los "problemas" que aparece con la pubertad es el **acné**, que por sus implicancias estéticas hace sufrir anímicamente a quienes lo padecen. Su tratamiento clásico consiste en desobstruir los poros. Sin embargo, esto no siempre es efectivo, por eso es conveniente tratarlo lo antes posible intentando regularizar las funciones hepáticas e intestinales que lo provocan. Para eso hay que exprimir 10 limones (sólo en el momento de usarlos) y tomarlos puros y en ayunas. Recuerde que, recién a la hora de realizada esta operación, podrá ingerir alimentos. El tratamiento, además, deberá realizarse durante 20 días.

Esta fruta también se usa en tratamientos dermatológicos, por ejemplo para combatir el acné.

EL LIMÓN EN LA HISTORIA

El árbol del limonero es originario del **Asia meridional**, desde donde ha emigrado a casi todas las regiones del globo. Tiene variedades, no sólo en cuanto al tamaño del fruto o espesor de la piel, sino también en el color, forma e intensidad del aroma. Sus propiedades ya eran ampliamente conocidas en la Antigüedad. Los **romanos** se enamoraron de este árbol y lo cultivaban con esmero, no sólo con fines medicinales o gastronómicos, sino también cosméticos.

A partir de la **Edad Media** se desarrolló la perfumería occidental, siendo el aceite esencial de limón uno de los componentes casi obligatorios.

En la **India** se considera, desde tiempos inmemoriales y hasta la actualidad, que el limón es más una medicina que un alimento. Allí se lo sigue utilizando para purificar la sangre.

Adultos

La ajetreada vida que actualmente llevamos suele deteriorar o producir molestias en el sistema digestivo. Esto se debe tanto al estrés como a los **pésimos hábitos alimenticios**: consumimos demasiada comida "chatarra" (o sea, industrializada y llena de aditivos químicos) y no nos concedemos el tiempo y condiciones necesarias para comer en forma correcta. La ingesta diaria del jugo de 5 limones (siempre sin edulcorantes, ni azúcares y en ayunas) regulará y limpiará el aparato digestivo de impurezas.

Resfrío

El resfrío común se presenta cuando se ha producido una interrupción de la sudoración, por lo general después de una exposición al frío –o cambio brusco de temperatura ambiente- o a la humedad. El cuerpo se destempla, aparece un decaimiento y puede haber catarro, con o sin estornudos. A causa de esta **congestión de las vías respiratorias superiores**, también pueden aparecer dolores de cabeza e irritación de la garganta.

Para prevenir cualquiera de las típicas molestias particulares de la época invernal es conveniente ingerir muchos líquidos, que pueden ser fríos o calientes, dependiendo de si se quiere o necesita provocar sudoración. El clásico **té con miel y limón** aconsejado por las abuelas sigue siendo muy efectivo, tanto que en la actualidad hay remedios analgésicos que se venden bajo esa forma. Otra manera de asociar la necesidad de líquidos con las propiedades antisépticas del limón es preparar un extracto que se diluirá para transformarse en **limonada**: se pelan 3 limones y las cáscaras se hierven en un litro de agua hirviendo durante 5 minutos, tras lo cual se le añaden 750 g de azúcar y se hierve por espacio de unos minutos más. Una vez frío, se le mezcla el jugo de los 3 limones y se embotella; 2 ó 3 cucharaditas diluidas en un vaso de agua fresca la convierten en una limonada que apaga la sed y acelera la curación. Esta limonada además es un excelente refresco veraniego del cual no tienen por qué privarse las personas que gozan de toda su salud.

• Prevenir, la regla de oro

Si bien es muy conocido el uso del limón –y de los cítricos en general– para prevenir resfríos, no está de más recordarlo. A partir del otoño es casi indispensable beber un vaso de jugo de naranja o pomelo, o **medio vaso de jugo de limón** por día para asegurarse una provisión necesaria de vitamina C, que aleja la aparición de los molestos catarros.

Este fruto tiene propiedades digestivas, estomacales, astringentes, antieméticas, dermatológicas, analgésicas y antigripales. Además, perfuma agradablemente cualquier tipo de preparación.

> *Para prevenir la caspa basta con frotar todas las noches el cuero cabelludo con jugo de limón.*

CONSEJOS PARA UN CABELLO PERFECTO

Realizar un cepillado diario, inclinando la cabeza hacia adelante.

Periódicamente, exponerlo al aire libre y al sol. Evitar el uso del secador.

Tratar de no usar el pelo atado, es preferible dejarlo suelto; no sólo porque se quiebra, sino porque se engrasa menos porque el cuero cabelludo recibe suficiente oxígeno.

• No todo es jugo

Si bien el jugo crudo de limón es la forma más habitual de uso, y que todos tienen presente, hay otras formas de consumirlo. En primer lugar, se puede adquirir en **forma pulverizada**, y así se lo incluye en preparados como cataplasmas. Dos de las formas más habituales son la **infusión** y la **decocción**.

La primera consiste en echar sobre un litro de agua hirviendo –pero con el fuego apagado– la corteza de 3 limones; tapar, dejar reposar 15 minutos y luego beber. La decocción se preparará echando 3 limones cortados en un litro de agua hirviendo y dejando hervir a fuego suave durante 3 a 5 minutos.

Por lo general, se recomienda beber una taza varias veces por día; es preferible la infusión para molestias más ligeras y la decocción en casos más agudos, como podría ser un cólico hepático. También existen **extractos fluidos** o **secos**, que se adquieren en droguerías, y su uso es más específico.

La **tintura** puede elaborarse en casa, pero el **aceite esencial** con el que se preparan gotas debe comprarse en farmacias. Se aconseja usar entre 3 y 10 gotas de aceite esencial diluido en un poco de agua cada 12 horas.

• Cosmética natural

La mayor parte de los componentes de los cosméticos tiene su origen en la naturaleza, aunque con el tiempo el hombre ha aprendido a reproducirlos de un modo sintético. Sin embargo, ¿por qué recurrir a la copia si podemos valernos del original? Investigaciones recientes han demostrado ampliamente su **eficacia para el control del cutis graso**. El exceso de secreción de las glándulas sebáceas trae como consecuencia un cutis grueso, oleoso y propenso a espinillas, puntos negros y poros dilatados. El poder del limón contrae la piel y ayuda a contrarrestar todas estas características de la piel grasa; por lo tanto, la mayoría de los artículos específicos para este tipo de piel contienen limón.

• El cuidado del cabello

El pelo graso es visto como una maldición contra la que no hay mucho que hacer. Sin embargo, el limón puede favorecer el control de la oleosidad, al tiempo que "otorga brillo y esplendor". Para poder usarlo debemos primero utilizar un champú lo más neutro posible, que sólo limpie, pero que no agreda ni al cuero cabelludo ni al pelo. Tras el lavado, que deberá realizarse con agua templada, pues el agua demasiado caliente estimula la producción de sebo, se usará un **enjuague** como el siguiente:

Para cabellos claros: 1/3 de jugo de limón mezclado con 2/3 de infusión de manzanilla.

Para cabellos oscuros: (o para cubrir canas): 1/3 de jugo de limón agregado a 2/3 de infusión de hojas de nogal.

El limón se utiliza también como ingrediente para una cantidad importante de aceites, esencias, perfumes y cosméticos.

EL PERFUME DEL SOL

Hay muchos perfumes industriales y en ese inmenso repertorio cada uno puede elegir la fragancia que más lo represente, pero también se puede elaborar en casa un "**agua de tocador**", tal como lo hacían las abuelas, y además de usarlo después del baño, perfumar delicadamente algunas prendas o ropa de cama. Ese toque personal hará la diferencia entre ser alguien más que usa determinada loción, y oler a frescura natural.

Agua de tocador dulce y fresca

En un frasco de vidrio con cierre hermético se vierten 200 ml de alcohol de farmacia de 96°, 50 ml de agua de rosas y 7 gotas de cada uno de estos tres aceites esenciales: hierba luisa (que puede ser sustituida por romero o lavanda), jazmín y limón. Se coloca el recipiente cerca de una ventana en un **lugar cálido**, por ejemplo la cocina, durante 21 días, sin olvidar removerlo cada día; tras lo cual, se filtra y envasa.

El gran condimento

La puerta de entrada del limón a la cultura universal fue el paladar. Su sabor ácido, su perfume a lozanía lo tornaron indispensable en la alimentación tanto cotidiana como festiva.

El uso más habitual del limón es el aliño de verduras, crudas o cocidas, pero la repostería también le ha otorgado un papel muy importante.

Aquí sugeriremos algunos otros usos, quizá no tan conocidos: el arroz hervido con un trozo de cáscara de limón resulta más blanco y de mejor sabor.

El pescado crudo rociado con jugo de limón adquiere más firmeza y necesita menos tiempo de cocción, ya que el ácido actúa como "pre-cocedor".

Unos trocitos o la ralladura de cáscara de limón hacen resaltar el gusto natural de las mermeladas y conservas de fruta.

La **sangría** fue una bebida muy popular porque es muy refrescante; hoy está injustamente olvidada, por lo tanto la recordamos: se endulza a gusto el jugo de 3 limones, se le agrega 1 litro de vino tinto y hielo picado. Para agregar un toque de elegancia se puede humedecer el borde de cada vaso con jugo de limón y pasarlo por azúcar. La crema batida a la que se le agreguen gotas de limón y/o ralladura de su cáscara resultará menos empalagosa.

El sabor ácido del limón se debe a la presencia de ácido cítrico (también presente en otras frutas) y ácido málico, cuyas proporciones dependen de la variedad de la que se trate. También posee un alto contenido de vitamina C.

Además de ser una importante fuente de vitaminas, el toronjo favorece la eliminación de toxinas y activa las funciones hepáticas y digestivas.

EL TORONJO

Árbol cítrico de la familia de las Rutáceas. Alcanza 6 m de altura. Tiene hojas anchas y ovales, y flores grandes.
Los frutos son como naranjas gigantes, con corteza espesa y amarillenta; llegan a medir de 20 a 30 cm de diámetro y pueden pesar más de un kilogramo.
La pulpa, de sabor ácido, es comestible.

• Nombres
Los nombres científicos de las variedades más comunes son Citrus decumana y Citrus maxima. En inglés se llama grape fruit, y en portugués, toranja.

• Cultivo
Se cultiva de manera similar a los otros cítricos. Conviene plantar en temporada de lluvias. Se cosecha en invierno.

• Propiedades
Tiene un alto **valor nutritivo** y **vitamínico**. Actúa como emoliente, refrescante y depurativo de las vías urinarias.

• Formas de uso
Puede consumirse al natural o en jugos. Es muy recomendado en casos de debilidad, convalecencia de enfermedades, y afecciones del aparato renal-urinario.

El trigo ayuda a disminuir el colesterol y a prevenir enfermedades cardiovasculares.

EL TRIGO

Planta de la familia de las Gramíneas. Tiene tallo erecto, hojas planas, comprimidas y duras. Produce espigas grandes, cuyos granos son empleados desde la Antigüedad para la producción de una excelente harina. También se utiliza para la obtención de otros subproductos. Su cultivo se ha extendido a gran cantidad de países y, además, existen muchas variedades. Con fines medicinales, se emplean las semillas y el afrecho.

• Nombres
Los nombres científicos de las especies más comunes son Triticum sativum y T. vulgare. En inglés se llama wheat; en francés, froment; en italiano, frumento, y en portugués, trigo.

• Cultivo
Se propaga a través de semillas. Requiere suelos ricos y se cosecha con la planta seca.

• Propiedades
Es muy **nutritivo**, especialmente cuando la harina se produce con el grano integral. Es excelente para el desarrollo infantil y en el tratamiento de la diabetes, avitaminosis, debilidad y otras dolencias.

• Formas de uso
Germen de trigo (debilidad y depresión): lavar semillas de trigo y colocarlas en remojo en agua tibia durante 1 día. Lavarlas y mantenerlas en remojo varios días más hasta que aparece el germen. Comer 2 ó 3 cucharaditas diarias.

Al igual que otros cereales, el trigo constituye un alimento muy completo en fibras, minerales y vitaminas.

LA VAINILLA

Planta trepadora de la familia de las Orquidáceas. Es una variedad de orquídea. Tiene gruesas raíces aéreas con las que se aferra a los troncos de los árboles. Las hojas son grandes, alargadas y carnosas. Las flores son de color amarillo pálido y de ellas salen los frutos: vainas largas, con sustancias grasosas, azucaradas y cerosas, y el principio aromático, vainillina. Este es empleado como aromatizante, con muchos usos en gastronomía.

• Nombres

El nombre científico es Vanilla planifolia. En inglés se llama vanilla; en francés, vanille; en italiano, vainigli, y en portugués, baunilha.

• Cultivo

Se propaga por semillas o por división de la planta. La recolección de vainas se realiza cuando comienzan a ponerse amarillas.

• Propiedades

Sus propiedades más importantes son **estimulantes** y **emenagogas**. En homeopatía, se emplea para afecciones nerviosas y uterinas.

• Formas de uso

Tintura de vainilla: picar 15 g de vainas de vainillas y ponerlas en maceración en 1/2 litro de alcohol a 90°, durante 15 días. Filtrar y emplear para perfumar galletas, pasteles y tartas.

El fruto de la vainilla es muy utilizado como aromatizante de comidas, principalmente de postres y bizcochos.

La esencia de vainilla se produce con la vaina de la planta. Esta se utiliza tanto para la industria alimenticia como para la cosmética.

LA VERDOLAGA

Hierba de la familia de las Portulacáceas. El tallo se extiende por el suelo, es carnoso y suculento, de color rojo. Las hojas son pequeñas, ovales y también carnosas. Produce flores amarillas. Con fines medicinales, se emplean las hojas.

• Nombres

El nombre científico es Portulaca oleracea. En inglés se llama purslane; en francés, pourpier; en italiano, portulaca, y en portugués, beldroega.

• Cultivo

Hierba que crece espontáneamente. Puede sembrarse en cualquier tipo de suelo.

• Propiedades

Además de su valor alimenticio, tiene **propiedades tónicas, depurativas y diuréticas**. En uso externo, favorece la cicatrización de heridas.

• Formas de uso

Infusión diurética y depurativa: dejar en infusión un pequeño puñado de hojas en una taza de agua hirviendo, durante 15 minutos. Filtrar, endulzar con miel y tomar en dos veces. La misma infusión puede emplearse en lavaje de heridas. El jugo de las hojas tiernas puede ayudar a disolver los cálculos renales.

La verdolaga puede ser utilizada como alimento, mezclándose con otras verduras en guisos y ensaladas.

LA VIOLETA

Planta herbácea de la familia de las Violáceas. Tiene rizoma rastrero, del que salen estolones florales alargados. Las hojas son radicales y pilosas, con forma de un corazón ovalado. Las flores son grandes, aromáticas y de color violáceo oscuro. Los frutos son cápsulas esféricas y pilosas. Las flores se emplean en gastronomía y en perfumería. Con fines medicinales, se emplean las raíces, las hojas y las flores.

• Nombres

El nombre científico es Viola odorata. En inglés se llama violet; en francés, violette; en italiano, violetta, y en portugués, violeta.

• Cultivo

Planta silvestre. Puede cultivarse por división de estolones.

Las flores de la violeta en infusión ayudan a curar el catarro y la gripe.

Requiere suelo revuelto y enriquecido con abono vegetal. Hasta que fija las raíces, necesita bastante humedad.

• Propiedades

Sus propiedades más importantes son **diuréticas** y **expectorantes**. En uso externo, ayuda a evitar la hinchazón en golpes y contusiones.

• Formas de uso

Infusión anticatarral: dejar en infusión 20 g de flores frescas en 1 litro de agua hirviendo, durante 1/2 hora. Filtrar, endulzar con miel y tomar en copitas, a lo largo del día. Cataplasma para contusiones: hervir hojas frescas de violeta en un poco de agua. Dejar enfriar un poco y aplicar sobre la zona afectada, para evitar la hinchazón.

LA YERBA MATE

La yerba mate es una planta estimulante, que ayuda a combatir la fatiga sin provocar insomnio o irritabilidad.

Arbusto o árbol de la familia de las Aquifoliáceas. El tronco y las ramas son blandos y lisos. Las hojas tienen forma de lanzas alargadas y son lisas, duras y con bordes serrados. Las flores son blancas y pequeñas. Con las hojas, luego de un tratamiento de secado y tostado, se preparan diversas infusiones, muy populares en Sudamérica.

• Nombres

El nombre científico es Ilex paraguaiensis. En inglés se llama Paraguay tea o mate, y en portugués, erba mate o chá mate.

• Cultivo

Crece espontáneamente en las selvas subtropicales de la cuenca del Paraná.

La recolección se realiza entre el otoño y la primavera. Requiere un proceso especial de secado para su uso.

• Propiedades

Tiene propiedades estimulantes, digestivas, diuréticas y laxantes.

• Formas de uso

En Argentina, Uruguay, Paraguay y Brasil es fácil de conseguir en tiendas y comercios. Puede consumirse en **diversas infusiones**: con agua fría o jugo, con agua caliente, endulzada con azúcar o miel, saborizada con limón, cáscaras de naranjas, etc. **No es recomendable para personas nerviosas, que sufran de afecciones gástricas**.

LA ZANAHORIA

La zanahoria es un excelente alimento. Puede ser ingerida cruda, cocida o a través de su excelente jugo. Se la incluye en todo tipo de dietas. Conozcamos ahora sus virtudes amplias.

• **Nombres**

El nombre científico de la zanahoria es Daucus carota. En inglés se llama carrot; en francés, carotte; en italiano, carota, y en portugués, cenoura.

• **Características**

La zanahoria pertenece a la familia de las Umbelíferas. Es una planta bienal de tallos estirados y pilosos. Sus hojas están divididas y subdivididas en segmentos. Las flores son blancas o rojizas, y se reúnen en umbelas, que se cierran a medida que van madurando los frutos. La raíz es gruesa, carnosa, de color anaranjado o rojizo, y muy aromática. Está protegida por una gruesa piel que es la parte comestible, y se emplea en recetas curativas. También pueden utilizarse las semillas con este fin.

• **Cultivo**

La zanahoria se cultiva en huertos, y puede ser plantada a través de la siembra directa en suelo rico, profundo y muy suelto. Existen variedades adaptadas al verano y otras al invierno. Se recogen aproximadamente 100 días después de plantadas.

• **Propiedades**

Entre otros nutrientes, la zanahoria contiene gluten, albúmina, azúcar, flúor, ácido málico, **numerosas vitaminas** y **minerales**, y una resina de la que se extrae la carotina, pigmento que se encuentra presente en la sangre. Está indicada para todo tipo de dietas y es indispensable para una alimentación sana.

Además de su alto valor alimenticio tiene **propiedades depurativas, diuréticas, digestivas, antisépticas y refrescantes**. Es beneficiosa en dietas para bajar de peso, controlar el colesterol y el ácido úrico. Se la considera un eficaz cicatrizante, en especial para las fisuras de las mamas de las mujeres que están amamantando. Tiene, además, efectos carminativos, es decir que ayuda a eliminar los gases digestivos e intestinales. Se la emplea en diversos preparados para la tos, catarros y afecciones respiratorias.

La zanahoria contiene gluten, albúmina, azúcar, flúor y numerosas vitaminas. Está indicada para todo tipo de dietas y es un componente indispensable para una alimentación sana.

• **Formas de uso**

Decocción contra la ronquera: cocinar 100 g de zanahorias en suficiente agua. Machacar y mezclar bien la pulpa con el agua de cocción. Endulzar con una cucharada de miel y beber bien caliente. **Decocción contra la tos**: hervir 300 g de zanahorias en un litro de agua. Machacar y mezclar bien la pulpa con el agua de cocción. Endulzar con dos cucharadas de miel. Beber tibia en seis porciones. Para afecciones respiratorias en general: hervir una zanahoria rallada en un vaso de leche. Mezclar bien la pulpa y la leche, y endulzar con miel. Beber caliente al levantarse y al acostarse. Es excelente para expectorar y limpiar las vías respiratorias. **Cataplasma para quemaduras**: rallar la pulpa de una zanahoria cruda. Aplicarla sobre la parte afectada y cubrir con una gasa. Puede utilizarse para aliviar la piel luego de exponerla al sol y al viento. También puede emplearse el jugo de zanahoria. **Decocción digestiva**: hervir un puñado de semillas de zanahoria en una taza de agua. Filtrar y beber después delas comidas. Jugo: el jugo de zanahorias es digestivo y tiene un efecto depurativo para todo el tracto intestinal. Es muy sencillo de obtener a través de extractores.

La zanahoria puede comerse cruda, cocida en sopas o acompañando carnes. Su jugo puede beberse solo o combinado con otras verduras.

Las zanahorias son ricas en fibras, beta caroteno, potasio y vitamina C.

GUÍA DE DEFINICIONES

En este apartado les presentamos una completa guía de los términos más importantes para conocer con mayor profundidad la composición de los alimentos y los elementos que se relacionan con ellos.

• **Ácidos grasos esenciales:** son aquellos que el cuerpo adquiere directamente de los alimentos debido a que no los puede sintetizar. Se los conoce como ácidos grasos poliinsaturados y generalmente se encuentran en aceites y grasas. Se dividen en dos grupos: omega 6 (presentes en aceites vegetales no refinados como el aceite de canola, cereales y granos) y omega 3 (contenidos en productos animales marinos como bacalao, salmón, sardina, arenque, macarela y algunos vegetales como el aceite de linaza).

• **Aeróbico:** es todo organismo que basa su metabolismo en el oxígeno. Este tipo de organismos (en un proceso conocido como respiración celular) usa este gas para la oxidación de azúcares y grasas, de las cuales obtiene energía. El término se utiliza también para denominar al ejercicio físico que mejora el rendimiento cardíaco.

• **Aminoácidos:** son los constituyentes químicos elementales de todas las proteínas (formadas por miles de aminoácidos). Existen sólo veinte tipos esenciales, diez de ellos son sintetizados por las células, los otros diez se extraen de los alimentos.

• **Anfetaminas:** son drogas que estimulan el sistema nervioso central. Provocan acostumbramiento y desequilibrios glandulares y nerviosos.

• **Anticuerpos:** son proteínas producidas por las células del sistema inmune (linfocitos B) que se combinan específicamente con moléculas extrañas al organismo, con la finalidad de inactivarlas.

• **Antioxidantes:** son compuestos químicos que detienen las reacciones de oxidación (aquellas que utilizan el oxígeno para su proceso metabólico y que generan radicales libres). Los ejemplos más típicos de antioxidantes están constituidos por las vitaminas C y E y los beta caroteno. Estas sustancias neutralizan a los radicales libres que dañan las células y modifican el olor, el sabor y la apariencia de los alimentos.

• **Beta caroteno:** es la forma inicial de la vitamina A. Se la encuentra en abundancia en verduras y frutas de color amarillo.

• **Calcio:** es un mineral esencial en la formación de huesos, tejidos duros, los dientes y las células. Participa además en la coagulación de la sangre, las funciones musculares (es de primordial importancia para el buen funcionamiento del corazón) y vital para la transmisión nerviosa.

• **Caloría:** es la energía necesaria para elevar 1 °C la temperatura de 1 gramo de agua. Para medir esta cantidad en el cuerpo humano se utilizan valores grandes como la kilocaloría (muchas veces mal llamada caloría y equivalente a 1000 calorías-gramo). Existen cuatro elementos que pueden nutrir al cuerpo humano de energía: carbohidratos, proteínas, grasas y alcohol. Los tres primeros aportan nutrientes.

• **Edulcorantes:** son sustancias, naturales o sintéticas, que proporcionan un sabor dulce a los alimentos. Pueden ser calóricos (que aportan calorías) o acalóricos (que no aportan calorías). En el mercado generalmente se los encuentra en distintas presentaciones: líquidos, granulados y comprimidos.

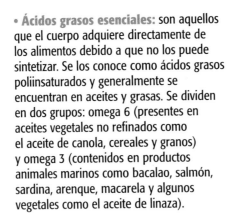

• **Hierro:** es un nutriente que se encuentra principalmente en vegetales y carnes y un componente esencial en la molécula de hemoglobina. Actúa como transportador de oxígeno en los glóbulos rojos y como receptor de oxígeno en los músculos.

• **Hormonas:** son sustancias químicas producidas por un órgano o por una de sus partes. Su función específica consiste en regular el metabolismo y la actividad de algunos tejidos corporales.

• **Lípidos (grasas):** son sustancias orgánicas de origen biológico que se disuelven fácilmente en solventes orgánicos. Sirven como moléculas de almacenamiento de energía, en forma de grasa o aceite. Proporcionan, fundamentalmente, energía calórica y aportan sabor y textura a los alimentos. Además intervienen en la absorción de las vitaminas liposolubles (A, D, E y K). Las fuentes alimenticias de los lípidos son los aceites vegetales (oliva, maíz, girasol, cacahuete, etc.), ricos en ácidos insaturados, y las grasas animales (tocino, mantequilla, manteca de cerdo, etc.), ricas en ácidos saturados. En el lenguaje coloquial se utiliza el término de "grasa" para designar a los compuestos de este grupo que provienen fundamentalmente del reino animal, reservándose la denominación de "aceite" para los que proceden en su mayoría del reino vegetal, y cuya textura es líquida.

• **Enzimas:** son un tipo especial de proteínas que aceleran las reacciones bioquímicas del organismo y ayudan a que los procesos químicos se realicen eficientemente. Además, crean nuevas proteínas, transportan materiales dentro de las células y realizan otras funciones celulares importantes.

• **Fibra:** es el componente de varios alimentos de origen vegetal, como los cereales, frutas, verduras y legumbres. Si bien es resistente a la digestión (las enzimas humanas no pueden degradarla), contribuye a mejorar este proceso ayudando a absorber los nutrientes de los alimentos y previniendo numerosas enfermedades.

• **Hidratos de carbono (carbohidratos):** son la principal fuente de energía para el organismo humano. Los carbohidratos realizan varias funciones importantes relacionadas con el ejercicio físico. Para que estas sustancias (que forman parte de algunos alimentos) puedan ser utilizadas por el organismo se precisa desdoblarlas en componentes más sencillos (monosacáridos). Esto se lleva a cabo a través de un proceso de combustión denominado hidrólisis (desdoblamiento de la molécula de ciertos compuestos orgánicos por acción del agua). Cada gramo de glúcidos que se quema en el organismo aporta 4 calorías. Un hidrato de carbono será de mayor calidad cuanto menores sean los residuos que deja en su proceso de combustión y oxidación.

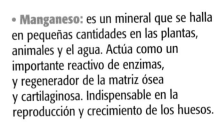

• Oligoelementos: son los encargados de estimular el adecuado desarrollo de las reacciones bioquímicas que se producen en las células. Los catorce oligoelementos, que al parecer, resultan imprescindibles para la vida son: hierro, yodo, cobre, zinc, cobalto, cromo, manganeso, molibdeno, selenio, níquel, estaño, silicio, flúor y vanadio. Se necesitan en pequeñas cantidades y deben ser ingeridos todos los días.

• Oxalatos: son sales de ácido oxálico, presentes en diversos tejidos vegetales y en la orina como productos metabólicos.

• Potasio: es el principal elemento iónico del interior de las células. La presencia en cantidades y concentración adecuadas contribuye al buen funcionamiento de los músculos, particularmente el cardíaco. Igualmente, el potasio se necesita para que múltiples enzimas puedan realizar adecuadamente sus funciones metabólicas, dada la importancia de su intervención en el proceso de la síntesis de proteínas.

• Manganeso: es un mineral que se halla en pequeñas cantidades en las plantas, animales y el agua. Actúa como un importante reactivo de enzimas, y regenerador de la matriz ósea y cartilaginosa. Indispensable en la reproducción y crecimiento de los huesos.

• Metabolismo: es el conjunto de reacciones químicas que transforman y asimilan las sustancias necesarias para todo ser vivo (anabolismo) y las reacciones encargadas de desasimilar las que ya no son válidas, o las usadas para suministrar energía (catabolismo).

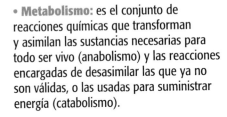

• Minerales: son elementos inorgánicos que desarrollan funciones tan importantes como regular las contracciones del corazón, conservar fuertes los huesos y mantener con energía las células. Además, son necesarios para la reconstrucción estructural de los tejidos corporales, la acción de los sistemas enzimáticos, las contracciones musculares, las reacciones nerviosas y la coagulación de la sangre. Este tipo de nutrientes se divide en dos clases: macroelementos (calcio, fósforo, magnesio, sodio, hierro, iodo y potasio) y microelementos (cobre, cobalto, manganeso, flúor y zinc).

Proteínas: son elementos indispensables para formar células corporales y reparar tejidos. También cumplen un papel energético, aunque menos importante que el de las grasas o los carbohidratos. Constituyen más del 50 % del peso seco de una célula y el 20 % del peso corporal humano. Además de suministrar energía, intervienen en la composición de enzimas, hormonas y anticuerpos. Las fuentes más importantes de suministro proteínico son las de origen animal: las carnes, los pescados, los mariscos, las aves, la leche, el queso y los huevos. Sin embargo en algunos vegetales se encuentran proteínas de estimable valor biológico, como por ejemplo: la soja, las legumbres, los cereales y los frutos secos. Su carencia o insuficiencia puede originar trastornos de tipo neurológico, espasmos o alteraciones de la coordinación muscular, atrofias o problemas en el desarrollo de algunos órganos, tales como el hígado y dificultades en el crecimiento corporal.

Radicales libres: son moléculas o átomos que participan en el efecto de envejecimiento al empujar a otras moléculas a autodestruirse. El sol y el tabaco incrementan la acción de los radicales libres mientras que los antioxidantes los combaten. Selenio: es un poderoso antioxidante complementario a la vitamina E. Ayuda a mantener la salud del cabello, las uñas y los músculos.

• Sodio: es fundamental para conservar el balance de agua dentro y fuera de las células y la producción de energía. Transporta a las células nutrientes como aminoácidos y glucosa. Se lo puede encontrar principalmente en la sal de mesa; sin embargo, está presente en casi todos los alimentos como ingrediente natural. Este mineral contribuye al proceso digestivo manteniendo una presión osmótica adecuada y además regula el equilibrio de los líquidos (como el potasio). También forma parte estructural de las células y de los compuestos químicos que intervienen en muchas reacciones químicas.

• Vitaminas: son un grupo de compuestos orgánicos diferentes entre sí en composición química, que requiere el cuerpo en muy pequeñas cantidades, a fin de llevar a cabo funciones metabólicas específicas dentro de las células. Las vitaminas son esenciales en la utilización y absorción de otros nutrientes vitales para nuestro organismo. Participan en el control de las reacciones químicas y enzimáticas que ocurren durante el metabolismo a nivel celular, facilitando así la liberación de energía a partir de los alimentos. Controlan el proceso de síntesis dentro del tejido, es decir, ayudan al crecimiento, mantenimiento, y reparación del tejido corporal.

• Zinc: es un mineral vital para el crecimiento y la sanación de heridas y quemaduras, el desarrollo del esqueleto, el sistema nervioso y el cerebro. Además de ser un potente antioxidante, mantiene sano al hígado, los huesos y los dientes. Se lo considera vital para el crecimiento, la producción de insulina y el desarrollo del sistema inmunológico. Se concentra principalmente en los órganos genitales (en los testículos y los ovarios), las glándulas endocrinas y la hipófisis.

LISTADO DE EQUIVALENCIAS

TABLA DE EQUIVALENCIAS

PRODUCTO	MEDIDA	PESO
Aceite	1 chorrito	5 mililitros
	1 cucharadita	8 mililitros
	1 cucharada	18 mililitros
Arroz	1 tacita	125 gramos
	1 taza	250 gramos
Azúcar corriente	1 pizca	1 gramo
	1 cucharadita	5 gramos
	1 cucharada	15 gramos
	1 taza	250 gramos
Azúcar glass (impalpable, glacé, en polvo)	1 cucharadita	2 gramos
	1 cucharada	6 gramos
	1 taza	100 gramos
Harina (de trigo)	1 cucharadita	4 gramos
	1 cucharada	10 gramos
	1 taza	125 gramos
Líquidos	1 cucharadita	5 mililitros
	1 cucharada	15 mililitros
	1 taza	250 mililitros
Manteca (mantequilla, margarina)	1 cucharadita	5 gramos
	1 cucharada	15 gramos
	1 taza	250 gramos

TEMPERATURA DE HORNO

	GRADOS CENTÍGRADOS	GRADOS FAHRENHEIT
Temperatura baja	100 °C	212 °F
Temperatura media- baja	150 °C	302 °F
Temperatura media	170 °C	338 °F

EQUIVALENCIAS ÚTILES

MEDIDA POR PRODUCTO	MEDIDA POR PRODUCTO
1 cdita. de jugo de limón	1/2 cucharadita de vinagre
1 cdita. de hierba seca	1 cucharada de hierbas frescas
1 taza de leche	4 cucharadas de leche en polvo y 1 taza de agua

TIEMPOS DE COCCIÓN SEGÚN LA ALTITUD

ALTITUD	GRADOS CENTÍGRADOS	GRADOS FAHRENHEIT
0	100 °C	–
+500	99 °C	+ 1 minuto
+1000	98 °C	+ 2 minutos
+1500	97 °C	+ 3 minutos
+2000	96 °C	+ 4 minutos
+2500	95 °C	+ 5 minutos
+2000	94 °C	+ 6 minutos